"함께 성장하는" 부모됨:

현대 부모교육의 이해와 실제

현대 부모교육의 이해와 실제

함께
성장하는
부모됨

최지현 · 박진희 공저

동문사

머리말

과거 우리 사회는 대가족 중심의 농경사회로 부모의 역할이나 태도를 가정 안에서 자연스럽게 경험할 수 있었다. 그러나 현대사회는 산업화·도시화로 인해 핵가족화 되었고, 이로 인해 부모역할을 경험하거나 자녀관을 확립할 수 있는 기회가 제한되었다. 또한 서구 가치관의 도입은 결혼과 출산에 대한 선택을 자유롭게 하여 독신, 무자녀, 외동 가족이 증가하게 되었다.

과거에는 자연스럽게 이루어지던 부모교육이 현대사회에서는 의도적으로 계획하고 실행해야 하는 상황이 되었으나 학교나 사회에서는 학업성취를 위한 인지발달에 관심을 두고 부모교육은 등한시하고 있다. 대부분의 부모는 부모가 된 이후에나 자녀를 양육하고 교육하기 위한 부모 역할 교육에 관심을 가지고 참여한다. 그리하여 많은 부모들은 자녀 양육 및 교육에 어려움을 겪으며 일부 부모들에게서는 아동학대로 이어지는 심각한 사건도 발생하고 있다.

최근에는 디지털 미디어의 급속한 확산과 온라인 중심의 생활 방식이 일상화되면서 부모와 자녀 간의 소통 방식에도 큰 변화가 나타나고 있다. 부모가 디지털 환경에 적응하고 이를 자녀 양육에 긍정적으로 활용할 수 있도록 돕는 교육이 더욱 중요해지고 있다. 특히 Z세대와 알파 세대 자녀들과의 관계 형성을 위해서는 감정 조절, 경청, 비대면 소통 기술 등 새로운 형태의 부모 역할이 요구된다.

부모교육의 목적을 달성하기 위해서는 자녀가 다니는 교육기관을 잘 활용할 필요가 있으며, 현장의 교사들은 부모의 요구를 반영하여 교육의 효율성을 높일 수 있다. 또한 예비 부모들을 위한 부모교육이 이루어져 출산 전부터 부모됨의 의미를 이해하고 준비함으로써 건강한 가족 공동체 형성을 돕고, 유기나 아동학대 등과 같은 사회적 문제의 해소에도 노력할 필요가 있다. 이와 더불어 다양한 가족 형태를 인정하고 포용하는 교육이 병행되어야 하며, 부모교육 역시 전통적 가정 모델에만 국한하지 않고, 한부모, 재혼가정, 다문화가정 등 모든 가족에게 실질적인 도움을 줄 수 있어야 한다.

이 책은 총 12장으로 구성되어 있으며, 1장에서 6장은 이론적인 내용을, 7장에서 12장까지는 실제적인 내용을 담고 있다.

이론적인 내용은 부모교육의 출발점(제1장), 부모와 자녀, 관계의 재발견(제2장), 성장하는 아이, 함께 성장하는 부모(제3장), 우리 시대의 가족, 아이를 위한 부모 역할의 이해(제4장), 지금도 활용되는 주요 부모교육 프로그램(제5장), 실천 중심 부모교육 프로그램(제6장)으로 구성되어 있다. 실제적인 내용은 유아교육기관의 실제적 부모교육 프로그램(제7장), 부모교육 프로그램, 이렇게 설계해요(제8장), 유아교사를 위한 실천 중심 효과적인 대화법(제9장), 현장 유아교사를 위한 그림책 부모교육의 실제(제10장), 부모를 위한 자녀 지원 정책 가이드(제11장), 부모교육의 문제점과 활성화 방안(제12장)으로 구성하였다.

이 책은 대학의 예비유아교사와 예비부모를 위한 부모교육 교재로 개발되었으나 유아교육기관의 부모교육 담당자 및 부모교육에 관심이 있는 부모나 일반인에게도 자녀 양육에 도움이 될 수 있도록 실제적 부모교육의 내용과 활용 방법 등을 제시하고자 노력하였다.

본 교재가 사랑과 신뢰가 바탕이 되는 부모·자녀 관계 형성에 도움을 주고, 나아가 건강한 사회를 형성하는 데 작은 보탬이 되길 바란다. 더불어 이 책이 발간되기까지 애써주신 동문사 직원들에게도 감사의 인사를 전한다.

2025년 8월

저자 일동

차례

PART 2.
발달과 가족 다양성에 따른 부모 역할

PART 3.
이론으로 보는 부모교육 프로그램

PART 4.
유아교육기관에서의 부모교육과 미래지향적 과제

PART 1.

부모교육,
지금 왜 더 중요할까?

CHAPTER 01

부모교육의 출발점: 왜, 무엇을, 어떻게

부모는 영유아가 출생 후 만나는 최초의 환경으로 자녀의 성격, 가치관, 인격 및 태도에 중요한 영향을 미친다. 과거사회에는 결혼 후 자연스럽게 부모가 된다고 여겼으며, 과거 대가족 속에서 자연스럽게 습득하던 양육 기술은 핵가족화, 저출생, 디지털 세대의 등장으로 더 이상 당연하지 않게 되었다.

이에 부모들은 자녀 양육에 많은 스트레스를 겪으며, 인공지능 AI, SNS, 게임 등 새로운 교육환경에 적응해야 한다. 또한 여성의 사회진출 및 다양한 가족 형태의 증가 등으로 부모교육 수요를 증대시키고, 부모 스스로의 정서 안정과 자기돌봄 능력 향상도 중요한 과제가 되었다. 또한 모든 영유아에게 양질의 교육을 제공함으로써 영유아가 건강한 사회구성원으로 성장, 발달하도록 돕는 것은 국가적 차원에서도 매우 중요하다. 국가와 지역사회, 유아교육기관은 부모의 자녀 양육을 지원할 수 있는 사회적 환경과 시스템을 마련하는 데 노력을 기울여야 한다.

이 장에서는 부모교육의 개념, 목적, 필요성을 짚어 보고 서양과 한국의 역사 변천을 통해 오늘날 부모교육의 의의와 실천 방안을 모색한다.

학습목표

1. 부모교육의 개념 및 목적에 대해 이해한다.
2. 부모교육의 필요성을 맥락(아동, 부모, 사회)적으로 이해한다.
3. 서양과 우리나라 부모교육의 역사를 개괄적으로 이해한다.

1. 부모교육의 개념과 변화

1) 부모교육의 개념

부모교육은 부모가 부모 역할을 효율적으로 수행하도록 도와주는 체계적인 교육이다. 부모로서 해야 할 행동과 태도, 기술 등을 교육함으로써 바람직한 부모가 될 수 있도록 도와주는 것을 말한다(이은화, 김영옥, 2000). 또한 부모의 자녀에 대한 이해와 지식을 증진시켜 사고, 감정, 행동에서 습관적인 방법을 검토해 보도록 함과 동시에 자녀를 양육하는 새로운 방법을 습득하도록 도와주는 다양한 교육적 경험이라 할 수 있다(이재연, 김경희, 2003).

과거의 부모교육은 부모의 행동이나 인식, 상호작용방법 등을 개선함으로써 부모·자녀 관계를 변화시키고자 하는 프로그램에서 비롯된 개념이라고 할 수 있으나 오늘날의 부모교육은 이러한 교육 프로그램 중심의 개념에서 좀 더 나아가 포괄적 개념으로 사용되고 있다. 즉, 사회적 맥락 속에서 부모·자녀 관계의 본질을 이해하고 이를 사회제도적 차원에서 지원하고 환경을 조성해 주는 부모지지 혹은 양육지원의 형태를 포함한다. 여러 학자의 부모교육에 대한 정의를 정리하면 **표 1-1**과 같다.

표 1-1 여러 학자의 부모교육 정의

Fine(1980)	부모의 역할에 대해 정보, 인식, 기술을 부여하기 위해 체계적, 개념적인 근거를 둔 프로그램으로 정의
Grotberg(1983)	부모의 역할과 기능을 원활하게 수행할 수 있도록 부모에게 정보나 지식을 전달하고 기술을 가르치는 활동
Cataldo(1987)	부모와 아이들을 돌보는 사람들에게 자녀를 건강하게 양육할 수 있는 방법을 가르쳐 주고 자신감을 증진시키기 위해 제안된 프로그램, 자원서비스 또는 자원
Brooks(1993)	가족에게 아동양육 방법에 대한 지식을 제공하고 변화시키려는 조직화된 체계적인 노력
Goldenberg(1995)	부모로서 역할기능을 원활하게 수행할 수 있도록 부모에게 정보나 지식을 전달하고 기술을 가르치는 활동으로 정의
교육학 용어사전	부모들에게 아동발달, 교육과정 등을 알려주고 가정에서의 협력을 도모하고자 하는 교육이며, 부모참여를 위한 프로그램에 통합되기도 하지만 부모로서의 효율적인 양육태도를 지니도록 교육하는 것
한국유아교육사전	자녀의 양육이나 교육, 가정생활의 개선 등에 관한 지식을 얻거나 일반적으로 교양을 높이기 위한 목적
이재연, 김경희(2003)	부모의 자녀에 대한 이해와 지식을 증진시켜 사고와 감정 그리고 행동에서 습관적인 방법을 돌이켜 검토해 봄과 동시에 자녀를 양육하는 새로운 방법을 습득하도록 도와주는 다양한 교육적 경험
정옥분, 정순화(2006)	부모가 바람직한 부모로서의 자질을 갖추고 자녀의 성장 발달 및 교육에 효과적으로 참여할 수 있도록 부모에게 교육하는 것
한국교육개발원(2015)	부모와 자녀 간 상호작용을 강화하기 위해 이론과 실천을 결합한 종합적 교육 서비스

이를 토대로 부모교육의 개념을 정리하면, 부모교육은 '부모로서 자녀를 양육하기 위한 다양한 지식과 기술 등을 체계적으로 습득하도록 돕고, 부모 자신의 자아존중감을 높여 자기실현을 돕는 활동'이라고 정의할 수 있다.

2) 부모교육 관련 다양한 개념

부모교육은 도움을 어떻게, 얼마나 제공하느냐에 따라 다양한 개념으로 사용된다. 부모교육의 다양한 개념들을 살펴보면 그림 1-1과 같다.

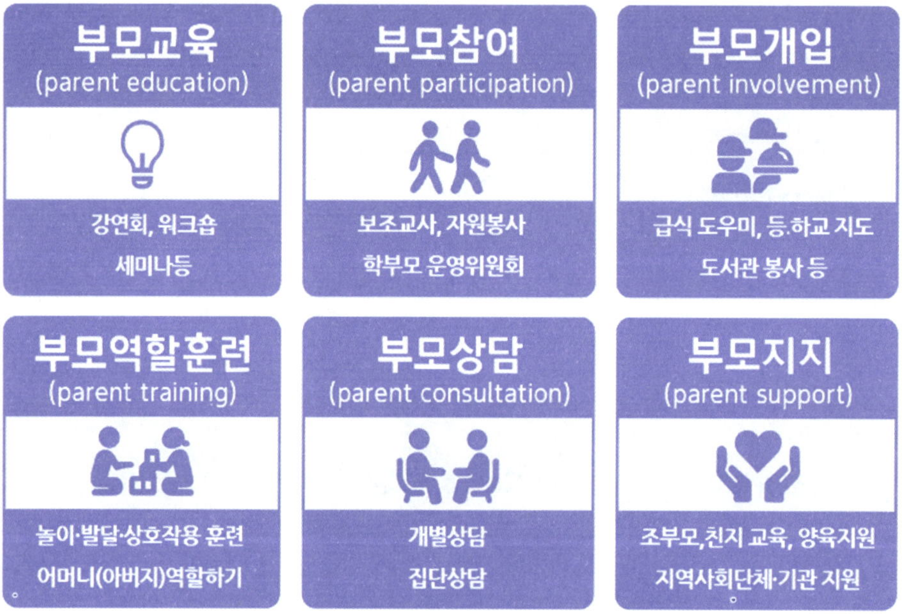

그림 1-1 부모교육의 다양한 개념

① 부모교육(parent education)

- 개념: 부모들을 대상으로 양육태도, 기술, 전략 등을 가르치는 포괄적인 활동
- 목적: 자녀 양육 및 가족생활 개선에 대한 지식 및 기술을 습득하여 실천함

② 부모참여(parent participation)

- 개념: 부모가 자녀 양육 및 가족생활과 관련된 특정 프로그램 구성과 운영에 직접 참여하는 적극적인 방법
- 목적: 부모가 전문가와 정보를 교환하면서 부모로서의 책무성을 받아들이게 함

③ 부모개입(parent involvement)

- 개념: 위기에 처한 가정을 돕기 위해 정부나 관련 기관이 부모·자녀 관계에 개입하여 자녀의 양육을 돕거나 교육기관과의 긴밀한 관계를 위해 부모가 교육기관의 학습현장에 개입하는 것을 말함
- 목적: 교육현장 체험을 통해 교육현장 및 자녀교육에 직접적 관심을 갖도록 함

④ 부모 역할훈련(parent training)

- 개념: 부모 역할 수행에 필요한 구체적인 기술을 습득하여 효과적인 자녀 양육의 결과를 얻기 위한 활동
- 목적: 부모 훈련 프로그램을 통해서 가정에서 활용하거나 적용 가능한 부모 역할을 훈련함

⑤ 부모상담(parent consultation)

- 개념: 부모를 내담자로 인식하고 대화를 통해 개별 자녀의 양육지도 및 성장에 대한 교육적 도움을 제공하는 활동
- 목적: 부모가 상담을 통해 개별 자녀에 대한 도움을 받고 부모로서 격려와 지지를 얻도록 함

⑥ 부모지지(parent support)

- 개념: 자녀교육을 위해 주변에서 필요한 자원을 지원해 주는 것으로 가정 내에서 해결되지 않는 사안들에 대해 지역사회의 기관이나 전문가의 적극적인 도움을 받는 것
- 목적: 다양한 상황과 형태의 가정에 도움을 제공함으로써 가정을 건강하게 유지하고 개선할 수 있도록 함

부모교육은 전문가로부터 부모에게 주어지는 교육이 아니라 부모의 자녀가 서로 보완하는 상호작용적 참여가 바람직하다. 따라서 유아교육의 효과를 얻기 위해서는 일방적인 소통이 아닌 쌍방향의 소통이 이루어져야 한다.

2. 오늘날 부모교육의 목적

부모교육의 목적은 부모가 자녀의 발달을 이해하고, 자신이 자녀의 발달과 교육에 중요한 영향을 미치는 존재임을 인식하여 자녀의 발달을 촉진할 수 있는 지식, 기술 태도를 습득하도록 돕는 데 있다.

체계적이며 조직적인 부모교육의 필요성이 강조된 것은 헤드 스타트(Head Start) 프로그램이 시작되면서부터 나타나게 되었다. 사회·문화적 배경이 낙후된 저소득층 자녀를 위한 보상교육을 새로운 과제로 설정된 것이 직접적인 계기가 되었다.

헤드 스타트 프로그램은 부모교육의 목적을 크게 3가지로 설정하였다.

① 유아발달 및 교육에 중요한 영향을 주는 부모 역할을 지지하고 촉진시키는 활동 및 경험이 포함된 프로그램을 제공한다.

② 부모 자신을 아동복지에 책임이 있는 보호자, 유아의 첫 번째 교육자, 지역사회의 공헌자라고 인식하도록 한다.

③ 부모는 부모참여 프로그램의 계획·운영에 대한 의사결정에 참여하고, 부모를 위한 활동과 관찰자, 지원자로서 참여의 기회를 제공한다는 것 등이다.

한국행동과학연구소(1983)는 부모교육의 목적을 5가지로 제시하였다.

① 자녀의 발달을 촉진시키기 위한 부모의 역할을 인식하도록 돕는다.

② 자녀의 사회, 정서, 인지, 언어, 신체발달과 이러한 발달을 촉진하는 환경조성에 관한 지식을 갖도록 돕는다.
③ 유아교육상 부모로서 당면하는 문제들을 해결하는 데 필요한 정보와 기법을 습득하도록 돕는다.
④ 유아교육에 적극 참여하도록 돕는다.
⑤ 일상생활에 필요한 일반상식을 갖도록 돕는다.

파인(Fine, 1988)은 부모교육의 목적을 살펴보면, 정보 나누기, 기술 훈련하기, 자기인식 증진시키기, 문제 해결하기의 4가지 영역으로 나누어 설명하였다.

- **정보 나누기**(information sharing): 부모에게 도움이 된다고 판단되는 개념이나 사실을 알려주는 것으로, 강연이나 관련 서적 읽기, 집단 토의 등을 통해 유아의 발달과 부모 역할에 관한 정보 나누기를 할 수 있도록 한다.

사례

은지 엄마는 아이가 또래보다 말을 늦게 시작하는 것이 걱정되어 유아교육기관에서 진행하는 '언어 발달 부모교육'에 참여했다.
그곳에서 전문가에게 언어발달의 평균 시기, 놀이를 통한 말하기 자극 방법, 병원 방문이 필요한 경우 등에 대한 정보를 듣고 안심하게 되었다.

- **기술 훈련하기**(skill building): 부모에게 자녀 양육에 도움이 되는 기술훈련의 기회를 제공하는 것으로, 나-전달법, 반영적 경청, 시범 보이기, 칭찬, 격려, 가족회의를 하는 방법, 타협, 한계설정, 아동의 행동형성 등과 같은 구체적인 부모훈련 프로그램에 참여하여 부모 역할을 배우도록 한다.

사례

재준 아빠는 아이가 자꾸 떼를 쓰고 물건을 던지는 상황에 당황하곤 했다. 부모교육에서 '감정코칭'과 '긍정적 훈육' 방법을 배운 뒤에는 아이가 울 때 "왜 화가 났는지"를 묻고, 대안 행동을 제안하는 방식으로 바꾸었다.
그 결과 아이도 차츰 자기 감정을 말로 표현하게 되었다.

- **자기인식 증진시키기**(self-awareness): 부모가 자기인식을 할 수 있도록 돕는 것으로, 자신의 양육방식에 영향을 준 부모세대의 양육방식을 인식하여 자신의 부모 가치관을 확립하고 부모 신념을 변화시키도록 한다.

사례

서연 엄마는 자녀가 실수했을 때 유난히 화를 내곤 했다. 부모교육 프로그램 중 '양육태도 점검' 활동을 통해, 자신이 과거 부모에게서 엄격한 훈육을 받았던 경험이 자녀에게 그대로 투사되고 있다는 사실을 깨달았다.
그 후엔 자신의 감정을 인식하고 조절하는 연습을 시작했다.

- **문제 해결하기**(problem-solving): 자녀 양육에서 발생하는 문제를 해결할 수 있도록 돕는 것으로, 아동발달의 광범위한 영역에 적용할 수 있는 문제해결의 기본적인 방법을 부모들에게 가르쳐서 부모가 중재할 수 있도록 하는 것이다.

사례

지후 아빠는 아이의 스마트폰 사용 시간을 두고 아내와 자주 다투었다. 부모교육 워크숍에서 '가정 내 미디어 사용 규칙 만들기' 활동에 참여한 뒤, 부부는 함께 자녀와 대화를 나누며 미디어 사용 시간표를 공동으로 설계했고, 가정 내 갈등도 줄어들고 자녀의 사용 습관도 점차 개선되었다.

이를 종합해 보면, 부모교육의 목적은 부모로 하여금 자신이 유아의 전인적인 성장과 발달에 영향을 미치는 중요한 요인임을 인식하고, 바람직한 자녀의 성장과 발달을 위해 필요한 지식과 기술을 습득하여 부모의 역할을 수행하고, 부모 자신의 자존감을 높여 부모는 물론 바람직한 가정과 사회를 건설하는 데 있다(임한나, 2011).

3. 부모교육이 필요한 이유: 사회와 가족 개념의 변화

가정환경은 유아의 일차적 환경이며, 모든 생활의 중심이 된다. 가정환경의 핵심은 부모이며, 부모는 유아 초기에 상호작용하는 경험의 양적·질적인 측면과 모든 발달에 중요한 영향을 미친다. 그러나 오늘날의 부모는 사회의 급격한 변화 속에서 양육에 필요한 역할과 부모의 가치체계 혼란 등과 같은 어려움을 겪고 있다. 핵가족화, 정보의 홍수, 부모상에 대한 이상적 기대 등은 부모들에게 혼란과 부담을 주고 있다. 이러한 복잡한 양육 현실을 효과적으로 지원하고, 자녀의 건강한 성장을 도울 수 있는 전략으로 부모교육의 필요성이 강조된다.

부모교육의 필요성을 자녀의 측면, 부모의 측면, 사회적 측면으로 나누어 제시하면 다음과 같다(김현주 외, 2000).

1) 자녀의 측면

- 자녀의 모든 성장과 발달에 부모의 양육 방법 및 태도, 가치관이 절대적인 영향을 미치기 때문에 부모교육이 필요하다.
- 유아기 때는 부모가 사회, 신체, 정서, 인지, 언어 등 발달의 모든 영역에 영향을 미치고 그 효과 또한 오래 지속된다는 것이 과학적으로 입증되었다. 그러므로 자녀의 성장과 발달을 돕기 위해서는 부모교육을 통해 효율적으로 자녀를 양육할 수 있도록 도움을 주는 것이 필요하다.

2) 부모의 측면

- 양육 경험의 부재로 적절한 본보기가 적다.

  핵가족화로 인해 부모 역할에 대한 모델링의 기회가 없고, 자녀 양육에 대한 체험적 경험이나 교육이 전무하다. 바람직한 부모 역할에 대한 본보기와 이미지 정립을 위해 부모교육이 필요하다.

- 바람직한 부모 역할에 대한 상충적인 정보가 공존하기 때문에 부모교육이 필요하다.

  현대사회는 부모 역할과 자녀 양육에 대한 많은 정보를 접할 수 있다. 많은 정보 중에서 자신에게 필요한 정보를 찾아 활용할 수 있도록 도와주기 위해서 부모교육이 필요하다.

- 현대의 부모들은 만능 자녀를 양육해야 하는 중압감을 느끼기 때문에 부모교육이 필요하다.

  과거 사회에서 부모는 자녀의 의식주와 최소한의 교육을 제공하도록 요구되었으나, 현대 사회에서 부모는 많은 역할을 수행하여야 하고 그 수준도 높아졌다. 부모들이 자녀를 위해 올바른 결정을 하고, 신념을 가지고 실천하며, 부모 역할 수행에서 생기는 스트레스를 적절하게 해소할 수 있게 하기 위해 부모교육이 필요하다.

- 현대의 문화와 대중매체가 비현실적인 부모상과 부모 역할에 대한 허상을 심어주는 경우가 많기 때문에 부모교육이 필요하다.

  광고나 텔레비전, 영화와 같은 대중매체와 문화에서 묘사되는 부모와 자녀의 모습과 역할은 지나치게 이상적이다. 그러나 실제로 부모의 역할을 수행할 때 자신이 기대했던 것이 실현되지 않는 경우 심한 좌절감과 혼란을 느끼게 되므로 부모가 된다는 것이 무엇이며, 자녀에게 부모는 어떤 존재이며, 부모가 되기 위해 어떤 준비가 있어야 하는지에 대한 교육이 필요하다.

- 부모의 역할은 인간으로서 사회에서 맡은 역할 중의 하나이기 때문에 준비가 필요하고, 그 준비로서 부모교육이 필요하다.
  과거에는 누구나 부모가 되어 자녀를 키우는 것이 당연하다고 인식하였다. 그러나 현대 사회에서는 부모가 자연적 결과라기보다는 개인의 철학에 따른 선택이라는 인식이 높아지고 있다. 부모가 될 수 있는 충분한 준비를 통해 부모 역할을 수행해낼 수 있도록 부모교육이 필요하다.
- 부모 역할을 통해 부모들이 인간으로서 성장할 기회를 얻기 때문에 부모교육이 필요하다.
  부모교육을 통해 부모로서 성장할 기회를 얻을 뿐만 아니라 인간으로서 성장하기 위해 부모교육이 필요하다.

3) 사회적 측면

- 정부나 국가에서 투자의 효율성을 고려해 볼 때 부모교육이 필요하다.
  국가는 부모교육을 통해 효율적인 부모 역할 수행을 도와 자녀가 건강하게 성장하도록 지원한다. 이를 통해 국가는 질 높은 인적 자원을 확보하고 사회 발전의 원동력을 얻을 수 있다.
- 가정과 교육기관과의 연계성을 확립하기 위하여 부모교육이 필요하다.
  과거에는 가정에서 자녀교육을 전담했다면, 현대 사회에서는 가정과 유아교육기관이 함께 교육을 담당한다. 효과적인 교육을 위해 각 교육기관의 철학과 운영방침, 교육과정 등을 부모교육을 통해 알려 가정에서도 일관성 있는 환경을 제공해야 한다. 또한 부모들도 교육기관과 가정과의 관계를 긴밀히 유지하여 가정에서 발생하는 여러 가지 문제를 교육기관과 함께 해결해 나가기 위해 부모교육이 필요하다.

- 미래사회에 적응할 수 있는 사람으로 자녀를 키우기 위해 부모교육이 필요하다.
  급속하게 변화하는 사회에서 가져야 할 가치와 태도, 기술, 능력을 갖출 수 있도록 도움을 주기 위해 부모교육이 필요하다.
- 현대사회는 다양한 형태의 가족이 존재하고 각 가족형태에서 요구하는 부모의 역할이 다르기 때문에 부모교육이 필요하다.
  한부모 가족, 입양 가족, 다문화가족, 장애 가족, 이혼 가족 등 가족의 형태가 다양해졌다. 다양한 형태의 가정에서 부모의 역할을 하는 사람들이 가지고 있는 문제도 다양하고 그들이 수행해야 할 역할도 다르므로 부모교육이 필요하다.

4. 부모교육의 역사와 현재

1) 서양의 부모교육 역사

(1) 고대사회

고대사회에서는 영유아들은 인간으로서의 권리를 보장받지 못했고, 영아 살해 및 매매행위가 널리 행해져 왔다. 318년 콘스탄티누스(Constantinus) 황제가 '영아 살해는 죄'라고 선포하기 전까지 유아는 권리를 가지지 못했고, 로마 사회에서는 아버지가 유아에 대한 결정권, 삶과 죽음에 대한 결정권까지 가지고 있었다.

기원전 300년경 유토피아 건설의 방법을 찾던 플라톤(Platon)과 아리스토텔레스(Aristoteles)는 유아의 양육과 교육이 정치의 붕괴와 정부 신뢰감 상실의 대안이라 믿고, 남녀 모든 유아가 교육을 받아서 사회적 구성원이 되어 국가의 힘을 강하게 해야 함을 주장하였다. 또한 가정교육이 자녀의 성격 형성에 가장 큰 영향을 미친다는 점에서 자녀 양육에 대한 부모 역할의 중요성을 강조하였다(정옥분 외, 2007).

○ 플라톤(Platon, 기원전 427~347년 추정)

「국가론」에서 유아는 사회의 요구에 부합되도록 양육되어야 한다고 주장하였으며, 유아기는 성격의 기초가 형성되는 시기이므로 개인주의적인 성향을 없애기 위해 태어나는 순간부터 국가가 지정한 공동탁아소에서 양육되고 공동으로 소유되어야 한다고 하였다.

○ 아리스토텔레스(Aristoteles, 기원전 384~322)

유아는 가족에 의해 양육되어야 하며, 유아 개개인의 잠재력을 최대한으로 발휘하기 위해 유아의 개인차를 고려한 적절한 양육 방식을 제공해야 한다고 하였다.

(2) 중세 사회

그리스 문명 이후 문화의 중심은 로마로 옮겨졌고, 종교개혁과 가톨릭교회의 부흥을 통해 성경은 인간행동 발달과 부모교육에 대한 기초가 되었다. 이 시기 유아의 사회적 지위는 매우 낮았고, 성인의 축소판으로 여겨졌다. 부모의 역할은 악한 본성을 가진 유아를 엄격하고 고된 훈련을 통해 선한 성품을 가진 유아로 변화시키는 것이라고 하였다.

○ 마틴 루터(Martin Luther, 1483~1540)

종교적 변화에 대한 배출구를 열었으며 학교에 보내야 한다는 자신의 믿음을 설교하였고, 부모가 자녀를 교육시켜야 한다고 지적하였다.

유아들은 개인적인 소유물 또는 농노로 여겨졌고, 농노와 농부의 자녀들은 부모나 동료로부터 필요한 것을 배웠으며, 부모와 함께 일함으로써 가치, 관습, 생계수단 등을 배우며 생활의 경험을 통해 사회화되었다. 귀족의 자녀들은 7세까지 가정에서 교육을 받으며, 전통적 가치를 전수받고, 읽기와 쓰기 및 셈하기를 배웠다. 엄격한 신분 사회였던 당시에는 유아는 신분에 따라 권리가 인정되었고, 종교단체에서는 사회 환원적 입장에서 가난하거나 보호자가 없는 유아들을 돌보고 보호하는 역할을 수행하였다.

(3) 근대사회

17세기가 시작되면서 유아기는 매우 중요한 시기이며, 유아를 독립된 인격체로 인식하기 시작하였다. 18세기 후반과 19세기 동안의 산업혁명은 빈곤의 분위기와 함께 유아를 노동력 확보의 수단으로 여기는 분위기가 싹트기 시작하였다. 17, 18세기의 코메니우스, 로크, 프뢰벨, 페스탈로치 등의 영향으로 자녀 양육에 대한 실질적이고 구체적인 이론이 등장하였고, 이는 부모 역할에 대한 관심이 일어난 시기라는 점에는 의미가 있다.

○ 코메니우스(Comenius, 1592~1670)

유아는 선한 상태로 태어난다고 믿었으며, 학교를 세워 운영함으로써 유아교육의 틀을 형성하였다. 「대교수학」에서 그는 유아교육의 중요성에 대해 언급하였고, 「유아학교」에서 교육은 가정에서 시작되며 유아는 섬세한 방법으로 교육해야 한다고 하였다. 특히, 어머니의 역할이 중요함을 역설하고, 모든 가정의 자녀들을 위한 '어머니 학교'와 어머니를 위한 부모교육을 주장하였으며 이는 부모교육의 기원이라고 할 수 있다.

○ 로크(Locke, 1632~1704)

로크는 유아의 심성을 백지상태로 태어난다고 주장하였으며, 「교육에 관한 고찰」

에서 유아의 모든 경험이 인간 형성에 중요한 요소가 되므로 올바른 교육이 중요하다고 하였다. 로크는 유아 주변에 성실하고, 친절하며, 근면하고, 자제력이 있는 인물을 통해 올바른 삶의 태도를 모방하게 되고 좋은 습관을 만들 수 있다고 하였다. 로크는 가정교육을 중시하였으며, 특히 아버지의 역할을 강조하였다.

○ 루소(Rousseau, 1712~1778)

「에밀」에서 유아는 선하게 태어난다고 하였으며, 어린 식물에게 물을 주듯, 유아기 단계의 어머니 교육과 가정교육을 강조하였다. 또한 교육은 성인 중심이 아니라 유아의 개별적 능력에 맞춰 동기 유발에 따라 경험을 통한 배움을 강조하여 유아중심 교육이 이루어져야 한다고 주장하였다.

○ 페스탈로치(Pestalozzi, 1747~1827)

부모교육의 아버지로 불리는 스위스의 교육자이다. 그는 사회개혁가로서 교육만이 가난의 악순환에서 탈피할 수 있다고 믿었으며, 교육은 가능한 어린 시기부터 시작할 것을 역설하였다. 또한 페스탈로치는 유아는 선도 악도 아닌 중간적 존재로 보았으며, 어머니의 사랑이 바탕이 되는 가정과 유아의 생활환경을 중심으로 한 조기교육을 주장하였다. 그의 책 「게르트루트는 어떻게 그녀의 아이들을 가르치는가?(How Gertrude Teaches Her Children)」에서 어머니의 중요성을 강조하고 부모들을 위한 훈육방법을 설명하였다. 이 책에서 부모교육은 유아가 어머니의 무릎에서 앉는 순간부터 시작되며, 어머니와 자녀의 관계를 통해 도덕교육과 종교교육이 실시되어야 한다고 했다.

○ 프뢰벨(Froebel, 1782~1852)

유치원의 창시자이며, 「인간교육」을 통하여 유아가 가지고 있는 신성을 강조하였으며, 신성의 계발을 위해 놀이와 노작교육이 필요하다고 하였다. 프뢰벨은 유아의 타고난 능력과 힘, 개인의 잠재적인 힘을 발달시키는 것이 교육의 목적이라고 하였다. 그는 유아의 발달에 맞게 세계 최초의 교구인 은물과 작업을 고안하였으며 「어머님의 노래와 애무의 노래」에서는 50종류의 게임과 노래를 수록하여 어머니들이 활용하도록 하였다. 프뢰벨은 유치원에서 어머니 모임을 통해 어머니들에게 은물 사용법, 작업활동, 노래와 게임, 바깥놀이, 정원 가꾸기 등을 가르쳤고, 가정에서도 자녀와 함께 실천할 수 있도록 하였다.

(4) 19세기

19세기말 인간과 사회가 밀접하게 관련되어 있다는 분위기가 확산되면서, 교육의 목적과 수단에 대한 논의가 활발해졌고 유치원은 유아의 도덕 발달을 이끌 수 있는 중요한 기관으로 자리 잡게 되었다. 이 시기 미국은 이민 정착회와 자유 유치원협회가 저소득층과 새로운 이민자들을 대상으로 부모교육과 유치원 운동을 펼쳤으며, 교육자들은 다양한 양육 방법에 대한 정보를 부모들에게 제공하였다. 또한, 기독교여성연맹(WCTU)은 약 20개 도시에 WCTU 유치원을 설립하여 유치원 운동과 부모교육을 지지하였다.

1889년 스탠리 홀(Stanley Hall)은 아동연구센터를 설립하고, 아동 연구를 체계적으로 진행하였다. 또한 부모교사 연합회를 설립하였으며, 이는 부모교육에 중요한 영향을 미쳤다. 스탠들러(Stendler, 1950)는 1890년대부터 1950년까지 잡지 기사를 분석하였으며, 그 결과 1890년대와 1900년대 초기에 자녀 양육에 대한 관심이 대단히 많았음을 밝혀냈다. 이 시기에는 유아의 성격 발달에 있어 가정환경과 어머니의 영향이 중요시되어 어머니의 바르고 선한 품성이 강조되었다.

(5) 20세기

1909년 백악관회의 이후 정부에 의해 육아 정보가 보급되기 시작하였다. 1917년 통과된 스미스-휴즈 법안(Smith-Hughes Act)은 교육국이 후원하는 학회를 통해 육아와 영양에 대한 교육을 제공하였고, 단과대학과 종합대학들도 아동연구를 위한 조사기관과 교수센터를 설립하여 부모교육에 참여하였다.

1916년에는 시카고 대학의 12명의 교직원 부인들이 미국 최초의 부모 협동조합을 설립하였다. 이들은 그들의 자녀들을 위한 질 좋은 보육과 부모교육을 원했으며, 제1차 세계대전 중에는 적십자사 활동에도 참여하고자 했다. 전쟁 이후 10년간은 부모교육의 전성기로 유아기가 성격 형성의 중요한 시기로 여겨졌고, 건강과 영양, 자녀의 행동유형과 부모교육에 대한 관심도 매우 높았다.

1920년대에는 듀이(Dewey)의 '행함으로써 배운다.'(learning by doing) 이론, 프로이트(Freud)의 심리학, 게젤(Gesell)의 성숙주의 이론이 상호 영향을 받아 융합되어 이 시기의 이론 형성에 중요한 기반이 되었다. 이 시기 가장 존경 받은 심리학자인 게젤은 유전과 자연적인 성장 과정의 역할을 강조하고, 어머니의 전문적 역할과 조기 훈련의 중요성을 강조하였다. 프로이트는 과도한 애정이 유아를 특정 발달단계에 고착시킬 수 있다고 보고, 지나친 자유 표현은 제한될 필요가 있다고 경고하였다. 그는 특히 생후 6세까지 부모의 영향력이 자녀의 성격 형성과 전반적인 발달에 결정적인 시기임을 강조했다.

1950년대는 가정생활이 강조되었고 베이비 붐(baby boom)이 시작되었으며 성인교육에서 부모교육, 학령 전 프로그램이 실시되었다. 절대주의적 양육 방식에서 벗어나 애정적이고 유아의 자율성 고려, 사회, 정서적 발달에 관심, 개별성, 발달 속도에 맞는 교육, 체벌 금지의 방향으로 변화되어 갔다.

1960년대 피아제(Piaget)의 인지발달 이론이 선풍적인 환영을 받게 되었다. 피아제의 이론은 헌트(Hunt), 브루너(Bruner), 브룸(Bloom), 브론펜브레너(Bronfenbrenner) 등을 통해 널리 확산되었다. 브루너는 어떤 지식이라도 그 유아의 발달 수준에 맞게 제시된다면 학습될 수 있다는 이론을 발표했고, 브룸은 지능의 유동성과 가정 환경의 중요성, 결정적 시기를 중요시했으며, 브론펜브레너는 유아 발달을 돕고 유지할 수 있는 가장 효과적이며 경제적인 환경은 가정이라고 주장하였다.

1967년 통과된 경제 기회 균등법(Economic Opportunity Act)을 기반으로 한 연계교육 프로그램은 부모 참여의 중요성을 강조하였다. 이 시기의 미국 내 주요 프로그램인 헤드 스타트(Head Start), 연계 교육 프로그램, 가정 중심 프로그램은 모두 부모의 적극적인 참여를 권장하며, 부모교육 프로그램의 다양화에 크게 기여하였다. 또한, 1970년대 이후에는 조기학습의 시작과 발달 초기의 부모와 유아 간의 상호작용의 중요성 및 효율성이 대두되었으며, 이에 따라 부모 중심의 접근 방식이 부모교육 프로그램의 주요 전략으로 자리 잡았다.

1980년대는 경비 절감의 시기로서 정부의 재정적 지원이 감소되었으며, STEP, PET, APT 등의 체계적인 부모교육 프로그램이 제공되었다.

2) 우리나라의 부모교육

(1) 고려시대~조선시대

불교를 숭상했던 고려시대에는 석가모니가 가르친 '부모의 자식에 대한 도리'를 강조하였다. 이 시기에는 자녀는 방임되거나 방치되어야 할 존재가 아니며 보호와 교육의 책임이 부모에게 있다고 하였다. 아동의 타고난 본성이 성장을 결정한다고 보았으며, 아동의 지적, 정의적 측면을 모두 중시하였다. 또한 어린 아동은 글 읽는 법을 주로 승려로부터 배우도록 하였다. 당시 양육 행동에 대한 사회적 기대는 자애로운 태도에 기반하고 있었으며, 어린 자녀를 유기한 부모는 사회적 제재를 받는 등 부모로서의 도리를 중시하였다.

유교적 가치가 강조된 조선시대의 대표적 교육서인 명심보감에서는 "귀한 아이는 매를 많이 주고, 미운 아이는 밥을 많이 주라."는 표현을 통해 아동을 엄하게 교육할 것을 강조하였다. "남자를 가르치지 않으면 장성해서 반드시 거칠어지고 여자를 가르치지 않으면 장성해서 반드시 거칠고 솜씨가 없다."고 하여 남녀 모두 교육이 중요함을 강조하였다. 그러나 조선시대는 신분제와 유교적 규범이 엄격하였으며, '남녀칠세부동석'이라는 가치관 아래 여성의 외출이 제한되었기 때문에 여성은 주로 책을 통한 안방 교육을 받는 것이 일반적이었다.

조선시대에는 자녀를 낳고 기르는 일이 개인의 삶뿐만 아니라 가문의 명예와 지속성을 유지하는 데 있어서도 매우 중요한 일이었다. 자녀가 출생하기 전 태아기부터 교육의 대상으로 여겼으며, 여성 대상의 교육서에는 태교와 관련된 내용들이 포함되어 있었다. 예를 들어 고려시대 정몽주 어머니 이씨의 「태중훈문」, 조선시대 빙허각 이씨의 「규합총서」, 사주당 이씨의 「태교신기」, 우암 송시열의 「계녀서」, 율곡 이이의 「규범」 등은 대교와 양육에 대한 전통적인 지침서로 활용되었다. 이 문헌들에는 자녀의 연령에 따른 양육과 교육 방법을 제시하였으며, 교육은 '태교'라 하여 태내기부터 시작된다고 하였고, 양육은 어린 시절에 이루어지도록 강조하였다. 또한, 조선시대 양육은 자녀에 대한 무조건적인 사랑과 체벌을 경계하고 원칙 있는 가르침 간의 균형을 중시하였으며, 엄격한 아버지와 자상한 어머니의 역할을 묘사하였다.

(2) 근대 이후(1900년대 초~1970년대)

1914년 미국 선교사 샬럿 브라운리(Charlotte Brownlee, 1876~1970)가 개성에 유치원을 설립하고 '자모회'를 조직하여 어머니들을 교육시키면서 한국에서의 조직적인 부모교육이 시작되었다. 브라운리(Brownlee)의 뒤를 이어 내한한 하워드(Clara Howard, 한국명: 허길래)는 '자모회'를 통한 부모교육 운동을 가장 적극적으로 추진한 사람으로 알려져 있다.

하워드는 어머니 교육뿐만 아니라 아버지 교육에도 관심을 가지고, 월례회 형식으로 진행된 부모교육에 어머니와 아버지가 함께 참여할 수 있게 하였다. 이는 성별에 관계없이 부모 모두의 역할을 중시하는 부모교육의 초기 모델로 평가된다.

한편, 1923년에는 소파 방정환 선생에 의해 어린이날이 제정되어 첫 번째 어린이날에 전국에 12만 장의 선전지가 배포되었으며, 선전지의 내용은 '어른에게 드리는 글'과 '어린 동무들에게'라는 두 가지 내용의 글이 실려 있었고, 이는 아동의 권리를 강조하고 어린이를 하나의 독립된 존재로 인식하려는 사회적 흐름을 반영한 것이었다.

1941년부터 이화여자대학교 교육학과 유아교육전공 영역에 김애마 선생님의 주도하에 '부모교육'이라는 과목이 개설된 것은 역사적으로 주목할 만하다. 그러나 당시 일제강점기라는 시대적 한계로 인해 부모교육은 활발하게 진행되기는 어려운 실정이었다.

1950년대 말(1955~1959)에는 유아교육의 내용과 방법에 대한 사회적 관심이 높아졌으며, 주로 행사나 문화 중심의 교육 활동이 이루어졌다. '어린이를 때리지 말고 욕하지 말고 부리지 말자'(1956년 5월 5일 자 광주일보)라는 이 표어는 해방 이후 아동을 어른의 축소판이나 부모의 소유물로 여기는 기존의 인식에서 벗어나, 아동을 하나의 독립된 인격체로 존중해야 한다는 사회적 인식이 점차 확산되고 있었음을 상징적으로 보여주는 사례이다.

1960년대 이후, 아동연구와 인지발달 이론에 대한 관심이 높아지면서 유아교육의 중요성이 부각되었고, 여성단체를 중심으로 한 사회교육의 확대와 함께 부모 역할의 중요성이 강조되었다. 이와 같은 흐름 속에서 부모교육에 대한 논의가 활발해졌으며, 사회 전반적으로 부모교육의 필요성과 인식이 점차 확산되기 시작하였다.

1970년대 한국행동과학연구소(KIRBS)의 주관으로 워크숍 형태의 부모교육이 실시되었으며, 1976년 샘터사에서 '엄마랑 아기랑'이라는 부모교육 전문 잡지가 창간되어 대중적인 부모교육의 확산에 기여하였다.

(3) 1980년대~2010년대

1979년 UN의 '세계 어린이의 해(The International Year of Child)'를 계기로, 1970년대 후반부터 국내에서도 양육 도서들이 출판되기 시작하였다. 한국유아교육학회에서도 부모교육 심포지엄을 개최하는 등(한국교육학회 유아교육연구회, 1985) 부모교육 활성화를 도모하였으며, 부모 훈련에 관한 내용이 과거에 비하여 양적으로 급증하였다. 부모들의 고민거리 해결을 도와주며 부모 역할 훈련 프로그램이 늘어나고 부모들의 실제적 문제해결을 위한 강의와 워크숍 참여도 점차 활발해졌다. 이는 부모교육이 단순한 정보 전달을 넘어 실제적이고 적극적인 문제해결 중심으로 전환되었음을 보여주는 변화라 할 수 있다.

1993년부터 1995년까지는 우리나라 실정에 맞는 한국형 부모교육 프로그램이 개발되었으며, 현재는 한국청소년상담복지개발원에서 '이음 부모교육 프로그램'으로 운영되고 있다. 또한, 1995년부터는 폽킨(M. Popkin)이 개발한 '적극적 부모 역할 훈련(Active Parenting)' 프로그램이 국내에 도입되어 한국지부를 통해 실행되고 있으며, 2010년 이후에는 미국의 가족치료 전문가 존 가트맨(John Gottman)의 이론을 바탕으로 감정코칭을 접목한 부모 역할훈련도 우리나라에서 활발히 실시되고 있다.

3) 2020년대 부모교육의 핵심 트렌드

21세기 부모교육은 과거의 단순한 양육 기술 전달에서 벗어나, 디지털 기반 확장, 심리·정서 지원, 가족 다양성 대응 등 보다 통합적이고 맞춤화된 방향으로 변화하고 있다. 특히 코로나19 이후 온라인 플랫폼의 발달, 가족 구조의 변화, 정신건강에 대한 사회적 관심 증가는 부모교육의 방법과 내용 모두에 큰 영향을 미치고 있다(여성가족부, 2022; 보건복지부, 2021).

• 디지털 기반 부모교육 확대

최근 부모교육은 디지털 기술과 결합하여 시간과 장소의 제약을 뛰어넘는 방식으로 발전하고 있다. 특히 Zoom, YouTube, Instagram Live 등 비대면 플랫폼을 통한 실시간 또는 녹화형 교육이 보편화되었으며, 아이엠스쿨, 부모공감 등 앱을 통한 성장 일지, 훈육법, 발달검사 정보 제공이 이루어지고 있다(보건복지부, 2021). 더불어 숏폼 영상, 카드뉴스, 리일스 형태의 콘텐츠는 부모들의 접근성과 반복학습 가능성을 높이며 긍정적인 반응을 이끌고 있다.

• 가족 형태별 맞춤형 부모교육

한부모, 재혼, 입양, 다문화, 조손가정 등 다양한 가족 형태의 증가에 따라 부모교육도 특화 프로그램 중심으로 개편되고 있다. 예를 들어, 워킹맘·대디를 위한 야간 강의, 조부모 대상 육아 정보 제공 프로그램 등은 대상자의 상황과 생활패턴을 반영한 유연한 구성으로 운영된다(여성가족부, 2022).

• 부모의 심리적 안정과 자기성찰 강조

최근 부모교육은 양육 기술 이전에 부모 자신을 돌보는 것에 집중하고 있다. 자존감 회복, 양육 스트레스 해소, 감정 조절 훈련 등은 부모의 정서적 안정에 기여하며, 긍정 훈육과 감정코칭을 중심으로 한 프로그램은 자녀와의 관계 개선에 효과적이다. 이는 '자녀에게 어떻게 말할까?'보다 '부모 자신의 감정을 어떻게 다룰까?'에 대한 접근이 중심이 된다.

• 참여형·체험형 교육 강화

기존의 강의 중심 교육에서 벗어나 워크숍, 체험활동 중심의 교육이 확산되고 있다. 부모–자녀 공동 활동(놀이, 미술, 요리 등)은 부모가 직접 참여함으로써 학습 몰입도와 자녀 이해도를 높인다. 소규모 그룹 중심의 코칭, 사례 공유, 익명 질문 등은 참여자 간 공감과 지지 형성을 촉진한다(김현주 외, 2000).

- 생애주기 맞춤형 교육 시스템화

자녀의 성장과 발달에 따라 부모의 역할은 예비 부모기부터 청소년기에 이르기까지 지속적으로 변화한다. 이에 따라 생애주기별로 적합한 내용을 제공하는 맞춤형 부모교육 시스템의 구축이 점차 강화되고 있다. 특히 임신기부터 시작되는 부모교육은 보건소와 유아교육기관 등과의 연계를 통해 일관성 있는 양육 지도를 가능하게 하며, 부모가 자녀의 발달단계에 적절히 대응할 수 있도록 지원한다(보건복지부, 2021).

- 지역사회 및 기관 간 협력 확대

부모교육의 효과성과 접근성을 높이기 위해 보건소, 육아종합지원센터, 어린이집, 유치원 등 다양한 공공기관과의 연계를 기반으로 한 부모교육 프로그램이 활발히 운영되고 있다. 또한 지역사회 내에서는 부모 커뮤니티, 양육지원단, 마을 중심의 부모교육 네트워크 등 공동체 기반의 자발적 참여가 확대되며, 지역 차원의 협력 체계가 점차 강화되고 있다(여성가족부, 2022).

오늘날 부모교육의 주요 흐름은 정보 중심에서 관계 중심으로, 공급자 중심에서 수요자 맞춤형으로 변화하고 있다. 이러한 변화는 부모 개인의 심리적 안녕을 증진시키는 것은 물론, 자녀의 건강한 발달과 더불어 사회 전반의 안정적 기능 유지에도 긍정적인 영향을 미친다. 따라서 유아교육 및 가족복지 전문가들은 변화하는 부모교육의 트렌드를 반영하여 보다 실천적이고 통합적인 개입 방안을 지속적으로 모색해야 한다.

함께 생각해 보는
부모교육

부모교육의 목적에 대해 생각해 보기

부모교육의 목적이 무엇인지 2가지 차원으로 나누어 자신의 생각을 작성해 보세요.

1. 예비 부모의 입장

2. 유아교육 기관의 입장

인포그래픽으로 보는 부모, 자녀 관련 이슈 & 챗 GPT의 부모교육

"자녀를 이해하기 위한 관심 투자가 필요합니다."

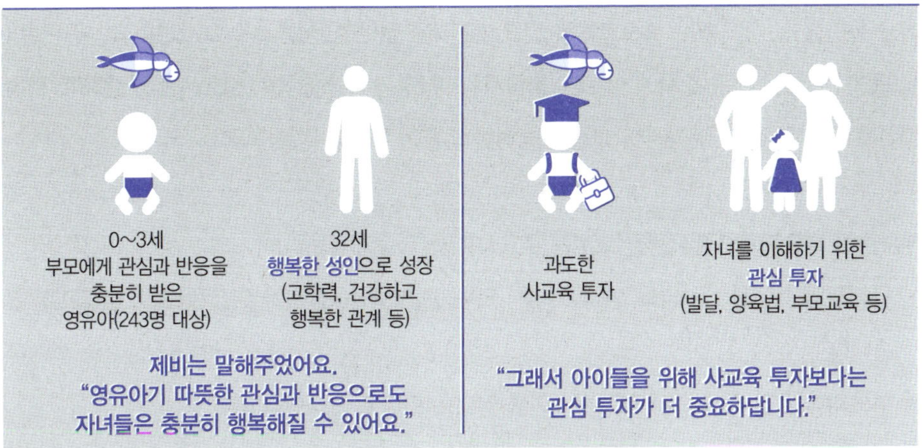

출처: Raby, K. L., Roisman, G. I., Fraley, R. C., & Simpson, J. A. (2015).

출처: 최효미 외(2018).

출처: 육아정책연구소(2019).

이 조사 결과는 부모의 관심과 반응이 아이의 미래에 얼마나 중요한 영향을 미치는지를 보여준다. 0~3세 243명 대상으로 유아가 충분한 관심과 사랑을 받았을 때, 빈곤층에서도 그 아이들이 장기적으로 긍정적인 결과를 도출했다.

해당 연구에서 언급된 "32세: 행복한 성인으로 성장"이라는 결과는, 영유아 시기 부모의 관심과 반응이 그 아이의 전반적인 발달과 성격, 삶의 질에 큰 영향을 미친다는 사실을 시사한다. 고학력, 건강한 신체, 행복한 대인 관계 등은 그들의 미래 삶에 중요한 요소로 작용할 수 있다. 따라서 초기 양육 단계에서 부모가 제공할 수 있는 관심과 반응의 중요성을 강조하는 관심 투자(발달, 양육법, 부모교육 등)가 더 중요하며, 이를 통해 부모들이 자녀에게 긍정적 영향을 미칠 수 있도록 돕는 것이 매우 중요하다. 〈기사 요약〉

ChatGPT

최근 유아를 둔 부모들은 부모교육의 필요성에 대해 어떻게 생각하나요?

최근 유아를 둔 부모들은 부모교육의 필요성에 대해 높은 인식을 보이고 있습니다. 세이브더 칠드런이 실시한 설문 조사에 따르면, 응답자의 97.5%가 부모교육의 필요성에 공감하며, 특히 자녀를 둔 부모의 96.1%가 부모교육에 참여할 의향이 있다고 밝혔습니다.

부모들이 부모교육의 필요성을 느끼는 주요 이유는 다음과 같습니다.

- 긍정적 훈육 방식 등 양육 방식에 대한 교육: 77.8%의 응답자가 이를 필요로 한다고 답했습니다.
- 부모의 역할과 자세 숙지: 60.1%가 이를 필요로 한다고 응답했습니다.
- 아동의 발달단계에 대한 이해: 50.9%가 이를 필요로 한다고 밝혔습니다.

그러나 실제로 부모교육에 참여한 경험이 있는 부모는 34.1%에 불과하며, 56%는 교육 내용을 실제 양육 상황에 적용하기 어렵다고 느끼고 있습니다.
이러한 결과는 부모들이 부모교육의 필요성을 인식하고 있으나, 실제 참여와 적용에는 어려움이 있음을 시사합니다. 따라서 부모교육의 접근성을 높이고, 실질적인 도움이 되는 교육 프로그램 개발이 필요합니다.

CHAPTER 02

부모와 자녀, 관계의 재발견

성인 남녀가 결혼을 하고 자녀를 가지게 되면 부모라는 지위를 자연스럽게 가지게 된다. 그러나 최근에는 불임부부가 증가하면서 무자녀 가정이 증가하고 있으며, 부부의 가치관에 따라 무자녀를 선택하는 가정도 늘어가고 있다. 맞벌이 가정 및 경제적 안정의 목적 등으로 출산 시기를 연기하는 부부들이 늘고 있으며, 전보다 자녀를 적게 가짐으로써 자녀 양육 기간도 짧아지고 있다. 또한 비혼모나 입양과 같이 성인 남녀가 결혼하지 않고도 부모 역할을 하는 경우도 있다. 이처럼 현대사회에서는 부모가 된다는 것은 하나의 선택이며, 부모 역할을 제대로 수행한다는 것은 결코 쉬운 일이 아니므로 부모교육을 통해 이를 도울 필요가 있다.

이 장에서는 부모됨의 의미, 부모 역할의 특성, 부모의 양육 태도를 통해 바람직한 부모·자녀 관계의 방안을 제시하고자 한다.

학습목표

1. 부모됨의 개념을 이해한다.
2. 부모 역할의 특성을 안다.
3. 부모의 양육태도를 통해 부모·자녀 관계를 이해한다.

1. 현대사회에서 부모됨의 의미

1) 부모됨의 의미

(1) 부모됨의 사회적 의미

부모가 된다는 것은 성인 남녀가 결혼을 하여 산다는 상징으로서 자녀를 갖게 되는 것, 성인으로서의 지위가 확고해진다는 것, 사회적인 승인을 얻는다는 것과 같은 의미를 가지게 된다. 비버스(Veevers, 1973)는 모든 사회에서는 성인에게 부모가 되도록 기대하며, 문화적 압력을 가하는 특성을 지니고 있다고 하였다. 이는 어느 사회에서나 부모가 된다는 것은 긍정적이며, 바람직한 것으로 수용되고, 성인이 결혼을 하여 자녀를 갖는 것은 사회적으로 승인된 도덕적인 역할을 수행하는 일이라고 여겨짐을 의미한다. 비버스가 분류한 부모기와 비부모기와의 관계를 구분하여 비교한 것을 살펴보면 **표 2-1**과 같다.

표 2-1 부모기와 비부모기의 사회적 의미 유형

영역	부모기의 사회적 의미	비부모기의 사회적 의미
도덕성	부모됨은 도덕적 의무의 실천이다.	자녀를 갖지 않는 것은 비도덕적이다.
책임감	아이를 갖는 것은 시민으로서의 책임감을 이행하는 것이다.	자녀가 없는 것은 시민으로서의 책임을 회피하는 것이며 무책임한 것이다.
자연스러움	부모가 되는 것은 본능적이며 자연스러운 것이다.	부모가 되지 않는 것은 사회적으로 부자연스러운 것이다.
성에 대한 인식과 신체적 성숙	부모가 된다는 것은 신체적 성숙을 의미한다.	부모가 되지 않는 것은 성적으로 무능력함을 나타내며 신체적으로 미성숙함을 의미한다.
결혼	결혼의 의미를 부여하며, 결혼생활에 대한 만족을 증진시키고 이혼을 방지한다.	결혼의 의미가 감소되며, 결혼생활에 대한 불만족과 이혼의 기회를 증가시킨다.
정신위생	정상적인 정신위생을 나타내며, 사회적 성숙과 개인적인 안정감을 보인다.	비정상적인 정신위생을 나타내며, 사회적 미성숙과 정서적인 장애를 보인다.

비버스가 주장하는 부모기의 사회적 의미를 정리하면 아래와 같다.

첫째, 결혼하여 자녀를 갖는 것은 도덕적 의무를 수행하는 것을 의미한다.

둘째, 부모가 되는 것은 사회적으로 긍정적인 일이며, 시민으로서의 책임을 수행하는 의미를 지닌다.

셋째, 부모가 되는 것은 자연스러운 일이며 동시에 부모 스스로가 자녀를 가짐으로써 부모의 역할을 자연스럽게 획득하게 된다. 자손을 번식하여 사회를 존속시키며, 개인적 차원에서는 성적 개체임을 확인하여 신체적 상태와 심리적 상태까지 확인할 수 있다.

넷째, 부모가 된다는 것은 남성과 여성으로서 가지게 되는 위치를 나타내고, 자녀를 갖는 것은 남성성 및 여성성의 능력을 입증하는 중요한 지표 역할이 됨을 의미한다.

다섯째, 부모가 됨으로써 결혼생활을 통해 부부관계를 개선하고 이혼과 같은 위기상황을 방지해 줄 것이라는 보편적인 사회적 통념이 형성된다.

여섯째, 부모가 됨으로써 정신적으로 건강한 상태를 유지하고 부모 스스로 사회적인 성숙과 개인적 안정을 가질 수 있다.

(2) 부모됨의 개인적 의미

성인은 결혼을 하고 자녀를 낳음으로써 부모라는 지위를 획득하고 동시에 생명탄생의 기쁨과 성취감을 느낀다. 자녀와 사랑을 주고받으며, 정서적 만족감을 느끼고 가족에 대한 결속감을 바탕으로 가계를 계승한다. 이 외에도 부모로서의 자아성장 계기가 되며, 인격적으로 성숙해지는 기회가 된다.

① 자아확장

부모는 자녀를 가짐으로써 대를 잇는다고 여기며, 특히 남아의 경우 가족의 성(姓)을 잇는다는 의미에서 자기를 확장하고 이어준다는 지속감을 갖게 한다. 또한 부모는 자녀를 통해 자신이 이루지 못했던 계획을 실현함으로써 자기 확장의 욕구를 충족하게 된다. 이와 같이 부모됨은 자기를 이어준다는 지속성 또는 자기 확장이라고 한다.

② 성인으로서의 지위 획득

성인은 부모가 됨으로써 사회가 바람직하게 여기는 새로운 지위를 획득하게 된다는 것이 우리 사회의 통념으로 존재한다. 또한 사회·문화적 가치 측면에서 한 개인에서 부모가 되는 것은 가정에서의 안정된 지위와 함께 사회에서 요구하는 특정한 지위를 확보한다는 개념이 보편적으로 작용하고 있다.

③ 가족의 결속 강화

자녀는 부부의 결속력을 강하게 하는 요인으로 작용하며, 일반적으로 자녀는 가족 결속의 중심적 역할을 수행함과 동시에 부부간의 이혼을 막는 요인으로 작용한다. 자녀를 가짐으로써 원만한 부부생활을 지속하고 부부간의 관계가 더 가까워지게 된다.

④ 노후의 생활보장

경제력이 없는 노후에 자녀에게 의지할 수 있다는 사회적 기대감을 형성한다. 자녀 양육에 대한 높은 경제적 투자를 노후에 대한 대비로 인식하는 경향이 있다. 취약한 사회보장의 측면에서 국가나 사회보다는 성장한 자녀가 부모를 모신다는 기대감이 자녀 양육의 주요 동기로 작용한다.

⑤ 행복과 애정

부모는 자녀를 통해서 다양한 기쁨과 행복감을 느낄 수 있다. 부모와 자식간의 애정적 감정의 교류는 인간의 가장 근본적이고 두터운 감정의 교류를 경험하게 한다. 부모가 된다는 것은 사랑에 대한 인간의 가장 기본적 욕구를 만족시키는 경험을 하는 것이다.

2) 부모됨을 선택하는 동기

부모가 되는 것은 당연하고 자연스러운 과정이며, 자녀를 갖지 않는 것은 부자연스러운 일이라 여겨지던 과거와는 달리, 현대사회에서는 부모가 되는 것은 선택의 대상이며, 자녀를 낳을 것인지, 언제 몇 명을 낳을 것인지는 부모 개인의 동기에 따라 달라질 수 있다.

(1) 에릭슨의 부모됨의 동기

에릭슨(Erickson, 1963)은 부모됨은 인간의 성숙 과정 중의 일부라고 보았으며, 자녀를 낳아 양육하고 교육함으로써 건전한 심리 발달을 이룬다고 하였다. 인간발달단계 중 성인기에 들어서면 다른 사람들을 돌봐주고자 하는 동기를 갖게 되고, 이는 자녀를 낳고 부모의 역할을 수행함으로써 표현된다.

(2) 라빈의 부모됨의 동기

라빈(Rabin, 1965)은 부모됨의 동기를 네 가지로 구분하여 설명하였다.

① 숙명적 동기(fateful motive)

성인들은 자녀를 갖는 것이 존재하는 이유라고 믿으며, 피임을 하는 것에 대해서도 반대한다. 인위적인 결정이나 판단보다 숙명적인 측면에서 부모가 되는 것을 의미하는 것으로 개인의 주체적 결정보다 운명을 중요시 여기며 자녀를 가짐으로써 가계가 이어진다고 생각한다.

② 이타적 동기(altruistic motive)

부모됨을 통해 자녀에 대한 관심과 애정을 표현하며, 이타심, 책임감, 민감성과 같은 특성을 발전시켜 나간다. 또한 가족 공동체의 확대와 재생산을 통한 사회적 관계의 확대를 중요시한다.

③ 자기애적 동기(narcissistic motive)

부모됨을 통한 자기의 완성과 확장에 관심과 중요성을 두는 것으로 가족의 완성을 통한 자아실현과 감정의 만족을 추구한다. 즉, 자녀를 가질 수 있을 만큼 성인으로 성숙했음을 나타내며, 자신이 다른 사람과 같다는 공감대를 형성하여 심리적 안정감을 가지게 한다.

④ 도구적 동기(instrumental motive)

부모됨을 통해 실질적인 문제해결 등의 도구와 수단으로 이용하려는 동기를 말한다. 자녀를 통해 부모 자신이 이루지 못한 것을 성취하여 대리만족을 얻거나 자녀가 부부간의 문제를 해소시키거나 결혼의 파탄을 막아 부부간의 불화를 방지하며, 자신의 부모님을 기쁘게 하기 위해 자녀를 갖는 것을 말한다.

3) 부모됨의 준비

결혼한 성인 남녀는 자녀를 임신하기 전에 부모가 되기 위한 준비를 해야 한다. 준비 없이 부모가 되는 사람들은 부모로서의 역할을 수행하기 어려우며, 이는 자녀의 건강한 성장과 발달을 방해할 수 있다(이순형 외, 2012).

(1) 신체적 준비

신체적 준비는 기형아나 장애아 출산을 예방하기 위해 건강과 질병 상태를 사전 점검하고 양쪽 부모 가계의 가족적, 유전적 질병 유무를 사전 확인하는 것이 필요함을 의미한다. 질병에 걸리지 않은 건강한 상태에서 자녀를 임신할 수 있도록 한다.

(2) 정신적 준비

정신적 준비는 부모됨을 위해서 자신의 성장 상태나 문제점, 성격의 장단점 파악이 필요하며 부모 역할에 문제나 장애요소를 스스로 개선하는 노력이 필요하다. 부모의 비정상적인 정서 상태나 성격 문제, 기질적인 요인들은 자녀에게 심리적인 손상을 주어 문제아를 발생시킬 수 있다.

(3) 경제적 준비

경제적 준비는 자녀의 양육과 교육에 많은 비용과 재원이 소요됨을 인식하는 것으로 자녀에 대한 교육적, 정서적, 경제적 지원과 안정적인 가정환경 조성을 위한 경제적 준비의 중요성을 인식하고 사전 계획이 필요함을 의미한다.

(4) 부모됨에 대한 잘못된 신념의 예

대중매체를 통해 비치는 부모의 모습은 자녀를 양육하는 것에 대해 지나치게 과장되거나 낭만적인 기대를 하게 하는 경향이 있다. 르마스터와 디프레인(LeMasters & Defrain, 1989)은 이를 부모기에 대한 로맨틱 콤플렉스라고 하였다. 자녀 양육과 부모됨에 대한 낭만적 기대는 부모의 행동에 영향을 미치게 되는데 이러한 잘못된 신념을 바탕으로 자녀를 맞이하게 될 경우 부모로서의 역할을 수행하는 데 어려움을 겪을 수 있다. 르마스터와 디프레인(1989)의 부모기에 대한 잘못된 신념은 **표 2-2**와 같다.

표 2-2 부모기에 대한 잘못된 신념

① 자녀를 키우는 것은 재미있는 일만 가득하다.
② 아동은 사랑스럽고 귀엽기만 한 존재이다.
③ 좋은 부모를 만나면 아이들은 저절로 훌륭하게 성장한다.
④ 자녀가 부모의 결혼생활을 향상시킨다.
⑤ 부모가 자녀를 바르게 지도하면 자녀는 바르게 된다.
⑥ 아동의 본성은 별로 중요하지 않다.
⑦ 요즈음의 젊은 부모들은 예전의 부모들만큼은 못 하다.
⑧ 자녀가 없는 부모는 좌절감을 느끼고 불행한 존재이다.
⑨ 자녀를 하나만 가져서는 안 된다.
⑩ 문제아는 없다. 문제 부모가 있을 뿐이다.
⑪ 부모는 성인이다.
⑫ 자녀들은 부모로부터 받는 모든 지원에 감사하고 있다.
⑬ 부모·자녀 관계는 사회에서 최우선적으로 고려된다.
⑭ 부모는 자녀에게 충분한 사랑을 주기만 하면 된다.
⑮ 편부모 가정은 결함을 가질 수밖에 없다.
⑯ 자녀가 성장하면 부모로서의 임무는 끝난다.
⑰ 자녀가 성장하여 집을 떠나면 부모들은 허탈해진다.

4) 현대 사회에서의 부모됨

오늘날 부모됨은 생물학적 의미를 넘어 심리적·사회적 개념으로 확대되었다. 부모는 자녀의 전인적 발달을 지원하는 양육자이자, 동시에 정서적 안정과 사회적 적응을 이끄는 관계적 존재로 정의된다. 부모됨은 더 이상 자연스럽게 주어지는 것이 아니라, 선택되고 준비되어야 하는 정체성으로 인식되고 있으며, 특히 여성의 사회참여 확대, 다양한 가족 형태의 등장, 양육 정보의 폭발적 증가 등은 부모의 역할을 더욱 복잡하고 역동적으로 만들고 있다(보건복지부, 2021).

현대 부모는 다음과 같은 새로운 역할을 수행해야 한다.

- 자녀와의 상호작용을 통한 애착 형성자: 부모는 자녀와의 반복적이고 민감한 반응을 통해 신뢰를 형성하고, 자녀의 정서적 안정과 사회적 관계의 기초인 애착을 형성하는 역할을 한다.

사례

30개월 된 유진이는 잠들기 전 꼭 엄마 품에서 그림책을 읽어야 마음이 편안해진다. 유진 엄마는 아이의 눈을 바라보며 읽어 주고, 아이가 표현하는 감정에 "그랬구나, 무서웠구나"라고 공감해 준다. 이러한 반복적인 상호작용은 유진이 세상은 안전하다고 느끼고, 엄마를 신뢰하는 기반이 된다.

- 발달단계에 맞춘 지도자이자 조력자: 부모는 자녀의 연령과 발달 특성을 이해하고, 그에 적절한 양육과 자율성 부여를 통해 발달을 촉진해야 한다.

사례

초등학교 1학년 현우는 최근 숙제를 미루는 일이 잦아졌다. 아빠는 혼내기보다는 "스스로 계획을 세워볼까?"라고 제안하며, 숙제 스케줄을 함께 짜보았다. 이후 현우는 자신이 세운 계획에 따라 과제를 마치는 습관을 기르게 되었고, 책임감이 자라났다.

- 정보 소비자이자 결정권자: 현대 부모는 다양한 양육 정보 속에서 자녀에게 적절한 선택을 하기 위해 정보에 민감하게 반응하고, 비판적으로 판단하여 결정하는 역할을 수행해야 한다.

사례

SNS를 통해 다양한 훈육법을 접한 연우 엄마는, '타임아웃'을 시도했지만 아이가 불안해하는 모습을 보고 다시 전문가 강의를 듣고 상담을 신청했다. 이후 감정코칭 방식을 도입하며 연우와의 관계가 호전되었고, 엄마는 "내 아이에게 맞는 방식이 중요하다는 걸 알게 됐어요."라고 이야기한다.

- 정서적 공감자이자 심리적 지지자: 부모는 자녀의 감정을 민감하게 읽고 공감하는 동시에, 자녀가 좌절하거나 어려움을 겪을 때 심리적으로 지지해 주는 역할을 한다.

사례

S중학생 민지가 친구와 갈등을 겪고 방 안에 틀어박혀 울고 있을 때, 엄마는 "왜 그랬는지 이야기하고 싶을 때까지 기다릴게"라고 조용히 말한 뒤, 따뜻한 차를 건넸다. 민지는 시간이 지나 엄마에게 상황을 털어놓았고, 엄마는 민지의 입장을 먼저 공감하며 "그랬구나, 힘들었겠다"고 말해 주었다. 민지는 "엄마가 내 편이란 게 느껴졌어"라고 말했다.

또한 오늘날 부모됨은 양육 스트레스와 자기효능감, 일·가정 양립, 디지털 양육환경 등 새로운 도전에 직면해 있으며, 이에 따라 부모교육, 심리적 지원, 지역사회 협력의 중요성이 더욱 부각되고 있다(여성가족부, 2022). 부모됨은 시대적 맥락 속에서 지속적으로 재해석되는 사회문화적 개념이다. 과거의 '권위적 존재'에서 오늘날의 '상호작용 하는 파트너'로의 전환은 부모됨이 단지 역할이 아닌 하나의 정체성과 삶의 과정임을 보여준다. 미래의 부모는 자녀와 함께 성장하며, 더 나은 관계와 발달을 위한 지속적인 학습자로 존재해야 한다.

2. 부모 역할과 변화하는 부모의 시대상

1) 부모 역할의 일반적 특성

① 부모 역할은 명확하게 정의되어 있지 않다.

부모 역할을 수행하기 위해서 필요한 부모 역할에 대한 정의가 명확하지 않아 부모들은 자녀 양육에 대한 어려움을 호소한다. 즉, 자녀 양육에 대한 높은 기대 수준에 비해 실제로 부모 역할에 대한 정의는 명확하지 않다.

② 실수의 여지가 없다.

부모는 자녀를 완벽하게 성공적으로 키우도록 기대되며, 이는 부모에게 걱정과 죄책감을 심어준다. 모든 사람들은 완벽할 수 없고, 모든 일에 실수가 있음을 인정함에도 불구하고 부모라는 역할에는 완벽과 성공을 기대한다.

③ 부모 역할은 도중에 그만둘 수 없다.

부모라는 역할은 본인이 원하지 않거나 부적절하다고 느끼더라고 시작되었으면 끝까지 계속할 수밖에 없다. 이 점이 부모의 역할 중 가장 어려운 점이라고 할 수 있다.

④ 부모는 권위 행사보다 의무 이행이 더 중요하다.

과거에는 아버지가 집안의 가장으로서 자녀와 아내에게 절대적인 권위를 행사했으나 현대사회에서는 부모의 의무는 강조되지만, 권위는 급속하게 손상되었다. 자녀 양육에 교육 및 보육 기관, 교회, 복지기관, 지역사회 기관들이 자녀에게 많은 영향을 미치지만, 자녀 양육과 발달에 대한 최종적인 책임은 부모에게 있다.

⑤ 부모들이 기준으로 삼을 전통적인 자녀 양육모델은 없다.

과거에는 대가족이 한 집안에 모여 살면서 부모들은 그들의 부모나 친척들의 양육방식대로 자신의 자녀를 양육하였다. 그러나 현대사회는 핵가족화되면서 자녀 양육의 본보기로 삼을 양육모델이 없다.

⑥ 부모는 자녀를 부모 자신보다 더 나은 존재로 키우도록 기대하고 있다.

과거에 부모의 역할은 다음 세대를 재생산하는 것이었다면 현대사회에서는 빠르게 변화되고 발전하는 사회에 적응하여 부모들보다 더 나은 존재로 키우도록 기대되어진다. 또한 빠르게 변화되고 있는 사회는 부모 역시 경험해 보지 못한 사회임에도 불구하고 자녀들이 그러한 사회에 잘 적응하도록 길러야 한다는 부담감을 가진다.

⑦ 부모는 자녀에 대한 모든 책임을 지는 존재이다.

사람들은 대부분 자신이 맡은 역할에 대한 측면만 책임을 진다. 그러나 부모는 자녀에게 어떠한 일이 생기든지 어머니나 아버지로서 궁극적인 책임을 지게 된다.

⑧ 부모가 한 팀이 되어 자녀를 양육한다.

자녀를 양육하기 위해 어머니와 아버지는 협동한다. 아버지와 어머니가 함께 양육한다는 것은 장점이 될 수 있지만, 서로 양육에 대한 기대와 의견에 차이가 있을 때는 갈등하게 된다는 단점도 가진다.

⑨ 각각의 아동이 가진 독특한 특성을 이해하고 존중한다.

부모는 첫째 자녀를 이해하면 다른 자녀도 잘 이해할 수 있을 것이라 생각하지만 실제로 자녀는 각각 다른 성향과 특성을 가지고 태어나기 때문에 부모 역할을 어렵게 만들기도 한다. 한 자녀를 양육하면서 터득하거나 알게 된 것이 다른 자녀에게는 적용되지 않는 경우가 많다.

⑩ 대부분의 부모는 준비나 훈련 없이 부모가 된다.

사람들은 각자 어려운 역할을 맡게 될 때 그에 대한 훈련을 미리 받는다. 유아 교사가 되기 위해 교육을 받는 것처럼 한 역할을 수행하기 위해 미리 교육을 받게 된다. 하지만 부모의 역할이 매우 복잡하게 변화됨에도 불구하고 대부분의 부모는 훈련이나 교육 없이 부모 역할을 맡게 되는 경우가 많다.

⑪ 부모 역할은 점진적으로 시작되는 것이 아니다.

부모가 되는 일은 점진적으로 시작되는 것을 어렵게 만드는 요인들이 있다. 첫째, 부모 역할을 잘 수행할 것으로 보이지 않는 사람도 사회의 강한 압력을 통해 부모가 되게 하거나 많은 수의 자녀를 갖도록 하는 것이다. 둘째, 많은 사람들이 계획하지 않은 상태에서 임신하거나 원하지 않는 임신을 한다. 셋째, 사회에서 제공하는 부모 역할에 대한 적절한 지침이 부족하다.

⑫ 부모 역할이 끝나는 시기는 정해진 것이 없다.

부모 역할은 언제까지, 어느 정도가 적당하고 바람직한지에 대한 한계가 없다. 오늘날의 경제 상황과 학교 교육의 필요성에 대한 신념 때문에 지난 몇십 년 전부터 부모 역할이 연장 되어왔다.

2) 갤린스키(Galinsky)의 부모 역할수행 단계

(1) 1단계: 이미지 형성 단계(임신기)

1단계는 임신기에 해당되며, 부모로서 자신의 부모 이미지를 형성하는 최초의 시기라고 할 수 있다. 이 시기에는 임신을 수용하고 부모가 될 준비를 하며, 출산을 준비한다. 이를 3단계로 나누어 구체적으로 살펴보면 **표 2-3**과 같다.

표 2-3 이미지 형성기의 3단계

단계	내용
첫 번째 단계 (수정~임신 3개월)	– 임신을 기대한 경우와 그렇지 않은 경우로 반응이 나뉨 – 어떠한 경우든 임신을 긍정적으로 수용하고 즐거운 자세를 갖는 것이 필요함
두 번째 단계 (임신 4개월~출산 전)	– 부모됨의 이미지를 본격적으로 형성하는 시기 – 부모가 원하고 기대하는 이상적인 아이를 출산할 것이라는 기대를 가지며, 태교를 수행하는 시기
세 번째 단계 (출산과 분만을 준비하는 시기)	– 현실적인 기대가 나타나는 시기 – 예비 엄마의 고통과 두려움 공포를 예비 아버지가 함께 공유하며, 심리적 안정감을 가질 수 있도록 돕고 출산 과정에 적극적으로 개입하는 것이 필요함

(2) 2단계: 양육기(자녀 출산–영아기)

2단계는 자녀 출산 후부터 영아기까지의 시기로, 자녀의 보호와 양육에 끊임없는 보살핌이 요구되는 시기라고 할 수 있다. 이 시기에 가장 중요한 것은 주 양육자인 엄마와 자녀의 애착 형성이다. 애착 형성은 생애의 전반에 걸쳐 성격 형성 및 발달에 영향을 미치므로 매우 중요하다. 또한 영아의 욕구에 민감하게 반응하여 욕구를 충족 시켜줄 수 있는 환경을 조성해야 한다. 부부 중심의 쌍방 관계에서 자녀와 부부의 삼원 관계로 가족의 구조가 다양해지는 시기이기도 하다.

(3) 3단계: 권위형성기(2~5세)

3단계는 자녀의 사회관계가 부모 중심에서 또래와 다른 성인과의 관계로 확대되는 시기라고 할 수 있으며, 유아교육기관에서의 다양한 교육적 경험을 하게 되는 시기이기도 하다. 과거에 어머니는 자녀에 대한 애정과 정서적 지원을 하며, 위안자, 중개자의 역할을 하였으며, 아버지는 자녀에 대한 사회화, 규범적 행동을 제시하고 안내하는 훈육자와 교육자의 역할을 하였다. 그러나 현대사회에서는 핵가족화의 보편화와 취업모 증가로 부모 역할의 성별 구분이 약화되고, 서로 비슷한 역할을 수행하게 되었다.

(4) 4단계: 설명하고 가르치는 시기(초등학교 시기)

4단계는 자녀가 주변 세계에 대한 관심과 탐구활동이 시작됨에 따라 자녀의 궁금증이 많아지고 이러한 과정에서 부모는 자녀의 상담자 및 조언자의 역할을 수행하게 되는 시기이다. 과거에는 종속적이었던 부모·자녀의 관계가 현대사회에서는 수평적 관계로 변화하면서 부모의 역할이 다른 어떤 시기보다 더 큰 영향을 주게 되었다.

(5) 5단계: 상호의존기(10대)

5단계는 자아 정체감의 형성 및 신념과 가치가 형성되는 시기로 신체 및 정서가 급속하게 변화하면서 사고와 행동이 안정되지 못하며, 이전 시기와는 다른 자아관을 정립하는 시기이다. 부모는 자녀와의 관계를 새롭게 정립할 필요가 있으며, 자녀의 합리성과 논리성을 객관적으로 수용하고 지지하는 자세가 필요하다.

(6) 6단계: 떠나보내는 시기(고등학교 졸업 후)

자녀가 부모의 보호와 관리로부터 혼자만의 자율적 생활로 전환하는 시기이며, 자녀가 결혼하여 새 가정을 이루어 떠나는 시기이기도 하다. 부모는 인생의 선배로서 결혼생활에 부딪히는 어려움에 능동적으로 대처할 수 있는 상담자적 역할과 조언을 제공하는 역량을 갖출 필요가 있다.

3) 현대 부모 역할의 변화 요인

21세기 들어 가족의 구조와 사회문화적 환경이 급격히 변화하면서 부모가 수행해야 하는 역할 역시 과거보다 훨씬 더 복잡하고 다양해졌다(김현주, 손은경, & 신혜영, 2000). 전통적인 부모 역할이 '양육자' 또는 '생계부양자'로 한정되었다면, 현대의 부모는 자녀의 정서적 조력자, 교육 파트너, 가치 전달자, 디지털 환경 관리자 등 다기능적 역할을 수행하게 되었다. 부모 역할의 변화 요인에 대해 살펴보면 다음과 같다.

(1) 가족 형태의 다양화

현대사회는 핵가족은 물론, 한부모가족, 재혼가족, 다문화가족, 조손가족 등 다양한 형태의 가족이 공존하고 있다. 이러한 가족 유형에 따라 부모의 역할 수행 방식도 달라진다. 예를 들어 한부모 가정의 부모는 양육과 생계유지를 동시에 책임져야 하며, 다문화가정에서는 언어와 문화 차이를 조율하는 기능이 필요하다(여성가족부, 2022).

(2) 사회문화적 기대의 변화

과거에는 부모에게 순응, 통제, 보호의 역할이 요구되었다면, 오늘날 부모는 자녀의 자율성, 창의성, 감정 표현을 북돋는 역할로 전환되었다. 더불어 자녀의 학교생활이나 친구 관계 등 사회적 관계에 적극적으로 개입하고 협력하는 역할 또한 강조되고 있다(김현주 외, 2000).

(3) 디지털 환경의 등장

스마트폰, 태블릿, SNS 등 디지털 미디어의 보급은 부모에게 디지털 관리자이자 안내자의 역할을 요구하고 있다. 특히, 유아기부터 디지털 환경에 노출되는 자녀를 보호하기 위해 부모는 미디어 사용 시간 조절, 콘텐츠 선택, 디지털 리터러시 교육 등 새로운 기능을 수행해야 한다(보건복지부, 2021).

3. 부모의 양육태도 유형과 최신 트렌드

1) 쉐퍼의 양육 태도

쉐퍼(Schaefer)는 30년간의 종단연구 자료를 토대로 부모의 양육행동이 애정성–적대성(love–hostility), 자율성–통제성(autonomy–control) 차원으로 설명될 수 있다고 제안하였다. 애정성–적대성 차원에서 애정성은 칭찬, 애정표현, 요구 신호에 대한 민감한 반응 등이 포함되며, 적대성은 애정성과 상반되는 행동이 포함된다. 부모의 양육 행동 중 애정성은 자녀의 사려 깊음, 이타심, 부모에 대한 애착, 책임감의 발달과 같은 긍정적 영향을 미치지만, 적대성은 자녀의 공격적 행동 발달과 같은 부정적 영향을 미치는 요인으로 작용한다. 자녀발달에 영향을 미치는 자율성–통제성 차원의 영향력은 부모의 애정성–적대성 차원의 위치 정도에 따라 차이를 보이는 것으로 나타났다. 즉, 부모가 요구적이고 엄격하더라도 애정적이면 자녀는 긍정적인 방향으로 성장할 수 있으나 부모가 요구적이고 엄격하며, 적대적이면 자녀는 정서적 불안감과 위축된 행동을 보일 수 있다.

2) 바움린드의 양육태도

바움린드(Baumrind)는 통제성을 제한적, 처벌적, 강압적 태도가 아니라 규칙 준수에 대한 요구에 있어서 엄격한 훈육이라고 정의하였다. 가정 안에서 이루어지는 부모·자녀 간 상호작용에 대한 직접 관찰을 토대로 부모의 통제 형태에 따른 양육태도를 독재적 양육(authoritarian parenting), 민주적 양육(authoritative parenting), 허용적 양육(permissive parenting), 방임적 양육(uninvolved parenting)으로 유형화하였다. 바움린드의 부모양육태도

유형을 그림으로 나타내면 **그림 2-1**과 같다.

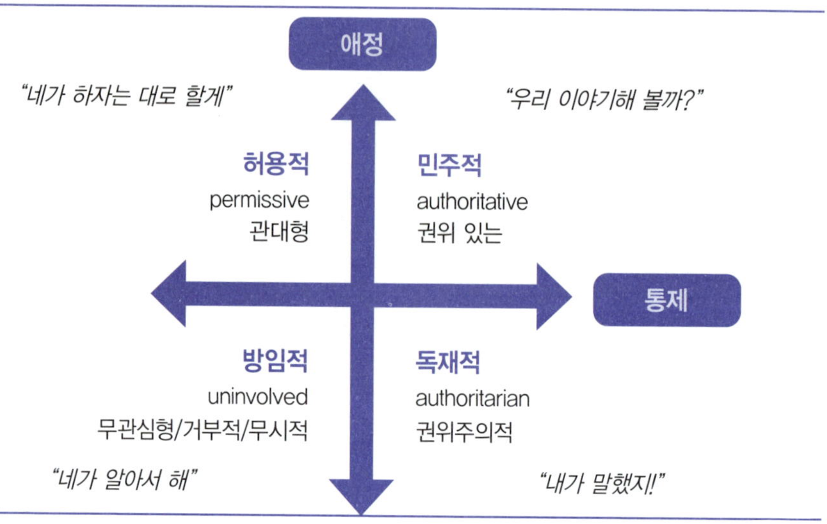

그림 2-1 바움린드의 부모양육태도 유형

(1) 독재적 양육 태도

절대적 규칙에 따라 자녀를 엄격히 통제하며, 체벌을 선호하고 자녀와의 대화를 중요하게 여기지 않고 대화를 거부하기도 한다. 자녀의 요구에 민감하지 못하고 무조건적 복종을 요구한다. 부모의 독재적 양육 행동과 자녀의 발달 특성을 살펴보면 **표 2-4**와 같다.

표 2-4 부모의 독재적 양육 태도와 자녀의 발달 특성

부모의 독재적 양육 태도	자녀의 발달 특성
- 규칙을 엄격하고 일방적으로 강요함 - 옳지 않은 행동에 대해 처벌함 - 분노와 불쾌감을 보임 - 규율이 분명히 설명되지 않음 - 자녀를 통제되지 않은 반사회적 충동에 의해 지배되는 존재로 봄 - 자녀의 욕구와 의견을 고려하지 않음 - 가혹하고 처벌적인 훈육을 행사함 - 온정적이지 않음 - 자녀와 상호작용할 수 있는 공동 활동을 계획하지 않음	- 갈등을 많이 일으키고 화를 잘 냄 - 두려움이 많음 - 기분 변화가 심하고 불행하다고 느낌 - 수동적, 적대적임 - 스트레스를 받기 쉬움 - 공격적 행동과 수줍어하는 행동을 번갈아 함 - 목적이 없음

(2) 민주적 양육 태도

자녀와의 상호작용을 바탕으로 일관적 태도를 준수한다. 부모가 요구한 규칙을 준수하지 않을 경우 엄격한 통제방식을 사용하며, 부모의 지시와 요구에 따라 하는 당위성을 충분히 설명한다. 부모의 민주적 양육 행동과 자녀의 발달 특성을 살펴보면 **표 2-5**와 같다.

표 2-5 부모의 민주적 양육 태도와 자녀의 발달 특성

부모의 민주적 양육 태도	자녀의 발달 특성
- 규칙 준수를 단호하게 요구함 - 자녀의 떼쓰는 행동을 수용하지 않음 - 순종적이지 않은 자녀에 대해 단호하게 대처함 - 자녀의 옳지 않은 행동에 대해 불쾌한 감정을 분명히 표현함 - 자녀의 바람직한 행동에 대해 기쁨을 보임 - 규율에 대한 의사소통을 분명히 함 - 자녀의 희망과 의견을 고려함 - 자녀의 요구에 대해 애정적으로 반응함 - 자녀의 연령에 적합한 성숙되고 독립적인 행동을 기대함 - 자녀와 상호작용할 수 있는 공동 활동을 계획함	- 열성적이며 다정다감함 - 자기 힘으로 문제를 해결하고자 함 - 자기 통제적임 - 또래와 친근한 관계를 유지함 - 즐겁고 유쾌함 - 스트레스에 잘 대응함 - 새로운 상황에 관심과 호기심을 보임 - 어른들에게 협조적이며 온순함 - 목적이 분명하며 성취 지향적임

(3) 허용적 양육 태도

자녀의 충동적 행동에 대해 수용적이며, 통제나 처벌을 거의 하지 않는다. 자녀 의견에 무조건 동의하고 해야 할 일 등을 가르치거나 행동을 통제하지 않으며, 대부분 자녀 양육에 자신감이 없고 부모의 영향력에 대한 확신이 부족하다. 부모의 허용적 양육 행동과 자녀의 발달 특성을 살펴보면 **표 2-6**과 같다.

표 2-6 부모의 허용적 양육 태도와 자녀의 발달 특성

부모의 허용적 양육 태도	자녀의 발달 특성
– 규칙이 강요되지 않음 – 규칙에 대해 분명한 의사소통이 되지 않음 – 자녀의 울음, 떼씀, 강압에 순응함 – 일관되지 않은 훈육 태도를 보임 – 성숙된 행동에 대한 요구나 기대가 거의 없음 – 잘못된 행동을 간과하거나 허용함 – 그저 그런 정도의 온유함을 보임 – 절제되지 않은 충동과 욕구 표현을 수용함	– 충동적, 공격적임 – 어른에게 반항적이고 불순종함 – 낮은 자기 의존도 – 낮은 성취 취향 – 자기 통제 결여 – 쉽게 화냈다가 금방 좋아지는 등 기분 변화의 폭이 큼 – 목적이 없거나 목표 수준을 낮게 잡고 행동함 – 지배적임

(4) 방임적 양육 행동

자녀의 의견에 수용이나 통제는 없고 최소한의 관심만 보인다. 정서적으로 자녀와 거리가 있고 의사소통이 적으며 양육 참여 의지가 낮은 특성을 나타낸다. 부모의 방임적 양육 행동과 자녀의 발달 특성을 살펴보면 **표 2-7**과 같다.

표 2-7 부모의 방임적 양육 태도와 자녀의 발달 특성

부모의 방임적 양육 태도	자녀의 발달 특성
– 자녀에 대해 전혀 관심이 없음 – 자녀와 정서적으로 분리됨 – 자녀에게 요구하는 것이 없음 – 아동의 결정이나 견해에 무시함 – 부모의 스트레스나 우울감에 매몰됨 – 자녀를 방치함 – 자녀의 행동에 대해 대응하는 명확한 기준이 없음 – 부모의 역할과 책임에 대한 개념이 결여됨	– 자존감이 낮음 – 낮은 자아 통제력 – 정서 조절력이 떨어짐 – 반사회적 행동을 자주 함 – 학업능력이 낮음 – 대인관계가 어려움 – 우울하고 비관적임 – 공격적으로 행동함

3) 현대 양육 태도의 변화 양상

양육 태도는 더 이상 권위적 규율 중심이 아니라, 자녀의 발달 맥락과 시대적 환경에 맞는 적응적·정서적 접근으로 전환되고 있다. 학자들은 이러한 변화를 부모의 감정 지능, 사회적 민감성, 디지털 리터러시와 같은 역량 강화와 연결 짓고 있다. 이러한 양육 태도의 변화는 부모교육 및 유아교육 현장에서 실천적 방향을 제시해 주는 중요한 기준점이 된다.

(1) 민주적 · 수용적 태도의 확대

현대사회에서 양육은 상호작용과 협력 중심의 관계로 전환되고 있다. 부모는 자녀를 독립된 인격체로 인정하며, 감정과 의견을 존중하는 '민주적 양육 태도(authoritative style)'를 추구하는 경향이 강해졌다(Baumrind, 1966). 이러한 태도는 자녀의 자기 조절력, 사회적 책임감, 정서적 안정성을 증진시킨다.

(2) 감정코칭과 공감 중심 접근

현대 양육은 감정 중심적 접근을 강조한다. 부모는 자녀의 감정을 이해하고 수용하며, 감정을 통해 행동을 조절하는 '감정코칭(emotion coaching)' 방식으로 접근한

다(Gottman & DeClaire, 1997). 이와 함께 긍정 훈육(positive discipline), 비폭력 대화(nonviolent communication)와 같은 접근이 부상하고 있다.

(3) 발달 맞춤형 개별화 양육

현대 부모들은 자녀의 발달 수준, 기질, 선호에 맞춘 '맞춤형 양육'을 중요시한다. 맥코비와 마틴(Maccoby & Martin, 1983)의 연구에 따르면, 동일한 양육 태도가 자녀의 기질에 따라 다른 영향을 미칠 수 있음을 강조하며, 발달 맞춤형 대응이 요구된다.

(4) 디지털 환경에 적응하는 새로운 역할

부모는 이제 자녀의 디지털 미디어 사용을 관리하고 지도하는 '기술 관리자(tech manager)'로서의 역할도 수행해야 한다. 자녀가 스마트폰, 게임, 유튜브 등 디지털 콘텐츠에 노출되는 환경에서, 부모는 단속자보다는 조정자(mediator)로서 건강한 미디어 사용 습관을 조성해야 한다(Lim & Devine, 2015).

(5) 문화 다양성 수용과 가족 형태 반영

다문화, 재혼, 한부모, 조손가족 등 다양한 가족 구조가 증가하면서, 부모 역할은 각 가족 상황에 맞는 유연성과 포용력을 요구하게 되었다. 부모는 문화적 차이, 가치관의 다양성, 양육 환경의 격차 등을 수용하며 자녀의 정체성 형성을 지원하는 조율자(cultural mediator) 역할을 수행한다(여성가족부, 2022).

4) 최신 트렌드: 현대 부모 유형을 반영한 '맘(MOM)'

최근 부모의 양육 태도와 교육 방식에 따라 '헬리콥터맘', '타이거맘', '캥거루맘', '드론맘' 등 다양한 신조어가 등장하고 있다. 이러한 용어들은 부모의 교육 참여 강도, 통제 방식, 정서적 태도 등을 반영하며, 사회적 인식과 부모 역할의 변화상을 비판적이거나 풍자적으로 보여준다(김경화, 2014; 김서영, 2020). 현대 부모들을 일컫는 신조어 맘들에 대한 정의와 예시를 살펴보면 **표 2-8**과 같다.

표 2-8 현대 부모를 일컫는 신조어 '맘'의 유형과 정의

유형		정의	예시
헬리콥터맘 (Helicopter Mom)		자녀 주변을 맴돌며 지나치게 보호하고 모든 일에 개입하는 부모	아이의 숙제, 친구 관계, 학원 수업까지 일일이 간섭하며 통제함
타이거맘 (Tiger Mom)		엄격한 규율과 높은 성취 기준을 요구하는 교육 중심형 부모	성적과 연습량을 강하게 통제하고 실패를 허용하지 않음 (Chua, 2011)
캥거루맘 (Kangaroo Mom)		자녀를 과도하게 품 안에 두고 독립을 허용하지 않는 양육자	성인이 된 자녀의 직장, 결혼까지도 대신 결정하려 함
드론맘 (Drone Mom)		멀리서 자녀를 감시하고, 문제 발생 시 즉시 개입하는 부모	학교 CCTV, 위치 추적 앱 등을 통해 자녀의 일과를 감시
스노우플레이크맘 (Snowflake Mom)		자녀가 세상에서 상처받지 않도록 모든 장애물을 제거해주는 부모	선생님에게 시험 난이도를 낮춰 달라고 요청하거나 친구와의 갈등에도 적극 개입
프렌디맘 (Frendy Mom)		자녀와 친구처럼 지내며 위계가 희미한 부모	부모와 자녀가 친구처럼 말하고, 의사결정을 자녀에게 위임함
코끼리맘 (Elephant Mom)		자녀와의 유대, 정서적 돌봄, 느긋한 훈육을 중시하는 부모	규칙보다는 감정 공감과 기다림을 우선시하며 자녀를 지지함
돼지맘 (Pig Mom)		사교육과 명문대 진학 중심의 극단적 경쟁 양육을 수행하는 부모 (한국적 표현)	초등 저학년부터 특목고 대비, 내신 관리, 입시컨설팅까지 철저히 관리함

그림출처: OpenAI. (2025)

이러한 맘 용어들은 단순한 유행어를 넘어, 부모의 교육관, 자녀관, 사회적 불안정성에 대한 반영으로 이해할 수 있다. 과도한 개입은 자녀의 자율성과 문제해결 능력 발달을 저해할 수 있으며, 반대로 지나친 방임이나 무관심도 자녀의 정서 안정에 부정적 영향을 줄 수 있다(김현주 외, 2000). 따라서 부모교육은 부모의 역할이 '통제자'가 아닌 '조력자'임을 인식하게 하고, 자녀의 발달 수준에 맞는 양육 전략을 제시할 수 있어야 한다.

함께 생각해 보는
부모교육

부모됨에 대해 생각해 보기

부모에 대한 생각을 은유적으로 표현해 보세요.

▣ 부모는 ___물___이다. 왜냐하면 새싹을 키우기 위해서는 물이 꼭 필요한 것처럼 자녀에게도 없어서는 안 되는 존재이기 때문이다.

▣ 좋은 부모란 ___좋은 기름___ 이다. 자녀가 살아가는 데 어려움이 있을 때 녹슨 기계에 기름 칠을 하는 것처럼 때로는 꺼져가는 불씨가 활활 타오를 수 있도록 도와주기 때문이다.

부모는 ______________ 이다. 왜냐하면 ______________ 때문이다.

좋은 부모란 ______________ 이다. 왜냐하면 ______________ 때문이다.

서울 워킹맘·대디 하루 휴식 시간 1시간 남짓…10명 중 2명꼴로 '우울'

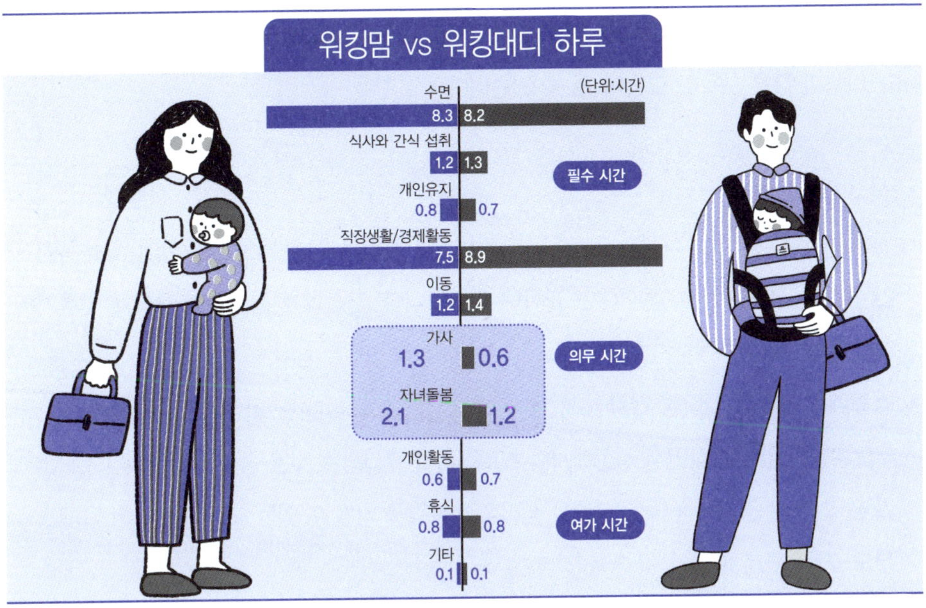

출처: 이투데이(2024.06.02.)

서울에서 0~9세 자녀를 양육하고 있는 워킹맘·대디의 하루 휴식 시간이 약 1시간에 불과한 것으로 나타났다. 또한 서울 맞벌이 가정의 24%가 일과 육아에 치여 우울 문제를 겪는 것으로 조사됐다. 2022년 조사에 따르면, 워킹맘은 수면, 식사, 직장생활, 가사, 자녀 돌봄에 각각 평균 8.3시간, 1.2시간, 7.5시간, 1.3시간, 2.1시간을 보냈으며, 워킹대디는 수면, 식사, 직장생활, 가사, 자녀 돌봄에 각각 8.2시간, 1.3시간, 8.9시간, 0.6시간, 1.2시간을 소비했다. 특히 워킹맘은 가사와 자녀 돌봄에 더 많은 시간을 할애하고, 워킹대디는 직장생활에 더 많은 시간을 보내는 경향이 있었다. 2023년 서울에서 만 0~9세 자녀를 양육하는 맞벌이 부부 555명을 대상으로 한 설문조사에서, 23.6%는 우울감을 경험했으며, 20.8%는 불면증, 15.8%는 불안감을 느꼈다고 응답했다. 8.6%는 자살 생각을 한 적이 있다고 답했다. 또한, 워킹맘의 43.7%와 워킹대디의 38.8%는 일에 치여 삶의 목표를 잊을 때가 있다고 했고, 30%는 퇴근 후에도 일 걱정을 했다. 연구자는 부모의 스트레스와 정신건강을 예방하기 위한 힐링 프로그램 참여와 엄마와 아빠가 함께 아이를 키우는 문화 확산의 필요성을 강조했다. 〈기사 요약〉

ChatGPT

워킹맘, 워킹대디에게 필요한 부모교육은 무엇이 있을까요?

워킹맘과 워킹대디는 일과 육아를 병행해야 하므로, 실용적이고 효과적인 부모 교육이 필요합니다. 다음과 같은 교육이 도움이 될 수 있습니다.

- **시간 관리 교육**

  워킹맘과 워킹대디는 직장과 가정을 병행하는 데 있어 시간 관리가 중요한데, 효율적인 시간 관리와 우선순위 설정에 대한 교육이 필요합니다. 가족과 직장생활의 균형을 맞추기 위한 전략을 배울 수 있습니다.

- **스트레스 관리와 심리적 건강**

  부모로서의 역할을 하면서 직장에서의 스트레스를 관리하는 것은 중요한 부분입니다. 스트레스 관리, 마음 챙김(mindfulness), 그리고 심리적 회복력을 기를 수 있는 교육이 도움이 됩니다.

- **부모-자녀 관계 향상**

  자녀와의 소통 방식, 정서적 지원, 긍정적인 훈육 방법 등 부모와 자녀 간의 관계를 강화할 수 있는 교육이 필요합니다. 특히, 직장에 가기 전에 아이와의 시간을 잘 보내는 방법에 대해 배울 수 있습니다.

- **가사 분담 및 협력**

  가사 분담에 관한 명확한 규칙을 세우고 서로 협력하는 방법에 대한 교육이 중요합니다. 부모가 직장 외에도 가사 일을 나누어 효율적으로 협력할 수 있도록 돕는 교육이 필요합니다.

- **재정 관리**

  워킹맘과 워킹대디는 가정의 경제를 함께 관리해야 하므로, 예산 수립, 절약 방법, 자녀 교육비 계획 등을 포함한 재정 관리 교육이 실용적입니다.

- **자녀의 학습 지원 방법**

  자녀가 학교에서 학습하는 데 부모가 어떻게 지원할 수 있는지에 대한 교육도 중요합니다. 특히 시간이 부족할 때 자녀가 자율적으로 학습할 수 있도록 돕는 방법이나 효과적인 학습 환경을 만들어주는 방법을 배울 수 있습니다.

- **자기 관리 및 자기 돌봄**

  부모로서의 역할을 잘 수행하려면 자기돌봄이 중요합니다. 자기 관리, 신체적 건강, 취미 생활 등을 통해 부모가 건강하고 행복한 삶을 살아갈 수 있도록 돕는 교육도 필요합니다.

이러한 부모교육은 워킹맘과 워킹대디가 일과 가정에서 겪을 수 있는 다양한 도전에 대한 실질적인 해결책을 제공하며, 가정과 직장 내에서 보다 균형 잡힌 삶을 이끌어가는 데 큰 도움이 됩니다.

PART 2.

발달과 가족 다양성에 따른 부모 역할

CHAPTER 03

성장하는 아이, 함께 성장하는 부모

사람은 태어나서 죽을 때까지 전 생애 동안 발달하며, 각 발달단계는 이전 단계의 영향을 받고, 다음 단계에 영향을 미친다. 이러한 과정에서 자녀는 부모의 영향을 받고, 또 부모가 되어 자기 자녀에게 영향을 미치게 된다. 부모와 자녀의 관계는 자녀가 성장하면서 계속 변화하고, 각 발달단계에 따라 부모의 역할은 다르다. 자녀의 발달단계에 따라 부모의 역할이 변해간다는 것은 부모의 성장이고 한 인간으로서 성숙의 과정이라고 할 수 있다. 부모는 자녀의 발달단계를 토대로 자녀의 성장 속도와 단계를 파악하게 되고, 그에 따른 부모 역할을 수행하는 데 도움이 될 수 있으므로 각 발달단계에 따른 적절한 양육 방법을 이해하고 실천하는 것이 중요하다.

이 장에서는 발달의 의미와 원리를 이해한다. 또한 영유아의 발달단계별 특징과 각 발달단계에 적합한 효율적인 부모 역할을 제시하고자 한다.

학습목표

1. 영유아의 발달단계별 특징을 이해한다.
2. 영유아의 발달단계에 따라 부모의 역할이 달라져야 하는 이유에 대해 생각해 본다.
3. 태아기, 영아기, 유아기, 아동기, 청소년기에 맞는 부모의 역할을 이해한다.

1. 발달의 의미와 원리

1) 발달의 의미

발달은 인간의 탄생에서부터 죽음에 이르기까지 신체적, 심리적, 사회적, 행동적 변화를 말한다. 과거에는 출생에서부터 청소년기까지 상승적 변화에 관심이 있었다면, 최근에는 노년기까지의 하강적 변화까지 포함하는 전 생애적 변화를 발달로 보고 있다. 발달은 성장과 변화를 포함하는데, 신체적인 성장. 즉, 체중의 증가, 키의 성장 등과 같은 양적 변화뿐만 아니라 기능의 변화를 포함하는 질적 변화의 개념도 포함된다.

발달은 성장, 성숙, 학습과 같은 개념과 동시에 사용할 수 있는데 각 단어는 약간의 개념적 차이를 가지고 있다.

- 성장(Growth): 신체적인 변화 중에서 양적인 변화를 의미하는 것으로 신체의 크기, 근육의 세기의 증가와 같이 상승적 변화를 의미한다.
- 성숙(Maturation): 태어날 때부터 프로그램되어 있는 유전적 기제에 의해 나타나는 신체적, 정신적, 지적 기능의 변화를 의미하는 것으로 분화와 통합이 이루어지는 과정이라고 볼 수 있다. 성숙은 경험이나 학습에 의해 변화되는 것이 아니라 태어날 때부터 정해진 발달단계에 따라 성장해 나가는 것을 의미한다. 예를 들어, 세포의 수가 증가하는 것은 성장, 세포의 발달은 성숙으로 볼 수 있다.
- 학습(Learning): 의도성을 가진 연습이나 경험의 결과로 일어나는 변화를 말하며, 학습에서의 변화는 행동의 변화를 의미한다. 학습은 성숙이 일어날 때까지 이루어지지 않기 때문에 성숙에 의존한다고 말할 수 있다.

2) 발달의 규정 요인과 원리

발달의 규정 요인을 유전적 측면과 환경적 측면으로 보는 견해가 있다. 즉, 발달을 규정하는 원동력이 개체 내에 있으며, 인간의 발달은 부모로부터 받은 유전적 요인에 의해 결정된다고 보는 유전적 측면과 인간이 접하게 되는 환경에 의해 발달이 결정된다고 보는 환경적 측면이 있다.

(1) 발달의 규정 요인

① 유전적 요인

발달의 요인을 유전에 있다고 주장하는 학자들은 가계분석이나 쌍생아 연구를 통해 그들의 주장을 입증하였다. 골턴(Galton)은 영국의 유명한 인사 332가족을 대상으로 연구하였으며, 이들 가족은 다른 가족에 비해 1,200배 이상의 성공률을 보인다는 점에서 가계의 유전을 주장하였다. 또한 홀츠잉거(Holzinger)는 쌍생아 연구를 통해 일란성 쌍생아는 이란성 쌍생아에 비해 유사한 점이 많음을 밝혀냈다. 하나의 수정란이 이분화된 일란성 쌍생아는 같은 유전자 특성으로 인해 유사한 점이 많고 이를 통해 유전적 요인이 발달에 중요한 영향을 미친다고 주장하였다.

② 환경적 요인

인간의 성장과 발달에는 인간을 둘러싸고 있는 환경의 영향력도 중요하다. 환경이란 개체의 발달에 영향을 미치는 외적인 요인으로 크게 물리적 환경과 사회적 환경으로 나눌 수 있다. 물리적 환경은 생태적 환경과 같은 유형적 환경을 말하며, 사회적 환경은 심리적, 행동적 환경과 같은 무형적 환경을 말한다. 가정환경, 교육기관 환경, 사회환경, 또래의 영향, 생활방식, 문화 등 개체에게 주어지는 환경에 의해 발달이 결정된다고 본다.

③ 유전과 환경과의 관계

발달에 있어서 유전과 환경의 영향력에 대한 논란은 오랜 시간 많은 학자들의 연구 대상이었으며, 연구 결과에서 유전과 환경 중 하나의 요인만으로 발달에 작용한다기보다는 유전과 환경의 상호작용을 통해 발달이 이루어진다. 현대에 와서는 유전과 환경 모두 개체의 발달에 중요한 영향을 미친다고 본다. 유전은 우리가 통제할 수 없는 부분이므로 좋은 환경을 구성하여 개인의 발달을 최대한 발휘할 수 있도록 돕는 것이 중요하다.

(2) 발달의 원리

인간의 발달은 개인차가 존재하지만 일반적 원리에 따라 변화한다. 발달의 원리를 구체적으로 살펴보면 아래와 같다.

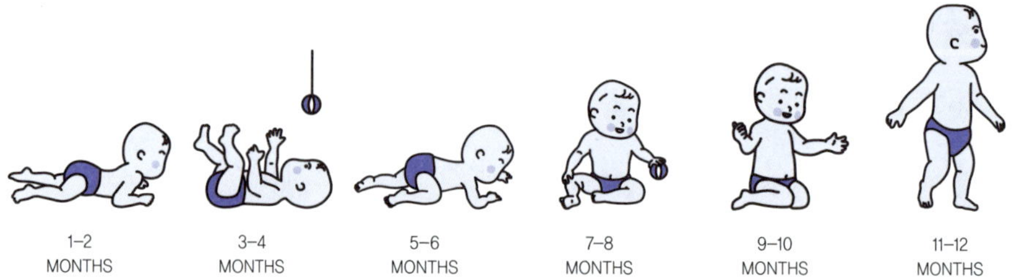

그림 3–1 일정한 순서대로 발달 영아의 신체발달

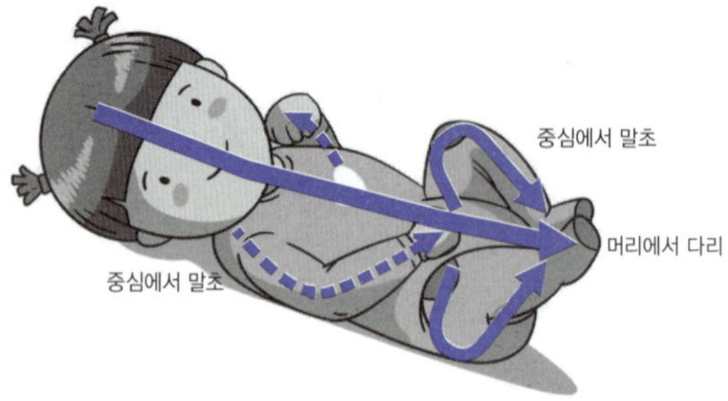

그림출처: Freepik

그림 3–2 영아의 신체적 발달 방향 순서

① 발달은 일정한 발생학적 순서에 따른다.

발달은 일정한 순서에 따라 일어난다. 신체 발달은 머리에서 다리 부분으로 전개되며, 신경계통의 발달은 중추신경에서 말초신경으로, 근육 발달은 대근육에서 소근육으로 발달한다는 일반적인 발달 원리가 존재한다.

② 발달은 계속적이고 점진적인 과정이다.

발달은 수정에서부터 죽음에 이르는 순간까지 연속적이며 점진적으로 변화되는 과정이다. 출생 후 1년까지 성장 속도가 가장 빠르며, 이 시기에는 신체적 발달뿐만 아니라 지적, 심리적, 사회적 발달 속도도 빠르고 전 생애에 걸쳐 발달에 영향을 미치는 중요한 시기이다. 발달은 점차 느려지다가 12~14세경 다시 제2차 성징이 출현되면서 발달 속도가 빨라지는 급성장기에 접어든다.

③ 발달은 개체의 유전과 환경의 상호작용으로 이루어진다.

유전과 환경은 아주 밀접하며, 상호작용을 하면서 발달을 이끈다. 예를 들면, 한 사람이 음악적 재능을 가지고 태어났다 하더라도 음악적 재능을 발현시킬 수 있는 환경과 연습량에 따라 음악적 재능을 발휘할 수 있는 정도는 다르다. 또한 같은 환경에 놓이게 된다면 유전적으로 가지고 태어난 재능의 여부 정도에 따라 개인 발달의 차이를 가져온다.

④ 발달은 분화의 과정임과 동시에 통합의 과정이다.

출생 후 초기에 유아의 신체에 자극하면 몸 전체가 움직이는 미분화된 반응을 일으키다가 성장함에 따라 특수한 부분으로 분화된 반응을 보인다. 예를 들면, 한 영아가 작은 장난감을 처음에는 팔로 잡으려다가 손 전체로 잡게 되고, 손가락으로 잡을 수 있게 되는 과정으로 발달하게 된다. 발달은 세분화되는 과정만이 아니라 조직되고 전체적이며 통합되는 반응으로 연결되기도 한다.

⑤ 발달 속도에는 개인차가 있다.

성숙에 도달하는 연령 수준에는 개인차가 존재하며, 이러한 차이는 소질, 경험, 환경, 성별 등에 의해 다르게 나타나는데 여아가 남아보다 언어 발달이 더 빠른 것이 그 예라고 볼 수 있다. 같은 유아에게도 다양한 영역에서 성장 속도의 차이를 나타내기도 하는데 지적 발달은 빠르지만 다른 면에서는 미숙함을 보여 어려움을 겪는 것처럼 다양한 영역에서 발달 정도의 차이가 크면 적응상의 문제를 가져오게 된다.

⑥ 연령 증가에 따라 발달 성향의 예언이 어렵다.

발달 성향이란 개인의 발달 과정에서 특정 방향이나 경향성을 나타내는 것이다. 즉, 어떤 영역에서 얼마나 빠르게 성장하고, 어떤 특징을 보이는지에 대한 정보를 말한다.

인디언 한 부족의 영아에게 걸음 연습을 시키고, 다른 한 부족에게는 업어주어 걸을 기회를 주지 않았다. 생후 1년 후, 걸음마 연습을 한 부족의 영아와 걸음마 연습을 하지 않은 부족의 영아 모두 같은 시기에 걷는다는 것을 알 수 있었다. 이는 발달에 일정한 순서가 있으므로 가능하며, 영유아들은 성숙에 의한 발달이 많아 발달의 예언이 가능하다는 것을 보여준다. 그러나 환경의 영향과 학습 기회에 노출된 아동기 이후로 접어들게 되면 환경의 영향에 따라 발달차가 나타나기 때문에 발달 성향을 예측하기 어렵다.

2. 태아기-청소년기까지 발달단계별 핵심 특징과 부모 역할

1) 태아기 부모 역할

태아기는 한 개인의 신체 구조, 행동 발달의 기초가 형성되는 시기로 태내 환경은 태아의 발달에 지대한 영향을 미친다.

(1) 태아기 시기별 특징

① 발아기

수정 후 2주 정도로 정자와 난자가 결합하여 세포분열 후 자궁 내 착상되는 시기이다. 엄마와 탯줄과 태반으로 연결되어 있으며, 탯줄을 통해 영양분을 공급받고 노폐물을 배출한다.

② 배아기

수정 후 2주에서 8주까지의 시기로 호흡기, 소화기, 신경 및 각 신체 기관이 형성되고 발달하는 시기이다. 대부분의 출생결함이 임신 초기(3개월)에 발생하므로 태아기 중 가장 예민하고 중요한 시기이다.

③ 태아기

9주에서 출생까지의 시기로 새로운 기관의 형성보다는 형성된 기관들이 성장하는 시기라고 할 수 있다. 배아기에 형성된 신체 기관이 성장하고 각 기관의 기능들이 정교화되며, 여러 기능이 발달한다.

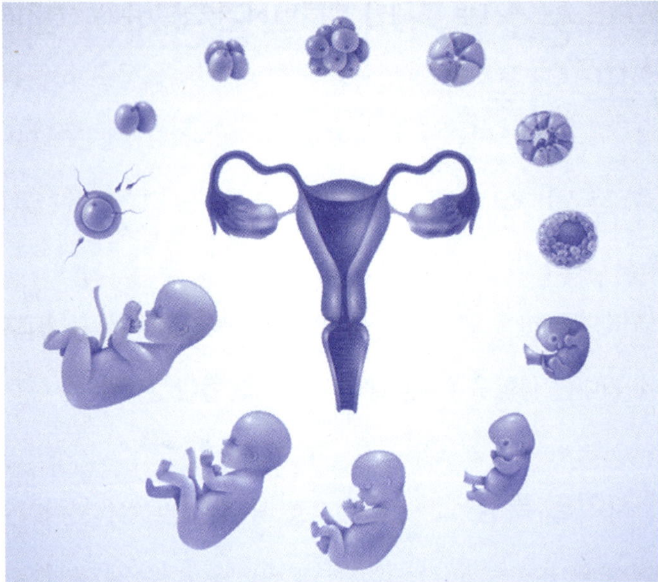

그림출처: Freepik

그림 3-3 수정과 태아발달과정

(2) 태내 환경

① 모체의 영양, 질병, 연령, 정서 상태

○ 모체의 영양

태아의 정상적인 성장뿐 아니라, 자궁과 태반 등의 발육을 위해 임산부는 평상시보다 많은 영양소를 섭취해야 한다. 임산부의 불충분한 영양 섭취는 유산, 사산의 원인이 될 수 있으며, 두뇌 발달에 영향을 미친다. 두뇌 크기의 80%가 3세 이전에 완성되므로, 태아기에 충분한 영양공급이 매우 중요하다.

○ 모체의 질병

임산부가 풍진에 걸리게 되면 태아에게 치명적인 영향을 미친다. 임신 3개월 이내, 특히 임신 3주~4주 시기 풍진을 앓으면 매우 위험하다. 임질, 매독 역시 태아에게 치명적이며, 기형아 출산 가능성이 높다. 당뇨병이 있는 임산부의 경우 임산부 본인보다 태아에게 훨씬 위험한데, 사산되거나 출생 후 수주 이내 사망할 확률이 높다.

○ 모체의 연령

임산부가 35세 넘어 출산하는 경우 생산 기능의 약화로 태아에게 여러 장애를 가져올 수 있다. 대체로 자연유산이 많고 임신중독증 현상을 나타낼 가능성이 높다. 또한 산도가 굳어져 분만 시간이 길어 난산이 되기 쉽고 자칫하면 임산부의 생명까지도 빼앗아 간다. 35세 이상의 산모가 미숙아를 출생할 가능성이 높으며, 다운증후군 역시 산모의 연령이 많아질수록 걸릴 확률이 높아진다. 30세 이전의 산모에게서 다운증후군의 아이를 갖는 확률은 1/1,500명, 40세에는 1/109명, 45세가 되면 1/32명으로 연령이 증가함에 따라 확률도 높아진다. 임산부의 연령이 20세 이하인 경우에도 미숙아 출산율이 높은데 이는 생식기능이 충분히 발달하지 않았기 때문인 것으로 분석된다. 10대의 청소년이 출산한 영아는 사망률이 20대 산모보다 2배 정도 높으며 이는 이들의 가정환경과 교육 수준이 낮아 불충분한 영양공급과 비위생적으로 자녀를 양육하기 때문인 것으로 짐작한다.

○ 모체의 정서 상태

임신 중의 정서 상태는 측정하기 어려우나 긴장이 명확한 경우, 즉 이혼, 남편이나 자녀의 사망, 또는 질병, 기타 뚜렷한 경제적 문제로 큰 충격을 받게 되면 자연유산이나 조산을 유발하는 것으로 나타나고 있다. 태아와 임산부는 신경조직과 내분비 조직이 연결되어 있으므로 임산부가 겪는 긴장이나 불안이 자연스럽게 태아에게 영향을 미칠 수 있다. 임산부는 일생에서 매우 중대한 임신으로 인해 신경이 예민하게 되므로, 가족이 협력하여 임산부를 편안하게 하는 것이 중요하다.

② 약물, 흡연, 음주 및 방사선

○ 약물

임산부가 취하는 모든 약물은 그대로 태반을 통해 태아에게 전달되므로 각별히 조심하여야 하며, 어떤 약물은 치명적이면서 영구적으로 태아에게 영향을 미치므로 주의를 기울여야 한다.

○ 흡연과 음주

임산부가 담배를 피우면 유산과 사산, 조산아를 낳을 확률이 많은 것으로 나타났다. 임신 개월 수가 찼다 하더라도 몸무게가 정상아보다 크게 미달되는 아이가 태어날 가능성이 매우 높으며, 임신 중의 알코올 섭취 또한 태아에게 나쁜 영향을 미친다.

○ 방사선

방사선이 태아에게 영향을 미친다는 것은 2차 세계대전 시 일본의 히로시마에 원자폭탄의 투하로 증명되었다. 라디움은 유전인자의 돌연변이를 초래하는 것으로 밝혀졌으며, 임신 초기에 X선을 통해 라디움을 쐬면 기형아를 낳을 가능성이 있다.

③ 아버지와 태아

남성의 흡연은 여성에게 간접적으로 영향을 미치게 되며, 흡연 남성의 정자는 비흡연 남성의 정자에 비해 기형이 더 많이 나타난다. 또한 남성의 흡연은 방출되는 정자의 수를 감소시켜 생산능력을 떨어뜨리는 요인이 된다. 수정 전 남성의 음주 습관도 영향을 미치는데, 심한 음주는 남성 호르몬인 테스토스테론의 수준을 낮추며, 결과적으로 불임과 관련된다. 아버지가 화학약품에 노출되는 직업을 가질 경우, 사산, 조산, 저체중아, 미숙아를 출산하는 비율이 높다. 아버지의 연령도 태아의 건강에 영향을 미치는데 20세 이하 또는 55세 이상인 경우, 다운증후군 위험이 증가한다.

(3) 태교

과학의 발달로 태아의 성장과 발달이 밝혀짐에 따라 태교가 상상 이상으로 합리적이라는 것을 알게 되었다. 태교는 태모(胎母)를 통한 간접교육으로 엄격히 말하자면 태모 교육을 의미한다. 현대에서 태교의 의미를 살펴보면 **표 3-1**과 같다.

표 3-1 태교의 의미

- 태아에게 인격을 부여하였다.
- 아버지의 태교도 강조하였다.
- 행동을 조심하여 유산·조산의 위험을 방지하고자 하였다.
- 임신 중의 정서적 불안과 심리적 긴장을 피하도록 하였다.
- 임산부의 마음가짐을 바르게 하는 데 적극적이다.
- 임산부가 가려서 먹어야 할 음식과 약물의 금기를 실천하도록 한 점은 임산부가 먹는 모든 것이 태아에게 전달된다는 것을 잘 알고 있었던 것이다.

(4) 태아기 부모 역할

① 임신에 대한 긍정적 태도

태내기에 이루어져야 할 중요한 과업은 임신 그 자체를 긍정적으로 받아들이는 것이다. 임신 사실을 알게 되면 임산부들은 우울증이나 행복감을 경험하게 되는데, 특히 임신 초기는 심리적으로나 육체적으로 힘든 시기이다. 우울증을 극복하기 위해서는 임산부 자신의 적극적인 노력과 함께 가족들의 정서적 지원도 필요하다. 또한, 예비모 모임을 통해 서로의 경험을 나누는 것도 바람직한 방법이 될 수 있다.

② 부모됨의 준비

예비 부모들은 앞으로 태어날 아기의 출생을 기점으로 새로운 인생의 전환점을 맞게 된다. 임신 기간 중 남편의 정서적 지지는 아내로 하여금 임신 과정을 쉽게 적응하도록 하고 임신을 즐겁게 받아들이게 하는 것으로 나타나므로 남편의 역할은 중요하다. 또한 임신 말기에는 출산에 대한 정신적인 준비나 정기적으로 검진을 받도록 하고 아기에게 필요한 용품을 미리 준비하는 것이 좋다.

2) 영아기(출생 후 ~ 만 2세)의 부모 역할

(1) 신뢰감 발달의 조력자 역할

영아기는 에릭슨의 '기본적 신뢰감과 불신감'을 형성하는 시기라고 할 수 있다. 영아를 양육하는 부모는 영아가 불편함을 느낄 때 그 원인을 빨리 제거해 주고 일관성 있게 사랑, 관심, 놀이, 접촉, 자극 등을 통해 영아의 욕구를 충족시켜 주어야 한다. 이를 통해 영아는 세상이 안전하고 확실하며, 예측할 수 있고 살만하다는 믿음을 갖게 된다. 부모가 일관성 없는 행동으로 영아를 양육하게 되면 영아는 세상에 대해 두려움과 불신감을 느끼게 된다.

부모에 대한 신뢰감은 영아와 부모의 의사소통과정에서 형성된다. 영아는 울음을 통해 의사소통을 하게 되므로 울음으로 표현하는 내용을 부모는 알아차릴 수 있어야 한다. 영아가 신뢰감을 갖느냐, 불신감을 갖느냐 하는 것은 부모의 책임이다. 즉, 부모에 대한 신뢰감이 형성되면 사물이나 사건을 구체적인 상황에서 해석하고 의미를 부여할 수 있는 예측 능력이 발달되며, 이는 자신에 대한 신뢰감을 형성하는 데 중요한 요인이 된다. 그러므로 부모는 영아에게 신뢰감이 형성될 수 있도록 도와주는 것이 중요하다.

(2) 부모 역할에 대한 적응

많은 여성은 부모로서의 자신의 역할에 대한 자신감을 갖지 못하며, 육아 기술 등의 미숙으로 인해 스트레스를 경험하게 된다. 특히 취업모는 자녀에 대해 죄책감과 불안감을 느낀다. 또한, 가사 노동을 병행함으로써 수면시간이 감소되고 만성피로를 느끼게 되어 양육에 대한 부담감을 가진다. 그러므로 자녀 양육과 부모 역할을 원만하게 수행하기 위해서는 아버지의 도움이 절대적으로 필요하다.

또한, 성장 과정에서 아이와 정서적 유대감을 형성하지 못한 아버지는 이후에 이를 형성하기가 어려우므로 이 시기의 아버지 역할은 매우 중요하다. 또한 여러 연구에서 아버지 역할의 중요성 및 긍정적 역할을 밝혔으며, 이를 통해 자녀 양육에서 아버지의 역할이 매우 중요함을 알 수 있다.

(3) 양육자의 역할

양육자로서의 역할 수행은 의존 기간이 긴 인간의 생존과 성장에 필수적이다. 특히, 생후 1년간은 제1의 성장 급등기라는 점에 비추어 충분한 영양공급이 이루어져야 한다. 모유는 신생아에게 가장 적합한 영양식이므로, 가급적이면 모유를 먹이는 것이 바람직하다. 목욕은 수유 후 1시간 이내에는 가급적 피하도록 하고, 밤에 잠을 잘 자지 않는 아기는 자기 전에 목욕시키는 것이 수면에 도움이 된다. 목욕 횟수는 1일 1회 정도가 적절하지만 추운 겨울에는 이틀에 한 번 정도가 무난하다.

(4) 감각자극 제공자의 역할

영아기는 피아제가 제시한 발달단계 중 감각운동기에 해당된다. 영아기 동안에 최적의 감각과 운동 경험이 이루어져야 한다. 영아는 스스로 어떤 것을 할 수 있다는 자신의 역량에 대해 자신감이 생기면 손에 닿을 수 있는 주변의 모든 사물에 대하여 호기심을 나타내고 탐색한다. 이러한 호기심은 영아의 학습을 촉진하게 된다.

부모는 영아의 감각운동능력을 촉진할 수 있는 환경을 제공하고, 영아와 직접 상호작용 하면서도 자극을 제공해 주어야 한다. 민감한 어머니는 적절한 때에 자극을 주며, 영아가 어떤 자극에 관심을 갖는지 반응의 단서를 파악하고 제공한다. 영아에게 적합한 자극을 살펴보면 표 3-2와 같다.

표 3-2 영아에게 적합한 자극

시각적 자극	밝은색 계통의 명암대비가 뚜렷하고 움직임이 있는 장난감, 사물을 제시하는 것이 바람직
청각적 자극	노래, 이야기, 음악 소리 등을 다양하게 들려주고 일상생활 속의 다양한 소리들을 접하게 하는 것이 바람직
촉각적 자극	만져주기나 안아주기와 같은 촉각적 자극도 많이 해주는 것이 도움

3) 유아기(2세 이후~초등입학 전) 부모 역할

(1) 자율성과 주도성 발달의 조력자 역할

유아기 후반부인 만 3~6세까지는 에릭슨의 심리·사회적 발달단계의 세 번째 단계인 '주도성과 죄의식'을 경험하는 시기이다. 이 단계의 유아는 기본적인 운동능력을 획득하여 비교적 자율적으로 행동하게 된다. 다른 사람의 행동에 반응만 하는 것이 아니라 스스로 여러 가지 활동을 시도한다. 이 시기에 부모가 유아의 주도적인 활동을 지지하고 도움을 주면 주도성이 발달하게 되고, 반대로 부모가 유아의 행동을 제한하고 질문을 귀찮아하면 죄의식이 발달하게 된다. 유아기에 환경을 탐색하도록 허용받고 격려받은 아동은 탐색 활동을 주도하지만, 과잉보호로 인해 환경 탐색을 제한받거나 환경 탐색에 대해 부정적인 피드백을 받은 아동은 새로운 환경에 대해서도 관심을 보이지 않고 탐색하지 않는 경향을 보인다. 그러므로 부모들은 유아가 불안을 느끼지 않고 새로운 환경을 주도적으로 탐색할 수 있도록 환경을 조성하고 지원할 수 있어야 한다.

(2) 훈육자의 역할

유아기 부모들은 유아를 어느 정도 훈육할 것인가 하는 문제에 부딪히게 된다. 유아기는 기본 생활 습관을 형성하는 시기이므로 유아에게 옳고 그름, 해야 할 일과 해서는 안 되는 일(discipline)을 분명하게 가르칠 필요가 있다. 바움린드(Baumrind, 1978)는 유아의 행동을 통제하는 부모의 훈육 태도를 3가지로 나누어 설명하였다.

첫째, 부모의 허용적 태도는 유아에게 자율성을 허락하고 벌과 통제는 사용하지 않는 특징이 있다. 가족의 결정을 유아와 함께 의논하여 정하며, 훈육이 필요한 상황에서 힘을 행사하기보다는 이유를 설명한다.

둘째, 독재적 태도는 체벌과 강압적인 방법을 사용하며, 유아의 자율성을 제한하는 특징이 있다. 유아의 자유의지를 구속하고, 복종을 요구한다.

셋째, 민주적 태도는 의사소통을 격려하고, 한정된 범위 내에서 유아의 자율성을 허용하는 특징이 있다. 논리적 설득, 권위, 강화 등을 사용하며, 자율적인 자유의지와 순응을 존중한다.

(3) 학습경험 제공자 역할

부모는 유아에게 학습할 기회를 많이 주고 다양한 재료를 제공해 주어 유아기 동안 습득해야 할 지적, 감성적, 사회적 능력을 발달시킬 수 있는 기초를 마련해 준다. 유아는 자신이 처해 있는 환경과 경험하는 사건을 통해서 학습한다. 또래 관계와 놀이, 환경과의 상호작용, 특히, 부모가 유아의 호기심에 어떻게 반응하느냐 하는 것이 유아의 학습경험에 영향을 줄 수 있으므로 다양한 경험과 환경의 제공은 중요하다.

여러 연구에서 다양한 환경의 제공이 사회 지위 변인보다 유아의 인지적 발달에 더 도움을 주는 것으로 나타났다. 또한 환경의 양적인 면보다는 질적인 면이 유아의 인지적 발달에 더 중요한 것으로 보고되었다.

놀이자료는 학습을 자극하는 장난감이나 실제 조작해 볼 수 있는 것 등으로 유아의 발달을 위해 중요한 환경 자극이 될 수 있다. 장난감은 유아의 발달 수준에 맞고 호기심을 유발하는 것으로 융통성, 내구성, 심미성, 안전성을 갖춘 것이 좋다.

(4) 자아개념 발달의 촉진자 역할

유아기에 가장 중요한 과제 중의 하나는 건강한 자아개념을 형성하는 것이다. 자아개념은 유아의 사회체계 내에서 중요한 사람과의 상호작용과도 밀접한 관계가 있다. 자아개념은 영아기에 가족과의 관계에서 형성되기 시작하는데, 유아의 성장과 발달에 중요한 영향을 미치는 부모와 긍정적인 상호작용을 경험한 유아는 건강한 자아개념을 형성할 수 있다. Sears(1970)는 영·유아기에 온정적인 사랑을 충분히 받는 것이 나중에 좋은 자아개념을 형성하는 것과 관계가 있다고 하였으며, 쿠퍼스미스(Coopersmith, 1967)는 유아를 수용하고 존중하며 민주적으로 양육하는 경우 자아존중감이 높아지는 데 반해 유아에 대한 애정이 부족하고 벌을 사용하는 경우 자아존중감이 낮아질 수 있다고 하였다. 높은 자아존중감을 나타낸 유아의 부모는 행동범위를 적절히 제한하고 자녀에게 관심을 기울이는 것으로 나타났다. 자아개념과 학업성취는 긍정적인 관계가 있으며, 자아존중감이 높은 유아는 행복하고 비교적 불안을 덜 느끼며, 자아존중감이 낮은 유아는 적응력이 낮고 불안을 많이 겪는다. 자아개념은 유아의 행동에 영향을 주고 행동을 결정하는 요인이 되므로, 긍정적인 자아개념의 발달을 위해 유아에 대한 부모의 수용, 부모의 민주적 태도, 서로 존중하는 부모·자녀 관계 형성이 필수적이다.

깨알정보
부모교육

데이빗 칼슨(David E. Carlson)의 자녀에게 자존감을 세우는 5가지 방법

- 자녀의 존재감 자체에 대한 인정이다. 자녀가 곁에 있어 주는 그 자체에 대해 "나는 너를 사랑한다"는 메시지를 통해 격려와 찬사를 보내는 것이다. 가정에서 부모의 격려는 자존감을 세워가는 첫걸음이다.
- 가족 구성원으로서의 소속감을 갖게 하는 것으로 "나는 네가 우리 가족으로 태어난 것이 기쁘고 자랑스럽다"는 말로 소속감을 주어 부모의 삶에 소중한 일부분이란 자긍심을 갖게 된다.
- 자녀의 말을 믿어줄 때 능력을 인정받는다. "너는 능력이 있구나"라는 부모의 말은 자신의 능력에 대한 가능성을 열어주는 것이다.
- 자녀에게 신뢰감을 주기 위해 "엄마는 너를 믿는단다"라는 말을 통해 자녀가 스스로 결정할 수 있는 힘을 주게 된다.
- 자녀의 독립심을 길러주기 위해 "너는 네 자신이 될 수 있는 자유가 있어"라는 말로 자녀 자신이 스스로 선택하고 결정할 수 있는 자유를 줄 때 자존감은 향상된다. 결국 부모의 인정과 칭찬이 자녀 자존감의 근간이 된다.

출처 : 한국강사신문(2021.06.21.).

4) 아동기(6~11세경) 부모 역할

(1) 근면성 발달의 조력자 역할

아동기는 에릭슨의 심리·사회적 발달의 4단계인 근면성과 열등감 시기에 해당한다. 이 시기에 아동은 또래를 매우 중요하게 생각하기 시작하고 또래와 관계를 맺고 의사소통하려고 노력하며, 또래에 의해 수용되는 것은 아동의 자아 발달에 중요한 영향을 미친다. 아동이 세련된 기술과 역량을 발휘하면서 과제를 성공적으로 수행하고, 부모와 또래, 교사로부터 인정을 받으면 근면성이 발달하고, 실패와 불안정이 반복되면 열등감이 생기게 되므로, 교사와 부모는 아동에게 다양한 작업 경험에서 성공의 기회를 주는 것이 매우 중요하다. 아동은 근면성을 성취하기 위해 노력하므로, 최선을 다하는 긍정적인 습관을 형성시키기 위하여 가정과 학교에서 관심을 가지고 아동의 수준에 적합한 과제를 제공할 필요가 있다.

(2) 학습 환경의 제공자 역할

아동은 학교에서 구조화된 학습 환경을 경험하고 또래의 영향력이 중요해지는 시기이지만, 가정도 여전히 중요한 영향을 미친다. 부모는 아동이 자신의 역량을 개발할 수 있도록 가정환경을 구조화하고 학교와 가정 밖의 활동을 적절히 조정하도록 도와주고 격려해야 한다.

아동은 가정 밖에서의 조직적 활동을 통하여 학습 범위를 넓히고, 집단 내에서 지위를 획득할 기회를 가진다. 가정 밖의 활동들은 스포츠, 음악, 무용, 공예, 스카우트 활동, 종교활동, 캠프 등을 포함한다. 가정 내에서는 가족들이 공동의 관심을 즐길 수 있는 기회를 제공하고 새로운 경험을 제공하는 휴가, 캠핑, 소풍, 외식, 공원 산책, 영화 관람, 운동경기 관람, 쇼핑 등이 필요하다.

이 시기의 아동과 부모가 함께 해결해야 할 문제 중 하나는 미디어 사용에 대해 언제, 얼마만큼, 어떤 콘텐츠를 접하느냐 하는 것이다. 미디어 중독은 주의력 결핍, 불안감 등과 관련되고, 최근에는 TV, 스마트폰 및 다양한 디지털기기에 대한 의존이 증가함에 따라 부모는 미디어 사용 시간과 내용에 대한 주의 및 감독이 요구된다.

(3) 훈육자의 역할

아동기가 되면 아동의 욕구가 변화함에 따라 훈육의 형태는 점차 바뀌어야 한다. 아동이 초등학교에서 입학하면서 아동들도 다양한 행동과 태도를 취하며 유아기 때와는 다른 행동 문제가 나타나기 때문이다. 이 시기의 주된 문제는 공부나 숙제하기, 용돈의 사용, 또래 친구와의 관계, 성교육 등 많은 부분에서 훈육의 문제가 개입된다. 아동은 부모의 가치관에 대해서 질문하기 시작하고, 자기들이 좋아하는 성인의 행동을 흉내 내고 싶어 하기도 한다. 부모는 계속해서 아동의 행동을 강화하고 영향력 있는 모델로 작용해야 하며, 아동의 발달 수준에 적합하고 더 효과적인 방법을 모색하여 훈육해야 한다.

(4) 학교생활 적응 조력자 역할

아동이 학교생활에 잘 적응할 수 있게 하려면 부모의 협조가 필요하다. 초등학교 저학년 시기에는 아직 독립적으로 학교에서 요구하는 사항들을 관리하기 어렵기 때문에 부모의 지도와 감독이 필요하다. 학교라는 곳은 아동에게 항상 즐거운 곳만은 아니며 낯선 교사, 또래와의 접촉과 아울러 그들로부터 평가를 받기 때문에 불안이 증가하기도 한다. 실패, 또래로부터의 거부 등으로 아동이 무력감과 좌절감을 느낄 수도 있으며, 이러한 상황에서 부모는 격려자로서의 역할을 수행한다. 부모의 학교에 대한 태도 역시 중요한 영향을 미치며, 부모는 학교와 아동을 위한 협력관계를 맺고 협조하는 입장에서 최선을 다해야 한다. 학업성취에 대한 기대는 아동의 능력에 맞추어 설정하고, 아동에게 맞는 수준의 학습을 하면서 학습하고자 하는 동기를 높이는 것이 가장 필요하다.

부모는 자녀가 지닌 강점을 찾아보고 그 강점을 활용해 즐거움과 만족감을 경험할 수 있는 기회를 마련해 준다면 자녀가 문제에 대처하는 데 힘이 될 수 있다. 운동을 잘하는 아동은 운동을 통해서, 창의적인 아동은 예술 활동을 통해서 자신감을 얻으며 부정적 정서에서 벗어나는 데 도움을 받을 수 있다.

깨알정보
부모교육

초등 새내기 학부모 길라잡이

예비초등학생 부모님 걱정하지 말자. 내가 살고 있는 우리 지역 관내 교육청 및 공공기관에서 지원되고 있는 예비초등학생 프로그램과 자료가 운영, 배부되고 있다. 초등학교 예비소집은 아이들이 의무교육을 시작하는 첫 단계로, 학부모와 학교가 함께 준비해야 할 중요한 과정이다. 시교육청은 예비소집 기간에 맞춰 신입생 학부모를 위한 '2025 새내기 학부모 길라잡이'를 배포한다. 이 자료는 학부모가 초등학교 입학 전 준비할 사항, 1학년 학교생활 안내, 안전한 학교생활 팁 등을 포함하며, 서이초 사건 이후 강화된 교사 보호와 학부모의 건강한 학교 참여 방법도 추가되었다. 초등 1학년 학부모의 역량을 강화하고, 자녀의 학교생활에 대한 이해를 높일 수 있다.

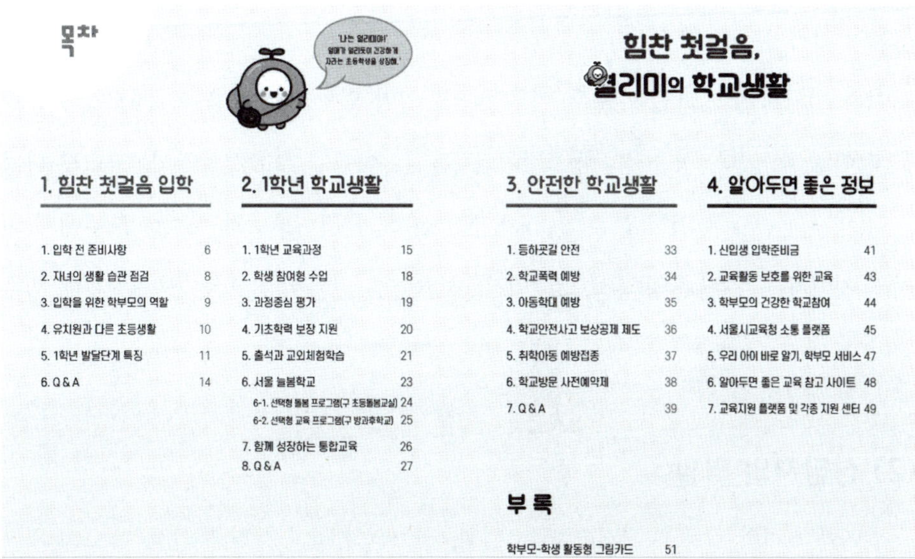
목차

힘찬 첫걸음, 열리미의 학교생활

출처: 서울시교육청(2025). 2025 초등 새내기 학부모 길라잡이

5) 청소년기(아동기에서 성인기로의 과도기) 부모 역할

(1) 정체감 발달의 조력자 역할

청소년기는 에릭슨의 심리·사회적 발달 단계의 다섯 번째에 해당하는 정체감과 역할 혼미 시기에 해당한다. 자아 정체감이란 자기 확인, 자기수용으로 한 인간으로서 인생을 영위해 나가는 데 가장 기본이 되는 심리적 바탕으로 청소년은 심리적으로 새로운 감정, 감각, 욕망 등을 경험하고, 정신적으로 세계를 바라보는 사고와 방법이 다양해진다. 에릭슨은 청소년기가 사회적으로 공인된 성인기의 유예기간이며, 이 시기에 자신을 성인으로 통합한다고 하였다. 정체감을 형성하려는 노력으로 반항적인 역할, 동질적 집단임을 나타내는 이상한 표시와 스타일, 다양한 이데올로기의 경험이 나타난다.

이전 발달단계의 과업을 모두 이루었다면 의미 있는 정체감을 획득할 기회가 더욱 많아질 수 있다. 성공적인 청소년기의 준비는 아동기부터 시작하며, 사회적 환경은 정체감의 발달에 영향을 준다. 정체감의 형성 과제는 부모와 청소년 모두에게 어려운 것이지만, 개인이 궁극적으로 의사 결정할 수 있는 성인으로 기능하는 데 필수적이다.

(2) 상담자의 역할

부모와 자녀의 갈등은 급격한 사회 변화, 청소년의 성인 자격 불인정, 부모의 지나친 권위 등에 의해 영향을 받는다. 청소년기에 상황적 위기와 발달적 위기가 복합되면 스트레스와 갈등이 더욱 심해진다. 청소년은 또래와의 관계나 학업성취 등의 문제로 많은 갈등을 겪게 되므로 자녀들의 의견을 들어주고 이해하면서 청소년이 자신에게 부과된 여러 행동을 수행할 수 있도록 도와주어야 한다. 부모가 온정적이고 수용적이며, 지지적이고, 자율성을 인정한다는 것을 보여주는 것이 중요하다. 부모의 통제 정도가 지나치면 청소년의 도덕성 발달을 저해하며 청소년의 반항, 일탈, 갈등이 발생할 수 있다. 가부장적이고 제한적 또는 극도로 허용적인 가정의 청소년들은 반항적인 태도를 보일 가능성이 높다. 부모는 가치관이 확립되어 있고 인생 경험이 풍부하고 자녀에게 따뜻한 관심과 지지를 보여줄 수 있으므로, 상담자로서의 역할을 잘 수행할 때 청소년기 자녀에게 큰 도움을 줄 수 있다.

(3) 의사소통 촉진자의 역할

의사소통에서 중요한 것은 상대방에 대한 신뢰, 감정이입, 자신의 생각이나 감정을 자유롭게 표현할 수 있는 분위기, 다른 사람의 생각이나 느낌을 진지하게 듣는 자세 등이 있다. 부모가 의사소통에서 비효율적으로 자녀를 지나치게 비판하고 통제하면, 자녀는 부정적이고 방어적인 경향을 보이며, 청소년은 자신감을 잃게 되고 자아존중감이 낮아지며, 죄책감을 느끼게 된다. 부모와 청소년 자녀의 의사소통을 원활하고 효과적으로 하기 위해서는 생각이나 느낌을 진심으로 들어주는 반영적 경청(active listening)과 자신의 생각, 감정, 의견 등을 알리는 나-전달법(I-message)을 사용하는 것이 바람직하다. 부모는 청소년과 개방적이고 효율적인 의사소통을 하도록 노력함으로써 청소년에게 의사소통을 가르쳐야 한다. 부모와 개방적인 의사소통을 함으로써 사회적 관계나 생활에서 야기할 수 있는 문제를 예방하고 개선할 수 있다.

(4) 성적 성숙의 수용자 역할

청소년기는 성적으로 성숙하고 강한 성적 욕구를 느끼게 되지만, 결혼하지 않은 미성년 남녀가 성관계를 통해 성적 욕구를 충족시키기는 어려운 일이다. 자위행위는 성욕 해결의 정상적인 방법이 아닐뿐더러 자위행위를 자주 반복하면 건강을 해치게 될 수 있다. 이러한 문제로부터 자녀들을 보호하고 자녀들의 삶이 건전하게 영위될 수 있도록 자녀들의 성적 관심과 이성 관계에 대한 변화를 인식하고, 성교육을 통해 성에 대한 지식과 가치 등을 가르쳐야 한다. 자녀들이 취미활동이나 스포츠 등을 통하여 성적 에너지를 다른 곳으로 전환하도록 하는 것도 좋은 방법이다. 성에 대한 지식과 가치는 평소 가정교육을 통해 자연스럽고 긍정적인 태도로 가르쳐야 하며, 자녀의 성교육에 있어 부모의 역할은 아주 중요하다. 부모는 청소년 자녀가 성적 욕구와 호기심을 느끼는 것이 자연스러운 현상임을 이해하고, 자녀와의 대화를 통해서 자녀도 이 사실을 수용할 수 있도록 도와주어야 한다.

함께 생각해 보는 **부모교육**

발달단계별 부모 역할에 대해 생각해 보기

1. 태아기 발달단계의 특징 중 3가지, 태아기 산모에게 필요한 양육 지침 3가지를 작성해 보세요. 아울러 태교를 중시하는 우리 문화에 대하여 자신의 생각을 기술해 보세요.
2. 영아기, 유아기, 아동기, 청소년기 중 하나를 선택하여 발달단계의 특징과 부모에게 필요한 양육 지침을 작성해 보세요.

인포그래픽으로 보는 부모, 자녀 관련 이슈 & 챗 GPT의 부모교육

"아이 운다고 '이것' 주지 마세요…발달 지연 아동 96%의 공통점"

미디어 노출이 아동의 사회적 발달에 미치는 영향

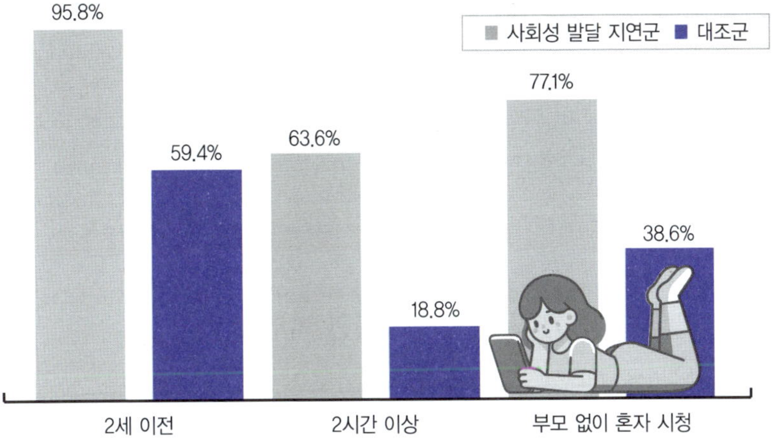

자료 : 한림대동탄성심병원
출처: 머니투데이 (2023.03.30.)

한림대동탄성심병원 김성구 교수 연구팀의 연구에 따르면, 2세 이전 스마트폰과 TV 등의 미디어 노출이 아동의 사회성 발달 지연과 관련이 있는 것으로 나타났다. 연구 결과, 사회성 발달 지연군은 대조군보다 2세 이전 미디어 시청 비율(95.8% vs. 59.4%)과 2시간 이상 시청 비율(63.6% vs. 18.8%)이 높았으며, 혼자 시청하는 비율도 더 컸다(77.1% vs. 38.6%). 미국소아과학회 역시 2세 이전 미디어 노출을 권장하지 않으며, 이번 연구에서도 2세 이전, 2시간 이상, 보호자 없이 미디어에 노출되는 것이 사회성 발달 지연의 위험 요인으로 분석됐다. 연구진은 미디어 시청 시간을 줄이고 보호자와의 상호작용을 늘리는 것이 중요하며, 불가피할 경우 보호자와 함께 제한된 시간 동안 교육적 프로그램을 시청하는 것이 바람직하다고 조언했다. 〈기사 요약〉

ChatGPT ∨

영유아의 미디어 노출에 대해 교사가 부모에게 할 수 있는 부모교육은 무엇이 있을까요?

1. 미디어 노출이 영유아 발달에 미치는 영향

2세 이전 과도한 미디어 노출이 사회성 발달, 언어 발달, 정서 조절 능력 등에 미치는 부정적인 영향 설명

미디어 사용 시간이 길수록 부모와의 상호작용 시간이 줄어듦 → 신체 활동 부족, 주의력 저하, 감각 발달 지연 위험

일방향적 정보 제공(스마트폰, TV) vs. 양방향적 경험(놀이, 대화)의 차이 강조

2. 연령별 적절한 미디어 사용 가이드라인 제시

2세 미만: 가급적 미디어 노출 자제, 부모와의 놀이 및 대화 권장

2세 이상: 하루 1시간 이내, 보호자 동반 시청 권장 (미국소아과학회 권고)

3~5세: 하루 1시간 이내, 교육적인 콘텐츠 중심으로 활용

3. 부모가 실천할 수 있는 건강한 미디어 사용 습관

- **미디어 사용 규칙 설정**

  하루 시청 시간을 정하고(예: 30~60분), 일정한 시간대(예: 저녁 식사 후)만 활용

  식사 시간, 취침 전 1시간은 미디어 사용 금지

  아이가 스스로 종료할 수 있도록 타이머 설정

- **부모와 함께하는 미디어 활용**

  보호자와 함께 시청하며 설명하고 질문하기 (예: "이 장면에서 주인공이 왜 슬퍼할까?")

  교육적인 프로그램 선택 (예: 자연 다큐멘터리, 동화 애니메이션)

  시청 후 내용을 대화로 연결 (예: "이야기 속에서 어떤 점이 재미있었니?")

- **미디어 대신할 활동 제안**

  미디어 시청 대신 신체 놀이, 독서, 예술 활동(그림 그리기, 블록 놀이) 장려

  부모와의 상호작용이 포함된 놀이가 아동 발달에 더 긍정적 영향을 미침

4. 스마트폰 대체 활동 및 가정에서 실천할 놀이 방법 안내

종이책 읽기 및 이야기 나누기

역할 놀이 (인형극, 가게 놀이 등)

감각 놀이 (점토, 물놀이, 모래놀이)

신체 놀이 (공놀이, 줄넘기, 춤추기)

5. 부모의 모범적인 미디어 사용 태도 강조

부모가 스마트폰을 자주 사용할 경우, 아이도 자연스럽게 흉내 냄

가정에서 '스마트폰 없는 시간' 운영 (예: 저녁 7시~9시 가족 놀이 시간)

부모가 먼저 건강한 미디어 사용 습관을 실천하는 것이 중요

결론

유아교사는 부모에게 미디어 노출의 영향을 알리고, 연령별 사용 가이드라인, 건강한 미디어 활용법, 대체 활동을 제안함으로써 올바른 미디어 사용 습관을 형성하도록 도울 수 있습니다.

CHAPTER 04

우리 시대의 가족, 아이를 위한 부모 역할의 이해

시대의 흐름에 따라 가족의 구조와 기능은 빠르게 변화하고 있다. 과거의 대가족 중심에서 벗어나 핵가족을 비롯해 1인 가구, 무자녀 가구 등 다양한 단독가구가 증가하고 있으며, 한부모가족, 재혼가족, 입양가족, 맞벌이가족 등 전통적인 틀을 넘는 가족 형태도 확산되고 있다. 이제는 가족을 해체가 아닌 '재구성의 관점'으로 이해하는 시각이 필요하다(김진영, 김정원, 전선옥, 2009).

또한 현대사회에서는 장애, 발달 지연, 정서적 어려움, 만성 질환 등 특별한 관심이 필요한 자녀가 늘어나면서, 이를 양육하는 부모의 역량이 자녀의 삶의 질에 큰 영향을 미치고 있다. 이러한 부모들은 정서적 부담과 정보 부족, 사회적 고립 등의 어려움에 직면하며, 단순한 정보 전달을 넘어 부모가 자녀를 깊이 이해하고 함께 성장할 수 있도록 돕는 맞춤형 부모교육이 필수적이다.

이 장에서는 변화하는 가족 형태와 자녀 양육의 도전과제를 살펴보고, 특별한 자녀를 둔 부모의 역할과 준비 방안을 모색함으로써 현대 부모교육의 방향성과 실천적 의미를 고찰하고자 한다.

학습목표

1. 다양한 가족 유형과 특성에 대해 이해한다.
2. 가족 유형에 따른 부모교육에서의 고려사항에 대해 이해한다.
3. 다양한 가족유형별 부모 역할에 대해 이해한다.

1. 다양한 가족 형태

1) 한부모가족

(1) 한부모가족의 정의

한부모가족은 부모 중 한쪽과 18세 이하의 자녀가 함께 사는 부모·자녀로 이루어진 가족이다. 한부모가족은 부 또는 모의 사망에 의한 한부모가족과 부 또는 모가 실종되어 생사를 알 수 없는 유실과 배우자를 고의로 유기함으로 인한 한부모가족, 이혼이나 별거로 인한 한부모가족 등으로 나뉜다. 즉, 한부모가족은 한쪽 부모와 요보호 아동으로 구성된 가족을 의미한다.

2022년 기준 한부모가구는 149만 4,000가구로 전체 일반 가구의 6.9% 수준이다. 한부모가구 중 75.6%인 112만 9000가구가 여성 한부모다. 미혼모 인구는 약 2만 100명, 미혼부는 5,900명이다(여성가족부, 2023).

이 통계에서 2021년 기준 18세 이하 자녀를 양육하는 한부모가구는 37만 가구이며, 전체 18세 이하 자녀 양육 483만 가구의 7.7%를 차지한다. 모자가족이 67.4%, 부자가족이 32.6%로 18년도 조사에 비해 모자가족의 비율이 1.9% 증가한것으로 나타났다(여성가족부, 2021). 한부모가족의 어머니, 아버지는 자녀와의 관계를 재정립해야 하며 많은 노력을 할 필요가 있다.

(2) 한부모가족의 실태

한부모가족이 처한 어려움 중 가장 높은 비율을 차지하는 부분은 경제적 어려움이다. 한부모가족의 소득수준을 살펴보면 **그림 4-1**과 같다.

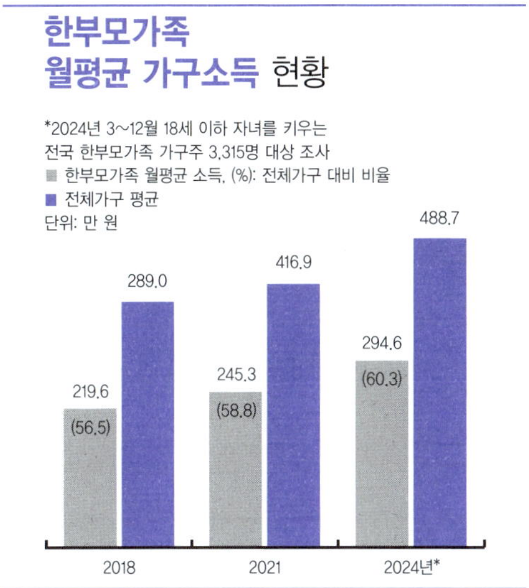

그림 4-1 한부모가족의 소득 수준(여성가족부, 2021)

표 4-1 한부모가족의 미취학 돌봄 형태
(여성가족부, 2021)

돌봄유형	2015년	2018년	2021년
보육시설/어린이집	69.1%	64.6%	64.8%
유치원	18.5%	21.5%	19.2%
본인 직접돌봄	8.1%	9.1%	9.0%
조부모	3.4%	3.7%	5.5%
학원	0.4%	0.5%	0.9%
친인척	0.5%	0.0%	0.4%
정부지원 아이돌봄서비스	0.0%	0.3%	0.2%
민간 베이비시터	0.0%	0.0%	0.2%
학습지/방문과외	0.0%	0.1%	0.0%
기타	0.0%	0.0%	0.1%

'2024년 한부모가족 실태 조사'에 따르면 월평균 가구소득은 294만 6천 원으로, 전체 가구 평균(488만 7천 원)의 60.3% 수준이었다.

한부모가족의 월평균 소득은 2015년 189만 원에서 2018년 219만 원을 기록해 200만 원 선을 넘어서는 등 증가했다. 하지만 같은 기간 전체 가구의 월평균 소득과 비교하면 여전히 50%대에 불과하다. 생계가 곧 생존과 연계되는 한부모가족에 대해 현금성 지원이 아닌 실제 양질의 일자리를 통해 소득을 높일 수 있는 대책이 필요하다.

미취학자녀 돌봄 형태를 보면 **표 4-1**과 같이 어린이집(64.8%), 유치원(19.2%) 등 기관 전체 시설 보육 이용률이 84.0% 수준으로 매우 높았다. 조부모 돌봄이 꾸준한 증가 추세로 대안적 돌봄 형태로 부상하고 있다.

한부모가족에게 필요한 지원에 대한 **그림 4-2**에서 볼 수 있듯이 한부모가족은 생계비와 양육비 등 현금지원(66.9%), 주거지원(12.9%) 등 경제적인 지원에 대한 요구가 가장 높았다.

한부모가족들이 관련 지원사업에 대한 정보를 주로 얻는 경로는 '구청·주민센터'(45.6%), '인터넷·온라인 카페'(23.6%), '여성가족부 홈페이지'(12.5%), '주변 사람들과의 대화'(7.7%) 순이였다.

'구청/주민센터', '건강가정지원센터/한부모가족지원센터'와 같은 공식적 전달체계는 한부모가족지원사업 관련 정보를 제공하는 데 가장 큰 역할과 영향을 미치고 있고 '여성가족부 홈페이지'를 꼽은 이들의 비율도 꾸준히 증가해 공식적 전달체계의 기능이 잘 이뤄지고 있다 볼 수 있다. 그로 인하여 '주변 사람들과의 대화'와 같은 비공식적 통로는 정보 습득 경로로서의 영향력이 감소되고 있다.

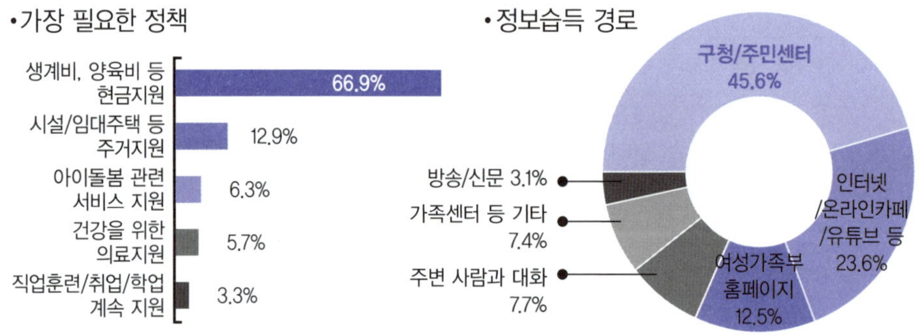

출처: 여성가족부(2024).

그림 4-2 한부모 가족 정부지원 및 정보습득 경로

(3) 한부모가족이 당면하고 있는 문제

① 경제적 문제

가족의 생계유지를 위해 한부모는 반드시 일을 하면서 가정생활을 병행해야 하며, 자녀 양육 부담(78.0%), 자녀를 돌봐줄 사람을 구하는 어려움(66.7%) 자녀와의 공유시간 부족(63.9%) 순으로 어려움을 겪고 있다. 특히, 부자가족보다 모자가족이 경제적 어려움에 노출되는 비율이 더 높다.

② 정서적 혼란

아버지 또는 어머니의 부재로 인한 가족 내에서의 역할과 지위의 변화, 생계 부양자 및 보호자로서의 역할이 동시에 이루어진다. 이로 인한 과중한 역할 수행은 많은 스트레스를 경험하게 하고, 정서적으로 상실감, 배신감, 분노감, 우울감, 좌절감, 실패감 등 심리적 문제에 노출된다.

③ 자녀 양육의 문제

생계를 위해 직업에 전념함과 동시에 자녀 양육을 전담해야 하는 과중한 역할 수행으로 인해 지치게 된다. 이로 인해, 자녀를 방치하거나 가정교육에 일관성이 부족하여 부모·자녀 관계의 긴장과 갈등 문제를 유발하기 쉽고, 동일시 대상의 부재로 자녀들도 많은 어려움을 겪게 된다.

④ 사회적 편견

한부모가족을 비도덕적인 존재로 인식하는 사회적 인식과 현상은 한부모들로 하여금 심리적 압박감을 가지게 하며, 인생 실패자, 낙오자, 문제 있는 사람, 부모 자격 없는 사람 등으로 생각하게 한다. 이는 자녀들로 하여금 가족에 대한 수치심과 열등감을 주어 또래 관계 형성에도 부정적인 영향을 미칠 수 있다.

(4) 한부모가족의 자녀 양육 시 고려해야 할 사항(김애란 외, 2015)

한부모가족의 부모가 자녀 양육 시 겪게 되는 어려움을 극복하여 건강한 가족으로 유지될 수 있도록 한부모가족에 대한 사회적 편견을 없애고, 한부모가족에 대한 이해와 한부모가족 구성원을 위한 상담 및 교육프로그램이 지원되어야 한다.

① 정서적 안정감

부모는 자녀가 정서적 안정감을 가지고 긍정적인 마음으로 성장할 수 있도록 노력해야 한다. 부모는 본인이 직면한 어려움으로 인해 발생하는 스트레스가 자녀에게 전이되지 않도록 노력할 필요가 있다.

② 우선순위에 따른 일 처리

한부모가족의 부모는 혼자서 자녀 양육 및 경제활동에 참여해야 하므로 모든 일을 처리하기에는 신체적, 심리적 부담감을 가질 수 있다. 가능한 일과 가능하지 않은 일을 구분하여 일의 중요성에 따라 우선순위를 정해 일을 처리할 필요가 있다.

③ 자녀와의 건강한 관계 형성

부모와 자녀는 건강한 관계를 유지하여, 서로 협력하고 도움을 주고받으며, 정서적 지지를 통해 서로를 위로하고 도움을 주기 위해 노력해야 한다.

④ 사회적 지지

한부모가족에 대한 사회적인 편견은 부모의 우울감을 높이고 자존감이 낮아지게 할 수 있다. 한부모는 배우자와의 이별로 인한 외로움과 상실감, 슬픔, 가족에 대한 책임감과 부담감, 죄책감으로 인해 심리적 어려움에 놓이기 쉽다. 사회적 인식 및 차별 개선과 신체적·정신적 건강을 강화할 수 있는 지원이 이루어져야 한다.

깨알정보
부모교육

'2025년 한부모가족 복지서비스 종합안내서' 발간

여성가족부는 한부모가족을 위해 분야별 정부지원 복지서비스를 한곳에 모은 '2025년 한부모가족 복지서비스 종합안내서'를 발간했다. 2025년부터 달라지는 제도를 포함하여 소책자, 전단지 및 전자책 형태로 발간하고, 한부모가족에게 문자메시지 등을 통해 직접 안내한다.

임신출산	임신·출산 진료비와 의료비 지원, 산모·신생아 건강관리 지원, 출산 전·후 입소 가능한 시설 등
양육돌봄	• 저소득 한부모, 조손가족을 위한 아동양육비 지원, 아동수당, 보육료 및 가정 양육수당 등 복지급여 지원 • 온가족보듬사업을 통한 사례 관리 • 아이돌봄서비스와 공동육아나눔터 등 돌봄 지원 • 양육비 이행확보 서비스 및 선지급제도(2025.7.1. 시행)
시설주거	• 한부모가족 복지시설, 공동생활 가정형 매입임대주택, 공공주택 지원, 저소득 한부모 주택자금 대여 등 주거 지원
교육취업	• 미혼모 대안교육 위탁기관과 자녀 교육비 지원 • 여성새로일하기센터, 국민취업지원제도 정보
금융법률	• 아동발달지원계좌(디딤씨앗통장), 저금리 미소금융, 소액보험 • 비양육 부모의 양육비 이행을 위한 법률 지원 서비스 • 한부모가족 무료 법률구조 서비스 등
기타	• 난방, 전기, 수도, 통신 등 요금 감면, 운전면허 무료교육 등 생활밀착형 지원서비스, 한부모 근로자의 육아휴직 급여 상한액 인상 등 지원 확대 내용

안내서는 여성가족부(www.mogef.go.kr), 한국건강가정진흥원(www.kihf.or.kr), 가족센터(www.familynet.or.kr) 누리집에서 확인할 수 있다. 한부모가족 지원 서비스에 대한 자세한 문의는 가족상담전화(1577-4206) 또는 가족센터(1577-9337)를 통해 안내받을 수 있다.

출처: 여성가족부(2025)

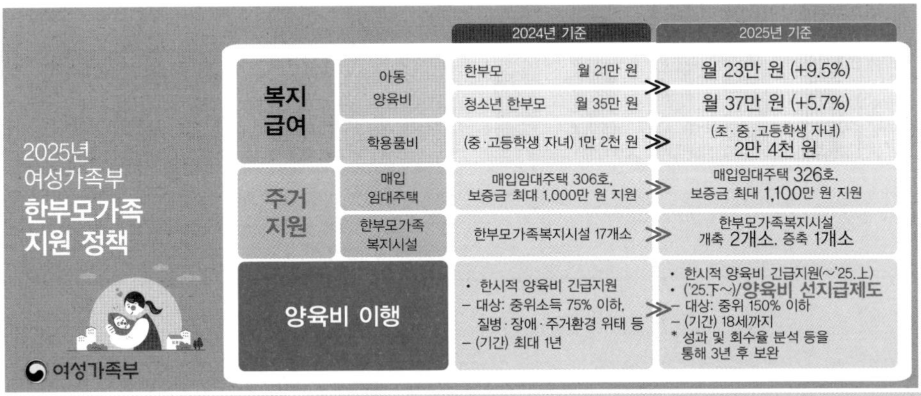

2) 재혼가족

(1) 재혼가족의 정의

재혼가족은 이혼율이 높아지면서 생긴 가족의 형태로 배우자 한쪽이나 양쪽 모두가 결혼으로 자녀가 있거나 없으면서 새롭게 구성된 가정을 말한다. 생물학적 부모·자녀 관계가 아닌 법적인 부모·자녀 관계로 이혼이나 사별로 이전의 혼인 관계가 해체된 후 다른 혼인 관계를 맺는 것을 의미한다. 재혼가족은 최소한 이전에 결혼한 적이 있는 한 명 이상의 배우자와 한 명 이상의 자녀들로 구성되며, 계부모 가족, 재결합 가족, 혼합 가족, 이중 핵가족 등의 용어들을 혼용하여 사용한다. 초혼 가정과 다른 여러 가지 특성상, 재혼가족의 구성원이 행복하고 가족이 건강하게 기능하기 위해서는 초혼 가정에 비해 많은 노력이 요구된다(한경혜, 1997).

(2) 재혼가족의 실태

재혼가족은 남녀 모두 재혼이거나 남자는 초혼, 여자는 재혼인 경우와 남자는 재혼, 여자는 초혼인 세 가지 경우로 나뉜다. 초혼과 재혼 구성비는 **그림 4-3**과 같다.

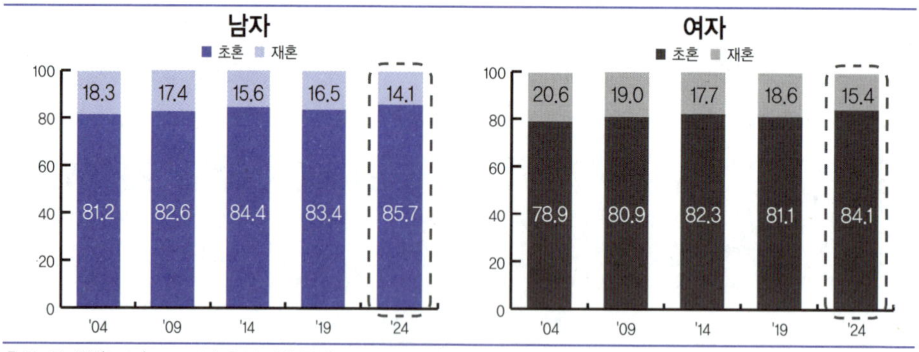

출처: 통계청(2025). 2024년 혼인 이혼통계

그림 4-3 혼인 종류별 구성비

그림 4-3을 보면, 2024년 남자의 경우 전체 혼인 중 초혼이 85.7%, 재혼이 14.1%를 차지했고, 전년 대비 초혼은 2.3% 증가, 재혼은 2.4% 감소하였다. 여자의 경우 전체 혼인 중 초혼이 84.1%, 재혼이 15.4%였으며, 전년 대비 초혼은 3.0% 증가, 재혼은 3.2% 감소하였다. 남녀 모두 초혼은 80.4%, 남녀 모두 재혼은 10.4%를 차지했다.

(3) 재혼가족이 당면하고 있는 문제

유아기 자녀를 둔 재혼가족의 어머니는 갈등기, 노력기, 적응기의 단계를 경험하게 된다. 갈등기는 가정의 위기 속에서 가족 간에 오해와 갈등을 느끼는 시기이며, 노력기는 이해와 노력으로 가정을 바로 세우고자 하는 시기이다. 적응기는 사랑과 실천이라는 가정의 튼튼한 주춧돌을 세우는 시기로 이러한 과정은 순차적으로 발생하는 것은 아니지만 순환적으로 반복되는 특성을 가지고 있다(양진희, 2012). 재혼가족은 결합 전 서로 다른 문화와 경험, 가치관으로 인해 한 가족으로 결합되는 과정에서 여러 어려움을 겪게 되고 혼란감을 가지게 된다.

① 역할에 대한 불명확성

새 부모의 역할에 대한 명확한 정의가 없어 새 자녀의 부모 역할 수행에 대한 어려움이 야기된다. 친부모의 역할보다 어렵고 새 부모와 새 자녀 간의 관계를 안내해 줄 명확한 역할 규범이 존재하지 않아 재혼가족 내에서의 역할은 임시방편적 방식으로 취득하여 수행하게 된다.

② 가족 경계 설정의 모호성

자녀가 새 부모와 친부모 사이를 오가게 되면서 가족경계가 불명확해질 수 있다. 자녀가 두 명의 아버지 또는 두 명의 어머니를 갖게 되는 상황이 발생되고, 재혼가족의 일원이 되기를 원하지 않는 자녀의 경우 가족 범주의 모호성 문제는 심각해질 수 있다. 또한 함께 살지 않는 친부모가 현실이나 기억 속에서 영향을 줄 수 있어 관계를 더욱 복잡하게 한다. 그 결과 부모와 자녀 모두 감정적으로 혼란을 겪고 긴장과 갈등을 겪게 된다.

③ 공유 경험 단절

이전 결혼 가정에서 형성된 가족 문화와 생활양식 등이 있을 것이며, 재혼하기까지 한부모가족의 형태로 살면서 가지게 된 문제를 안고 시작해야 되는 경우도 있다. 즉, 서로 공유할 수 있는 역사와 문화의 단절, 서로 다른 역사와 문화로 인한 오해와 소외감으로 가족정체감의 발달과 가족 규칙 설정에 어려움이 발생할 수 있다.

④ 재혼가족원의 부적응

이미 존재하는 자녀들로 인해 초혼가족처럼 일반적인 가족 발달단계를 거칠 수가 없다. 자녀 연령에 따라 동시에 신혼기, 학령기, 10대 자녀기 발달단계에 진입하여 준비 없이 여러 발달과업을 한꺼번에 수행해야 하는 어려움이 존재한다.

⑤ 정서적 고통

새 부모는 자신에게 부여된 계부모로서의 역할이 불만스러울 때가 있다. 가족 간의 갈등으로 인해 자신의 역할에 긴장감을 느낄 수 있으며, 자신의 자녀와 계자녀에 대한 불일치된 감정이 죄책감을 가지게 하여 정서적 고통을 받기도 한다.

⑥ 성적 긴장감

재혼가족은 혈연으로 연결되지 않은 구성원들이 한가족으로 살게 됨에 따라 '성적 긴장'을 가질 수 있다. 아들에 비하여 딸이 스트레스 정도가 높고 '계부와 아들'보다 '계부와 딸'의 관계 질이 더 낮음을 알 수 있다.

⑦ 재혼모의 사회적 압력

재혼모는 새로운 자녀와 되도록 빠른 시간 내에 애착 관계를 형성해야 한다는 사회적 압력을 남성에 비해 더 심하게 받게 된다. 양육 책임자로서 어머니의 역할을 수행해야 하는 것에 어려움을 느낄 수 있다.

⑧ 사회적 지지체계 부족

계부모에 대한 사회적 지지의 부족과 계자녀에 대한 고정관념은 새 부모와 자녀에게 부담감을 가중시키며 이런 특성을 보듬어 안고 계자녀들과 적응해야 하는 심리적인 부담감을 가지게 된다(한경혜, 1997). 또한 계부모와 계자녀 사이에 법적 관계가 모호하여 친밀한 부모, 자녀, 형제관계 형성과 가족 정체감 확립에 걸림돌이 될 수 있다.

재혼가족의 경우 두 가족이 새로운 관계를 형성해야 하는 매우 중요한 문제를 가지게 되며, 자녀로 인한 갈등을 경험할 수 있다. 재혼 가정 자녀들이 겪는 어려움을 살펴보면 **표 4-2**와 같다.

표 4-2 재혼 가정 자녀들의 어려움

- 부모에 대한 애정과 갈등의 문제 해결이 필요함
- 확대된 친척과의 관계에 대한 재정립이 요청됨
- 계부모와의 애정적인 유대를 발전시켜야 함
- 의붓형제와 특권, 의무, 물건을 공유해야 함
- 떨어져 사는 부모와의 관계를 유지해야 함
- 부모의 애정을 두고 계자녀끼리 경쟁이 발생할 수 있음

(4) 재혼가족의 자녀 양육 시 고려해야 할 사항

재혼 부부는 서로의 자녀를 함께 양육해야 한다는 생각을 바탕으로 함께 노력해야 한다. 재혼가족이 자녀 양육을 위해 고려해야 할 사항은 다음과 같다.

① 자녀의 적응 시간 필요

자녀는 부모의 이혼에 대해 반항적이며, 부모의 재혼으로 새로운 가족 체계를 형성하려는 부모의 노력에 저항하기 때문에 가족 관계 형성에 어려움이 있고 새로운 가족 체계의 적응에 불협화음이 생길 수 있다. 그러므로 충분한 시간을 통해 서로가 적응할 수 있는 시간을 가지는 것이 중요하다.

② 신뢰 형성

계부모들은 자연스럽게 자녀와 감정적으로 통할 수 있도록 신뢰 관계를 형성해야 한다. 자녀들이 새로 맞은 부모를 친부모처럼 사랑해 줄 것이라는 비현실적인 기대를 하지 않는 것이 좋다. 비현실적인 기대감은 오히려 장애물로 작용하여 더 많은 문제를 야기시킬 수 있다(김유나, 2010). 또한 계부모와의 신뢰 형성을 위해 따로 사는 친부모와의 만남은 어느 정도 자제하는 것이 도움이 된다.

③ 적절한 의붓 형제자매 관계

새로 형성된 형제자매 관계 속에서 서로 간에 문제나 갈등이 생길 수 있는데, 이때 함께 해결할 수 있는 기회를 주어 대화할 수 있도록 하는 것이 효과적인 방법이 될 수 있다.

④ 재혼가족 관계에서 감정의 인정

재혼가족 초기의 생활을 자녀의 관점에서 볼 때 많은 변화와 상실을 경험하는 자녀의 혼란스러운 감정, 불안, 상처, 분노 반응을 이해해야 한다. 부모로부터 자신의 감정을 이해받지 못한 자녀는 분노와 우울을 느끼고, 부적응 및 반항적 행동을 나타내기도 하므로 그들의 감정을 인정하고 존중해 주어야 한다.

⑤ 적절한 사전 준비

재혼가족은 여러 가지 어려움을 가지고 있으므로 적절한 준비를 사전에 하는 것이 바람직하다. 계부모가 될 사람이 어떤 사람인지 알 기회를 사전에 충분히 가지고 재혼 전에 자녀의 동의를 얻는 것도 중요하다.

⑥ 친부모와 자녀의 관계 유지

친부모는 자녀와 재혼 전의 관계를 유지해야 한다. 재혼가족 형성 전처럼 둘만의 시간을 가짐으로써 자녀가 겪고 있는 상실감을 채워 주어야 한다.

⑦ 양육 방식에 대한 소통

재혼가족 구성원 각자의 노력을 통해 성공적인 가족관계 형성이 가능하므로, 재혼 부부는 배우자의 양육 방법을 존중하고 지나친 간섭을 피하며, 서로의 자녀를 함께 양육한다는 각오로 함께 해야 한다.

⑧ 자녀들 간의 비교는 금물

자녀들은 서로 다른 환경에서 자라왔으므로 서로 다른 성격과 특성을 가지고 있다. 그러므로 성격이나 성적 등으로 자녀들을 비교하는 것은 오히려 자녀로 하여금 열등감이나 불필요한 경쟁심만 유발하므로 피하는 것이 좋다.

⑨ 재혼가족의 긍정적인 측면

재혼가족은 부정적인 면보다 긍정적인 면도 많음을 일깨워 준다. 형제가 없던 자녀에게는 새로운 형제가 생기기도 하고, 친척이 없던 자녀에게는 새로운 친척이 생기는 등 긍정적인 측면에 대해 알려준다.

⑩ 새로운 가족 문화 형성

재혼가족은 서로 다른 역사와 문화로 인해 오해와 소외감을 유발할 수 있고(양진희, 2012), 서로 공유할 수 있는 역사와 문화가 단절되어 있다. 새로운 가족이 공유할 수 있는 역사와 문화를 만들어 가는 것이 필요하다.

계부모나 친부모 모두 노력한다면 자녀는 새 부모와 만족하고 즐거운 관계를 형성할 수 있을 것이다. 더불어, 이혼과 재혼에 대한 부정적이고 비정상적으로 보는 시각에서 벗어나 가족의 한 형태로서 받아들이는 사회적 인식의 개선이 필요하며, 재혼 가정의 자녀 양육을 위한 다양한 교육프로그램이 제공되어야 한다.

3) 다문화가족

(1) 다문화가족의 정의

우리나라는 단일민족이라는 의식이 강해, 나와 다른 문화와 가치관을 배척하고, 외국인을 받아들이는 데 차별적인 성향을 보여 왔다. 그러나 최근 국제 결혼, 이민, 이주 노동자, 난민 등으로 다양한 국적을 가진 사람들이 유입되고 있다. 다문화가족은 부모 중 어느 한쪽 이상이 외국인 부모인 가정을 말한다(김애란 외, 2015). 결혼이민자 또는 귀화 허가를 받은 자와 출생 시부터 대한민국 국적을 취득한 자로 이루어진 가족, 국제 결혼 가정과 귀화한 이주 노동자 가족 등을 말한다. 다문화가족의 자녀는 여성 결혼이민자의 자녀가 대부분이며, 조선족과 중국 한족 출신이 가장 많고 베트남, 일본, 필리핀의 순서로 많다.

(2) 다문화가족의 실태

2021년 다문화 가구 수는 총 346,017가구이며, 유형별로 살펴보면, 전체 다문화가족 중 결혼이민자 가구는 82.4%이며, 기타 귀화자 가구는 17.6%이다. 다문화가구의 가구 구성을 살펴보면, 전체 가구 중에서 가장 큰 비중을 차지하는 것은 부부와 자녀로 이루어진 가구로 전체의 35.5%가 여기에 속한다. 다음으로 비중이 높은 유형은 부부만으로 이루어진 부부 가구로 30.0%이다. 그 뒤로는 한부모가구 10.9%, 1인 가구 8.3% 순이다. 부부 가구의 비중이 2018년 17.0%에 비해서 13% 증가하였다. 무자녀 가구가 42%로 2018년보다 5.3% 증가하는 등 무자녀 가구 수가 지속적으로 증가하고 있다.

표 4-3 다문화가족의 자녀 연령 (2018, 2021)

(단위 : %, 가구)

	결혼이민자	기타귀화자	전체
2018년	85.7	14.3	100.0
2021년	82.4 (285,006)	17.6 (61,012)	100.0 (346,017)

표 4-4 다문화가족의 가구 구성 (2018, 2021)

(단위 : %, 가구)

	본인+자녀	배우자+자녀	본인	부부+자녀+배우자 부모 형제	부부+자녀+본인 부모 형제	부부+배우자 부모 형제	부부+본인 부모 형제	부부+자녀	부부	기타	합계
전체 (2015)	4.0	0.8	6.6	9.6	3.0	2.3	0.4	46.0	21.8	5.5	100.0
전체 (2018)	6.8	5.4	14.4	7.7	2.9	1.4	0.3	34.0	17.0	10.3	100.0
전체 (2021)	3.1 (10,584)	7.8 (26,921)	8.3 (28,552)	5.1 (17,665)	1.5 (5,280)	1.9 (6,431)	0.3 (915)	35.5 (122,875)	30.0 (103,661)	6.7 (23,133)	100.0 (346,017)

출처: 여성가족부(2022). 전국다문화가족실태조사

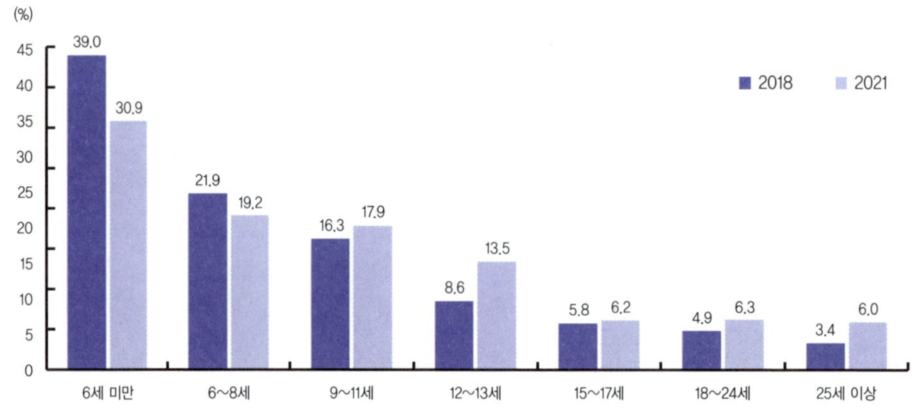

출처: 여성가족부(2022). 전국다문화가족실태조사

그림 4-4 다문화가족의 자녀 연령(2018, 2021)

다문화가족의 평균 자녀 수는 0.88명으로 지속적으로 하락하고 있다. 평균 연령은 9.93세이며 무자녀 비중이 42.0%로 지속적으로 상승하고 있다. 8세 미만의 비율이 줄고 9세 이상의 연령 비율이 증가하고 있다. 이는 자녀 연령의 증가는 국제결혼 감소 추이의 영향으로 보이며, 다문화가족 내 출산 건수가 점차 줄어드는 추세를 반영하면, 향후에도 자녀의 평균 연령은 점차 증가할 것으로 보인다.

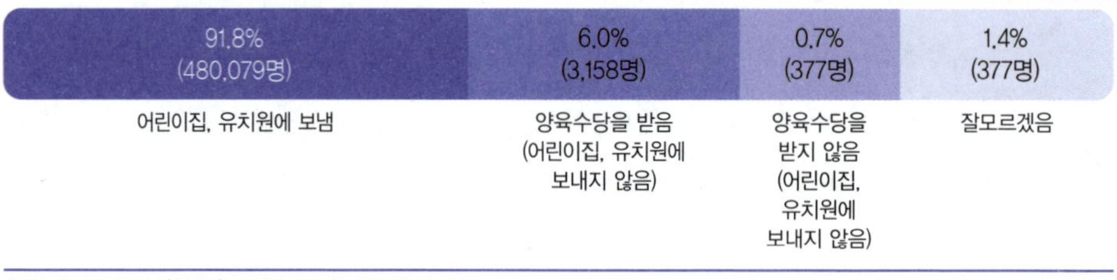

출처: 여성가족부(2022). 전국다문화가족실태조사

그림 4-5 다문화가족의 만 5세 이하 미취학 자녀 돌봄 유형

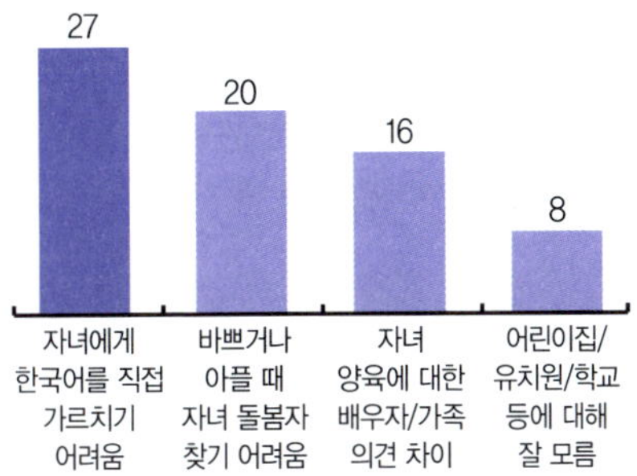

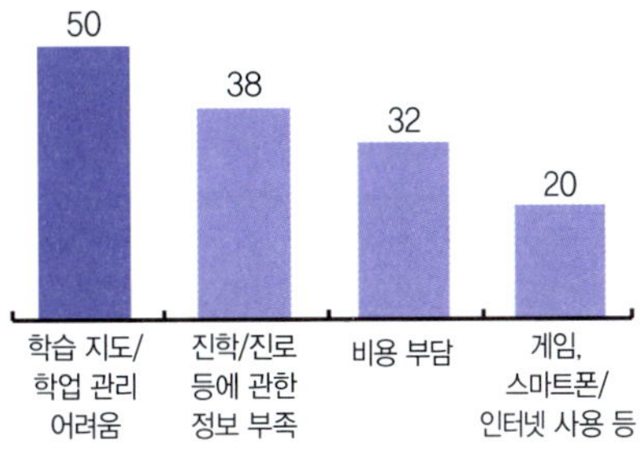

출처: 여성가족부(2022). 전국다문화가족실태조사

그림 4-6 결혼 이민자, 기타귀화자의 만 5세 이하 자녀의 부모로서 가장 어려운 점

그림 4-7 결혼 이민자, 기타귀화자의 만 6세 이상 자녀의 부모로서 가장 어려운 점

다문화가족의 자녀돌봄유형 조사한 결과, 만 5세 이하 미취학 자녀 중 91.8%는 어린이집·유치원에 다니고 있으며, 6.0%는 돌봄시설에 자녀를 보내지 않은 채 양육수당을 받고 있고, 돌봄시설에 보내지 않으면서 양육수당도 받지 않는 가구는 0.7%로 조사되었다.

다문화가족의 자녀 양육의 어려움으로는 만 5세 이하 자녀 양육의 경우 '한국어를 직접 가르치기 어려움'이 27%로 가장 높았다. 다음으로 '바쁘거나 아플 때 자녀 돌봄자 찾기 어려움' 20%, '자녀 양육에 대한 배우자, 가족 의견 차이' 16% 등의 순이었다.

만 6세 이상 자녀의 경우 응답자의 50%가 '학습 지도, 학업 관리 어려움'을 꼽았으며, '진학, 진로 등에 관한 정보 부족' 38%, '비용 부담' 32%, '게임, 스마트폰, 인터넷 사용 등' 20% 순이었다.

(3) 다문화가족이 당면하고 있는 문제(김미경, 나유미, 이혜정, 2015)

우리 사회는 단일민족이라는 의식이 강하게 자리 잡고 있어, 서로 다른 문화와 가치를 가진 외국인이나 다문화 배경을 가진 사람들에 대한 포용성이 부족하다. 이러한 태도는 다문화가족 아동이 사회의 일원으로 성장하고 적응하는 데 있어 다양한 어려움을 초래한다.

① 양육의 책임에 대한 부담감

다문화가족의 결혼 이주 여성들은 한국 사회에 적응이 되기 전에 출산과 육아를 경험하는 경우가 많아 자녀 양육에 혼란이 가중될 수 있다. 또한 양육의 책임이 어머니에게 있는 사회적 분위기에 따라 양육이 부담감과 어려움을 느낄 수 있다. 다문화가족 어머니의 경우 자녀에 대한 적절한 양육 및 교육법을 모르거나 문화적 차이로 인한 가족과의 양육 방식의 차이, 사회적 지지 체계의 부족, 자녀 양육의 지원자가 부족한 문제에 직면하게 된다.

② 언어소통의 문제

다문화가족은 문화적 차이와 언어소통 문제로 인해 부부 간 갈등에 쉽게 노출되어 있다. 문화적 차이에서 오는 인식 차이의 문제와 더불어 가족 내 이중문화와 언어장벽으로 생기는 의사소통의 문제로 갈등을 해결하지 못하는 경우가 많다. 이러한 부모 간의 갈등은 자녀에게 정서적 부담을 가중시키며, 가정 내 안정감을 저해한다. 또한 한국어가 서툰 부모는 자녀의 언어 발달을 돕지 못하고, 학습지도에 어려움을 느낄 수 있으며, 자녀는 이런 부모를 부끄럽게 여기게 되는 상황이 발생한다.

③ 빈곤 문제

다문화가족의 빈곤 문제는 다문화가족의 자녀가 경제적 어려움 속에 노출되어 있음을 의미한다. 많은 다문화가족은 사회경제적으로 취약한 계층으로 자녀 양육의 어려움을 겪으며, 이를 통해 자녀에게 부정적 영향을 주게 된다. 경제적 빈곤은 사교육비와 양육비의 부담으로 이어져 자녀의 성장과 발달에 필요한 지원을 충분히 하지 못하게 되며, 이는 다문화 부모의 부담감으로 이어질 수 있다.

- 다문화가족에 대한 정부의 지원: 다문화가족의 종합적 생활개선, 부모를 위한 한국 적응 지원, 부모 역할 수행, 임신·출산 지원, 아동수당 및 보육료 지원 등

(4) 다문화가족의 자녀 양육 시 고려해야 할 사항

① 언어적 자극

다문화가족 자녀의 한국어 능력 향상을 위해 충분한 언어적 자극을 제공하는 것이 필요하다. 일반 한국아동보다 다문화가족 아동의 언어 발달이 지연되고 있는 현실에서 낮은 언어 발달은 인지발달에도 부정적인 영향을 미친다. 다문화가족 자녀를 위해 언어 및 학습능력 증진, 학력 증진, 인지능력 향상, 아동발달 지원 서비스를 제공해야 한다. 또한 자녀의 양육이 어머니에게 의존하는 비율이 높은 현실에서 한국어 능력이 낮은 다문화가정 어머니를 대상으로 한국어 교육 및 부모교육이 이루어져야 한다. 즉, 부족한 언어적 자극을 보완할 수 있는 상호작용의 방법, 기술 습득을 통한 다문화가족의 부모·자녀 관계를 증진시키기 위한 노력이 필요하다.

② 다른 가족 구성원의 지원

한국인 부모 및 조부모가 양육에 적극적으로 참여하여 외국인 부모가 해 주지 못하는 것을 채워 주어 양육의 결손을 줄여야 한다. 자녀 양육은 엄마의 몫이라는 생각에서 벗어나 다문화가족의 자녀가 자존감을 바탕으로 긍정적인 사회관계를 형성할 수 있도록 한국인 부모 및 조부모의 조력이 필요하다.

③ 다문화가족 연결망 구축

다문화가족의 부모 모임을 통해 자녀 양육에 대한 정보를 공유하고, 문화의 차이에서 오는 어려움에 대해 공감하고 위로해 줄 수 있는 연결망을 구축해야 한다. 이를 통해 서로 도움을 주고받으며 자녀 양육과 학업에 도움을 주고, 한국 사회의 안정적인 정착을 도울 필요가 있다.

④ 서로의 문화에 대한 이해

다문화가족의 부부가 서로의 문화에 대해 이해하고 배우는 기회를 제공하여 문화적 괴리감을 해소해야 한다. 안정적이고 편안한 가족 분위기는 다문화가족 자녀의 성장과 발달에도 긍정적인 영향을 미칠 수 있으므로 매우 중요하다.

⑤ 긍정적인 사회적 분위기와 지원

다문화가족에게 우리 문화와 일방적인 동화를 강조하는 차별적 태도는 사회적 갈등을 초래할 수도 있다는 문제인식을 가질 필요가 있다. 다문화에 대해 부정적인 사회 인식으로 자신이 다문화가족의 아이임을 감추려고 하는 등 소극적인 행동을 보이기도 한다. 이러한 부정적 인식은 또래들과 활발한 관계 형성이 필요한 아동기에 따돌림을 받을 수 있으므로 다문화가정 유아의 권리 보장이 이루어져야 하며 교육현장에서는 아동 중심적 개별화 교육이 이루어져야 한다.

깨알정보 부모교육

'다문화 지원 강화하는 정부…
교육활동비 지원, 이중언어 강화'

여성가족부 다문화가족 지원 주요 사업내용

<table>
<tr><th colspan="2">구분</th><th>사업명</th><th>사업내용</th></tr>
<tr><td rowspan="9">결혼 이민자</td><td>입국 전</td><td>현지사전교육</td><td>입국 전 한국문화, 생활정보 등 현지사전교육을 제공해 안정적인 결혼생활 및 조기정착 지원</td></tr>
<tr><td rowspan="4">입국 초기</td><td>다누리콜센터</td><td>베트남어, 중국어, 러시아어, 영어 등 13개국 언어로 24시간 한국생활 및 체류 관련 상담 지원</td></tr>
<tr><td>가족센터 운영 (기본사업)</td><td>다문화가족 의사소통 및 가족관계 향상 프로그램, 다문화 이해교육 등 분야별 교육과 상담 프로그램 운영</td></tr>
<tr><td>통번역서비스</td><td>입국 초기 공공기관 이용 등 의사소통 지원</td></tr>
<tr><td>찾아가는 한국어·부모교육</td><td>지역적 여건 등으로 센터 이용이 어려운 다문화가족을 대상으로 부모교육, 한국어 교육 등 맞춤형 서비스</td></tr>
<tr><td rowspan="3">장기 정착</td><td>한국어교육</td><td>지역수요를 반영해 결혼이민자 및 중도입국자녀에게 한국어능력시험 읽기, 쓰기, 듣기 등 교육과정 운영</td></tr>
<tr><td>자립지원</td><td>학부모 준비, 직업탐색, 지역기관 활동 등 결혼이민자에게 능동적인 미래설계 프로그램 지원</td></tr>
<tr><td>직업훈련</td><td>가족센터와 새일센터 등이 협업해 결혼이민자 특성을 반영한 맞춤형 직업훈련과정 운영</td></tr>
<tr style="display:none"></tr>
<tr><td rowspan="6">다문화 가족 자녀</td><td rowspan="2">영유아</td><td>언어발달</td><td>다문화가족 자녀의 언어발달 상태를 평가하고, 의사소통에 어려움이 있는 아동에게 언어교육 실시</td></tr>
<tr><td>찾아가는 자녀생활지도</td><td>독서코칭, 발표토론, 숙제지도 등 다문화가족 자녀의 자아·정서·사회성 발달 지원</td></tr>
<tr><td rowspan="4">학령기</td><td>기초학습 지원</td><td>초등학교 입학 전후 아동에게 읽기, 쓰기 기초학습지원</td></tr>
<tr><td>진로설계 지원</td><td>학령기 다문화가족 자녀에게 청소년상담사를 통한 심리상담 및 진로탐색 지원</td></tr>
<tr><td>교육활동비</td><td>저소득 다문화가족의 7~18세 자녀 대상 교재 구입, 독서실 이용 등 활용할 수 있는 교육활동비 지원</td></tr>
<tr><td>이중언어 역량강화</td><td>부모코칭, 부모-자녀 상호작용 프로그램 지원 및 자녀 대상 이중언어 직접학습 지원</td></tr>
</table>

자료: 여성가족부

4) 맞벌이가족

(1) 맞벌이가족의 정의

맞벌이가족은 부모가 모두 직업을 가지고 있는 가정을 말한다. 대가족 사회였던 우리나라는 맞벌이가족의 자녀들을 한 집에 거주하는 다른 가족들이 대신 양육해 주는 것이 일반적이었으나 핵가족화로 변화된 사회에서는 대리 양육자의 부재, 자녀 돌봄 시간의 부족 등 여러 가지 이유로 자녀 양육의 어려움을 겪고 있다.

현대사회에서는 경제적 필요와 개인적 성취동기 등의 이유로 여성의 취업률이 증가 되었다. 이에 따라 맞벌이가족이 증가하고 있으며, 맞벌이가족은 크게 생계유지형 맞벌이가족과 내조형 맞벌이가족, 자아 실현형 맞벌이가족, 여가 활용형 맞벌이가족으로 나눌 수 있다(정옥분 외, 2006).

- 생계유지형 맞벌이가족: 경제적 필요에 의해 기혼 여성이 취업하는 경우이다.

예시

사랑 씨 부부는 고졸 학력의 맞벌이 부부로, 사랑씨는 식당 주방에서 일하고 남편은 건설 현장에서 일합니다. 세 아이의 양육비와 월세 부담으로 인해 두 사람 모두 쉬는 날 없이 일해야 생활이 유지됩니다.

- 내조형 맞벌이가족: 생계 위협은 받지 않으나 가족의 보다 나은 경제적 안정을 위해, 또는 남편의 학업이나 출세 등을 위해 여성이 경제활동에 참여하는 경우로 나누어진다.

예시

현지 씨는 남편이 행정고시에 도전하는 동안 회사원으로 일하며 가계를 책임지고 있습니다. 본인의 경력이나 자아실현보다는 가족의 미래를 위한 투자로 받아들이고 있습니다.

- 자아실현형 맞벌이가족: 여성 자신의 자아를 실현시키고 평등한 부부관계를 정립하기 위한 유형이다.

예시

혜원 씨는 결혼 이후에도 디자인 분야에서 꾸준히 일하고 있으며, 자신의 직업적 성취를 통해 보람을 느낍니다. 남편 역시 가사와 육아를 함께 분담하며 상호 존중하는 관계를 유지합니다.

- 여가 활용형 맞벌이가족: 육아나 가사, 건강 등으로 종일 취업이 힘든 경우 사회경험이나 여가 활용, 사회 기여 등을 위해 취업하는 형태를 말한다.

예시

서현 씨는 자녀들이 초등학교에 들어간 후 오전 시간에만 문화센터 강사로 활동합니다. 경제적 이유보다는 사회와의 연결, 자아 만족을 위한 활동입니다.

(2) 맞벌이가족의 실태

2021년 「지역별고용조사」에서 18세 미만 자녀를 양육하는 가구는 총 229만 9,000가구이며 이는 39.5%에 해당한다. 2015년과 2021년을 비교하면 전체 맞벌이 가구 중 18세 미만 자녀가 있는 비율은 41.5%에서 39.5%로 조금 감소하였다.

자녀 연령별로 비교해 보면, 13~17세 자녀가 있는 가구의 60.5%, 7~12세 자녀가 있는 가구의 55.5%, 6세 이하 자녀가 있는 가구 중 7.3%가 맞벌이였다. 즉, 막내자녀가 영유아인 경우보다는 초등학생인 경우, 초등학생인 경우보다는 중·고등학생인 경우 맞벌이가 차지하는 비율이 높았다. 자녀의 연령이 낮을수록 맞벌이 비중이 상대적으로 낮았는데, 이는 출산 직후 여성의 경제활동이 제한적으로 이루어지고 있는 현상을 반영하는 결과로 보인다.

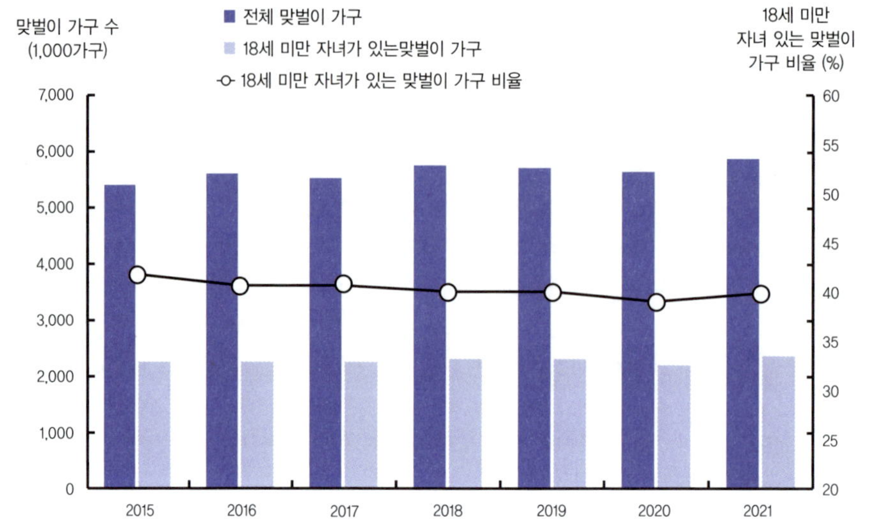

출처: 통계청(2021). 지역별고용조사

그림 4-8 18세 미만 자녀가 있는 맞벌이 가구의 비중 (2015~2021)

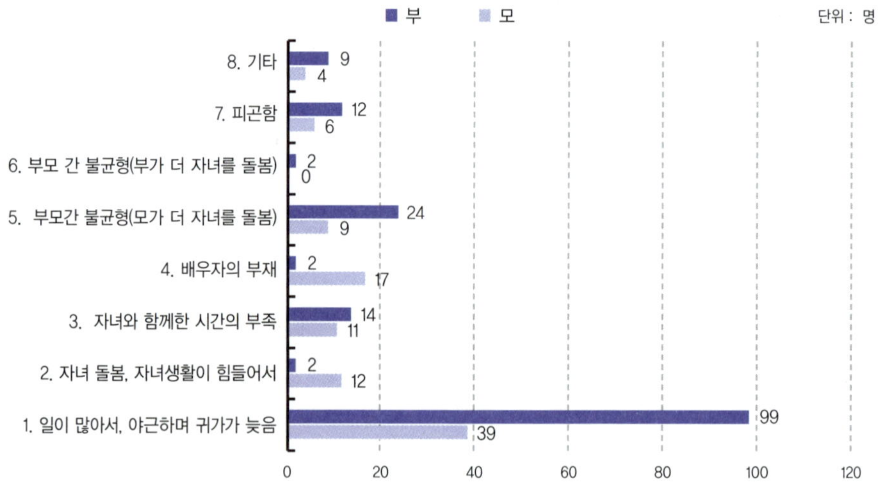

출처: 육아종합지원센터(2020). 맞벌이 가구의 일·가정 양립을 위한 육아지원 방안 연구

그림 4-9 맞벌이 부와 모의 일, 가정 양립 불만족 사유 별 응답수

전체 응답으로 볼 때, 업무가 과중하고 야근이 잦아 일·가정 양립이 어렵다고 보고한 경우가 52.7%(138사례)로 가장 많았다. 뒤이어 '부모 간 불균형(모가 더 자녀를 돌봄)', '자녀와 함께한 시간이 부족', '피곤함', '자녀 돌봄, 가정생활이 힘들어서' 순으로 응답 비율이 줄어들었다. 맞벌이 부의 응답이 맞벌이 모를 앞서는 사유는 '일이 많아서, 야근하여 귀가가 늦음', '부모 간 불균형(모가 더 자녀를 돌봄)', '자녀와 함께한 시간이 부족', '피곤함'으로 나타났다. 반대로 맞벌이 모가 맞벌이 부보다 상대적으로 많이 언급한 사유 '배우자의 부재', '자녀 돌봄, 자녀생활이 힘들어서'였다.

(3) 맞벌이가족이 당면하고 있는 문제

맞벌이가족의 부모와 자녀가 경험하게 되는 문제를 살펴보면 다음과 같다.

① 죄책감과 좌절감

사회적 분위기와 시대의 변화에 따라 여성의 취업률은 증가하였으며, 이에 따라 남녀의 역할 구분이 사라졌다고 하나 여전히 우리 사회는 자녀 양육의 일차적인 책임은 어머니에게 있다고 생각하고 있으며, 맞벌이여성에게도 이를 기대한다. 사회적인 분위기와 기대에 따라 맞벌이여성은 경제활동과 양육을 병행하면서 어머니로서의 역할을 다하기 위해 최선을 다하나 전업주부에 비해 투자할 수 있는 시간과 에너지가 한계가 있어 죄책감과 좌절감을 느끼기 쉽다.

② 일과 양육의 스트레스

맞벌이여성은 가족생활의 유지에 중점을 두고 직업을 선택하는 경우가 많다. 직장과 가정을 양립할 수 있는 근무시간이 유연하고, 복지제도가 잘 되어 있는 직장을 선택한다(김애란, 2010). 하지만 직장 일로 양육에 문제가 발생하거나 육아로 인해 직장 일에 문제가 발생하게 되면 극심한 스트레스를 경험하게 된다.

③ 과중한 가사 노동

사회적 분위기에 따라 양육과 가사는 여전히 맞벌이여성의 몫이며, 이로 인해 여성들은 퇴근 후에도 가사를 담당하게 되어 휴식을 취하거나 여가 시간을 갖기가 쉽지 않고 나아가 결혼생활에 회의감을 느끼기도 한다.

④ 대리 양육자에 대한 불안감

대리 양육자가 양육에 대해 어떠한 소양을 갖추고 있는지에 대한 명확한 검증과 확신이 없는 상태에서 자녀를 맡겨야 하는 경우에 맞벌이부모는 불안감을 느낄 수 있다. 또한 실제로 대리 양육자가 제 역할을 다 하지 못하면 자녀의 발달에 부정적인 영향을 미치고 잦은 대리 양육자의 교체는 자녀에게 심리적 불안감을 느끼게 할 수 있다.

⑤ 성역할 고정관념에서 벗어남

맞벌이가족의 부모 모두 직장을 다니기 때문에 맞벌이가족의 자녀는 성역할에 대한 고정관념을 가지지 않는다. 어머니가 자신의 직장에 만족하고 자부심을 가진다면 자녀도 직장에 다니는 어머니를 자랑스럽게 생각할 수 있다.

⑥ 독립적이며 어른스러움

맞벌이가족의 자녀는 부모 없이 자신이 스스로 해야 할 일이 많아짐에 따라 독립적인 성향을 가지게 되며, 동생이 있을 경우 동생 돌보기 등 어른의 역할을 수행하는 경험을 통해 또래에 비해 어른스러움을 강요당할 수도 있다.

⑦ 물질 위주의 사고

맞벌이가족의 부모는 함께 해 줄 수 있는 시간의 부족에 대해 죄책감을 가지게 되고 이로 인해 자녀의 요구를 무조건 들어주는 경향이 있다. 자녀의 요구를 무조건 들어주게 될 때 버릇이 없어지거나 물질 위주의 사고를 가지게 되므로 주의를 기울여야 한다.

(4) 맞벌이가족의 자녀 양육 시 고려해야 할 사항

맞벌이부모는 맞벌이라는 현실을 긍정적으로 인식하고 자녀로 하여금 부모의 일을 자랑스럽게 여기도록 노력해야 한다.

① 자녀와의 시간 확보

자녀와 함께 할 시간의 양을 최대한 확보하고 질적인 상호작용을 하려고 노력한다. 부모가 함께해 줄 수 없는 것에 대한 미안한 마음보다는 자녀와 있는 동안에는 자녀에게 충실하여 짧은 시간이라도 온 가족이 함께 행복한 시간을 보내도록 노력하는 것이 필요하다.

② 질적으로 좋은 대리 양육자 확보 및 협력

질적으로 좋은 대리 양육자를 구하기 위해 노력해야 한다. 대리 양육자는 자녀를 자기 자식처럼 돌보아주는 품성을 가지고 있는지의 여부가 중요하고 좋은 대리 양육자와 함께 지내는 자녀는 격리 불안을 적게 느낀다. 부모는 대리 양육자와 협력하여 일관성 있고 안정적인 양육을 실천한다.

③ 자녀의 마음 헤아리기

부모로서 죄책감을 느껴 물질적 보상을 해서는 안 된다. 자녀에 대한 미안한 마음으로 자녀에게 지나치게 관대하거나 물질적 보상을 하는 것은 자녀의 성장에 불리한 요인이 될 수 있다. 물질적 보상보다는 항상 자녀와의 따뜻한 정서적 유대관계를 맺도록 노력하는 것이 중요하다.

④ 부부간 협력

부부 두 사람이 공평하게 가사 노동을 분담하여 자녀 양육에 할애할 시간을 늘린다. 부인은 남편의 지지와 도움을 적극적으로 활용하고, 가사와 자녀 양육을 적절히 분담하여 협력한다.

⑤ 부모의 자존감 향상

부모는 자신의 자아개념과 자기 존중감을 높이기 위해 노력해야 한다. 자신이 하는 일에 최선을 다하고 자부심을 가진다면, 자녀에게도 긍정적인 영향을 미치게 된다.

⑥ 사회의 지원

맞벌이가족의 자녀 양육을 위한 사회적인 지원이 필요하다. 개인 양육서비스나 기관서비스를 편하게 이용할 수 있도록 지원하고 대리 양육자가 이용할 수 있는 아동발달 프로그램, 양육 스트레스 완화 프로그램 등을 제공해야 한다.

5) 조손가족

(1) 조손가족의 정의

조손가족은 조부모(1세대)와 손자녀(3세대)로 구성된 가족 형태를 말한다. 그리고 부모세대(2세대)가 부재하거나 생존해 있어도 그 역할을 제대로 수행하지 못하는 가정도 조손가족이라 한다. 조손가족의 형성되는 원인은 '부모의 맞벌이, 이혼, 가출, 약물중독, 질병, 사망' 등 다양한 이유에서 비롯된다. 이로 인하여 조부모가 손자녀 양육의 일차적 책임자가 되어 손자녀와 동거하는 가족을 말한다. 실업률과 이혼율의 증가, 여성의 사회진출 확대는 이혼가정의 자녀 양육 문제로 이어지며, 이혼 후 생계를 위해 부모세대(2세대)의 자녀 양육이 어려운 상황이다.

부모가 직접 양육하지 못하는 상황을 해결하기 위해 노년의 부모에게 자녀를 위탁하는 사례가 증가할 수밖에 없고, 이는 곧 조손가정의 증가라는 결과를 가져왔다(여성가족부, 2010). 조손가족의 유아들은 부모와 함께 자라는 유아들보다 의사소통 능력과 지적 능력이 낮다는 보고도 있다.

(2) 조손가족의 실태

우리나라 조손가족의 절반 이상(64.5%)이 손자녀 친부모의 '부모의 별거 또는 이혼'에 의한 양육이 차지하고 있고, 손자녀 부모의 가출 또는 생사불명으로 인해 양육하게 된 조부모가 71명(20.3%)으로 두 번째로 많이 응답되었다. 또한 자녀 부모의 사망이 18.1%(63명), 손자녀 부모의 실직 등 경제적 어려움이 15.5%(54명)로 상대적으로 높은 비중을 차지하였다 이런 현상은 우리나라의 이혼율이 해마다 증가하는 추세라는 점을 고려할 때, 향후 조손가족의 증가 가능성이 상대적으로 높아질 수 있다는 점을 시사한다.

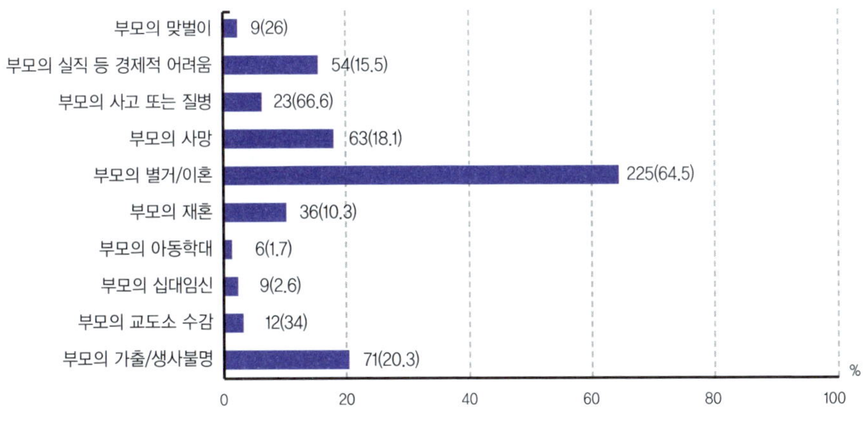

출처: 세이브더칠드런(2021). 조손가족 실태조사 연구보고서

그림 4-10 손자녀 양육 이유 (중복응답)

표 4-5와 같이 손자녀 양육이 어려운 1순위 상황으로는 교육비 부족이 41.8%, 손자녀의 학습 지도 13.8%로 나타나 과반 이상인 55.6%를 차지하였다. 2순위로 가장 높게 응답된 것은 손자녀의 학습 지도와 나의 체력의 한계였으며, 22.2%로 동일한 수준으로 조사되었다. 3순위로 응답된 어려움 가운데 가장 높은 비중을 차지한 것은 나의 체력의 한계로 22.4%이었으며, 다음으로 손자녀의 학습 지도가 16.9%로 응답 되었다. 기타에 직접 기술된 양육의 어려움으로는 경제적으로 힘들어 생활비나 양육비, 손자녀 의복비가 부족한 것이라는 응답이 많았다.

결과적으로 조부모들은 손자녀를 양육하면서, 경제적 어려움으로 인한 교육비 부족, 고령으로 인한 학습 지도의 어려움과 체력적 한계를 느끼며 힘들어하는 것을 알 수 있었다.

표 4-5 손자녀 양육 애로사항

단위 : 명(%)

구분	1순위(n=349)	2순위(n=347)	1순위(n=343)
교육비 부족	146(41.8)	50(14.4)	29(8.5)
손자녀 식사 챙기기	24(6.9)	49(14.1)	37(10.8)
손자녀의 학교생활 (교사와 관계 등)	16(4.6)	20(5.8)	20(5.8)
손자녀의 학습 지도	48(13.8)	77(22.2)	58(16.9)
손자녀의 반항	15(4.3)	15(4.3)	23(6.7)
손자녀와 대화 단절	8(2.3)	10(2.9)	16(4.7)
손자녀의 건강 문제	24(6.9)	27(7.8)	24(7.0)
손자녀의 금전 요구	14(4.0)	13(3.7)	25(7.3)
나의 체력의 한계	39(11.2)	77(22.2)	77(22.4)
나만의 시간 부족	3(0.9)	2(0.6)	25(7.3)
기타	12(3.4)	7(2.0)	9(2.6)

출처: 세이브더칠드런(2021). 조손가족 실태조사 연구보고서

정부가 저소득층의 생활 안정을 위해 다양한 지원책을 시행하고 있지만, 조손가족의 특수한 상황을 고려할 때, 손자녀 양육을 위한 보다 적극적이고 구체적인 지원이 요구되는 이유가 여기에 있다고 하겠다.

(3) 조손가족이 당면하고 있는 문제

자녀를 대신해 손자녀를 기우는 조부모들은 다양한 어려움에 노출되며, 다음과 같은 문제를 가진다. 조손가족이 당면한 문제들을 살펴보면 다음과 같다.

① 경제적 어려움

대부분의 조부모들은 경제활동을 하지 않기 때문에 정부의 지원이나 자녀(손자녀의 친부모)가 보내주는 생활비에 의존해 생계를 유지하고 있으며, 제한된 재정 상황 속에서 성장기 손자녀에게 물질적 지원을 하며 양육하는 데에 어려움을 겪고 있다.

② 역할 변화의 어려움

일반적인 조부모는 무조건적인 사랑을 바탕으로 양육의 보조자 역할을 수행하는 것에 비해, 조손가족의 조부모는 손자녀 양육의 주된 책임자로서의 역할을 감당해야 한다. 이러한 상황에서 세대 차이와 시대적 변화에 따른 양육 방식의 차이는 조부모에게 양육상의 어려움을 가져온다.

③ 건강 문제

조부모는 노화와 질병으로 건강에 문제가 있을 수 있으며, 친부모에 비해 손자녀에게 쏟을 수 있는 에너지가 적을 수 있다. 신체적, 심리적으로 많은 노동력을 요구하는 손자녀 양육은 조부모의 더욱 악화시키거나 새로운 건강 문제를 유발하는 요인이 되기도 한다(김윤재 외, 2007).

④ 사회적 고립감

일반적인 조부모는 친구나 친척관계에서 사교활동을 추구하나, 조손가족의 조부모는 새롭게 시작되는 손자녀 양육과 가사로 인해 사회적 관계를 지속하는 데 어려움을 가진다. 이러한 활동의 제약과 사회적 고립감은 조부모에게 심리적 부담과 정서적 스트레스를 초래할 수 있다.

⑤ 정서적 문제

조손가족이 형성되기까지 조부모는 성인 자녀의 이혼, 재혼, 가출, 실종, 질병, 사망, 실직 등 부정적인 경험을 하게 되고 이러한 경험은 조부모에게 정서적 문제를 가져오게 할 수 있다.

⑥ 손자녀 발달의 부정적 영향

손자녀가 자신의 의지와는 무관하게 외부적 요인으로 인해 조부모에게 맡겨지게 될 경우, 무력감과 함께 다양한 부정적 정서를 경험할 수 있다. 특히, 자신 때문에 현재의 상황이 발생했을지 모른다는 죄의식과 수치심, 부모에 대한 원망, 조부모의 죽음에 대한 두려움 등은 자녀의 정서적 안정과 발달을 위협할 수 있다. 또한 권위적이고 통제적인 조부모와 함께 생활하는 자녀들은 공격적인 행동이 나타날 수 있으며, 애정적이고 수용적인 조부모와 함께 생활하게 되는 경우 공격성이 줄어든다. 또한 의사소통 능력과 지적 능력의 저하, 낮은 자존감과 사회성, 우울감이나 불안감의 증가 등 다양한 정서·심리적 어려움을 겪을 수 있다. 조손가족 자녀들이 겪는 어려움을 살펴보면 **표 4-6**과 같다.

표 4-6 조손가족 자녀들의 어려움

- 붕괴된 자신의 삶을 갈망하는 표현이 공격적으로 나타날 수 있음
- 의사소통 능력과 지적 능력의 결함이 나타남
- 손자녀의 발달적 필요와 자극을 채워주지 못해 낮은 사회성과 자존감, 불안감이 나타남
- 손자녀에게 허용적인 조부모로 인해 버릇이 없거나 사회적 규칙을 지키기 어려워함
- 자신으로 현재의 일이 발생되었다는 죄의식과 수치심을 가짐
- 조부모의 죽음으로 다시 혼자 남겨질 수 있다는 두려움을 나타냄

조손가족들은 노화와 질병 등 건강상의 문제와 더불어 경제적 어려움, 사회적 고립감 등 다양한 문제를 가지게 된다. 그러나 어려움 속에서도 조부모는 손자녀들과 함께 지내면서 외로움을 이길 수 있고, 삶의 보람과 생활 만족도를 높일 수 있다. 또한 손자녀는 사회적 가치관이나 예절을 익힐 수 있으며, 조부모로부터 돌봄을 받고 가족이라는 울타리 안에서 소속감을 가질 수 있다.

(4) 조손가족의 자녀 양육 시 고려해야 할 사항

조손가족의 조부모는 부모와 조부모의 역할을 동시에 해야 하기 때문에 어려움을 가지며, 이들 가족의 어려움을 극복하기 위한 사항은 다음과 같다.

① 세대 차이의 인정

조부모와 손자녀 사이의 세대 차이를 인정하고, 세대 차이에서 오는 가족 간의 단절과 소통의 어려움을 최소화하기 위해 노력해야 한다. 다양한 프로그램을 통해 손자녀의 정서와 행동, 문화를 이해하고 분노나 문제행동을 다룰 수 있는 기술을 습득할 필요가 있다.

② 친부모와 일관성 있는 양육 태도

조부모의 양육 태도와 훈육 방식이 부모와 맞지 않을 경우 자녀에게 혼란을 가져올 수 있다. 그러므로 조부모에게 자녀 양육을 맡기는 친부모는 조부모가 자녀 양

육을 하는 것에 대해 감사한 마음을 가지고, 손자녀의 양육 책임자는 친부모인 것을 기억해야 한다.

③ 사회적 지지망의 확보

조부모의 심리적, 사회적 고립감을 막고, 어려움을 개선하기 위한 프로그램 개발이 필요하며, 다양한 자원과 정보를 제공하여 신체적, 심리적 휴식을 가질 수 있도록 해야 한다. 더불어 조부모의 법적인 권한을 개선하고 강화할 필요가 있다.

우리나라의 조손가정은 경제적 어려움에 노출되어 외부의 지원을 받아야 하는 경우가 많지만, 손자녀들에 대한 양육 의지가 높고 가족 유대도 강하다는 특징을 가진다(여성가족부, 2010). 조손가족을 위한 지원 정책과 조부모의 스트레스 및 양육부담 경감을 위한 상담 및 양육지원 서비스, 재정 및 교육 지원을 통해 조부모의 불안감과 부담감을 해소시켜 줄 수 있어야 한다.

깨알정보
부모교육

조손가족 아동의 안정적 양육·성장 지원방안

소외될 수 있는 조손가족을 조기 발굴하고 안정적인 양육·성장 환경을 조성하기 위해 마련됐다. 정부는 우선 가족센터 온가족보듬사업을 통해 맞춤형 사례 관리와 생활 도움 지원 등 긴급 지원 정책을 강화하기로 했다.

조부모 미성년 자녀의 후견인을 지정하고, 조손자녀를 양육하는 조부모를 대상으로 찾아가는 상담 서비스를 지원할 방침인데, 조부모의 건강 악화 등으로 위기 상황이 발생할 경우 일시 돌봄과 활동 지원을 추진할 계획이다. 이와 함께 조손가족의 주거 안정을 위해 고령자복지주택 공급을 확대하고 한부모가족복지시설에 조손가족도 입소할 수 있도록 할 계획이다.

또, 아동 양육비 지원 단가를 올해 월 21만 원에서 내년 월 23만 원으로 인상하고, 현행 한부모가족 실태 부가 조사에 조손가족 실태조사를 추가해 2027년부터 3년 주기로 시행할 방침이다.

출처: MBC 뉴스(2023.12.26.)

조손가족지원방안 주요 내용

- 가족센터 온가족보듬사업 통해 맞춤형 사례관리·생활 동무 지원 등 긴급 지원 정책 강화
- 조부모 미성년 자녀 후견인 지정
- 손자녀 양육 조부모 대상 찾아가는 상담 서비스 지원
- 조부모 건강 악화 등 긴급·위기 상황 발생 시 일시 돌봄·활동 지원
- 조손가족 주거안정 위한 고령자 복지 주택 공급 확대 및 한부모가족복지시설 입소 허용
- 아동양육비 지원단가2024년 월 21만 원 → 2025년 월 23만 원으로 인상
- 현행 한부모가족 실태조사 부가조사에 조손가족 실태조사 추가(2027년부터 3년 주기 시행)
- 2025년 3~4월 지역 내 취약·위기 조손가족 집중 발굴 기간 운영

2. 특별한 자녀를 위한 부모 지원

1) 쌍둥이 자녀의 특성과 부모 역할

국내에서 쌍둥이 자녀의 출생은 계속 증가하는 추세이다. 이는 결혼과 출산 연령이 늦어지면서 시험관 아기 시술처럼 인공적으로 임신을 돕는 방법을 사용하는 일이 많아졌기 때문으로 보인다.

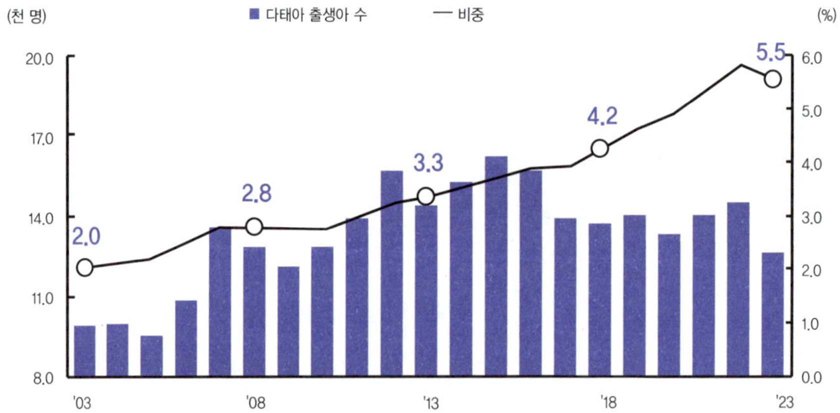

출처: 통계청(2024). 2023년 출생통계

그림 4-11 다태아 출생아 수 및 비중 추이

(1) 쌍둥이 자녀의 특성

쌍둥이들은 출생 시 대개 미숙아로 태어나는데, 이는 모체의 자궁 내에 1명의 태아와 1명분의 영양을 공급하게 되어 있으나 2인 이상이 모체에서 성장하기 때문이다. 어머니가 아무리 영양공급에 신경 쓴다고 해도 한계가 있고, 체내에 2명 이상의 태아가 완전하게 성장한다면 그 부피와 무게 때문에 모체에도 영향을 미칠 수 있다. 그러므로 출생 후 부모는 자녀의 영양공급에 각별히 신경을 쓸 필요가 있다.

쌍둥이는 환경이 비슷하여, 둘이 같은 시기에 질병에 걸릴 수 있고 이는 부모의 체력적, 정신적 스트레스로 이어질 수 있다. 또한 부모는 자녀 양육에 있어서 경제적으로 부담을 느낄 수 있으며, 자녀 또한 평생의 동반자이자 라이벌로 함께 하다 보니 서로에게 도움이 될 수도 있으나 스트레스가 될 수도 있다.

(2) 쌍둥이 자녀를 위한 부모 역할

① 쌍둥이 각각의 특성을 잘 이해하여 개별성을 존중하며 양육한다.

부모는 쌍둥이 자녀 각각의 특성을 잘 이해해야 한다. 유전적 동질성이 높다하더라도 서로 다른 인격체로써 각자의 개성과 특성을 존중하는 것이 무엇보다 중요하다.

② 각각의 자녀에게 공평한 태도를 유지한다.

일정 시기가 지나면 서열을 정리해 양육하는 것이 효과적이며 성별에 치우치거나 한쪽에 치우친 애정은 남은 아이로 하여금 낮은 자존감과 소외감을 느끼게 하므로 공평한 태도를 유지해야 한다.

③ 다양한 경험을 제공하고 사회성을 기르도록 돕는다.

같은 또래의 자녀라는 특성은 서로에게 의존하게 하여 다른 친구를 사귀는데 다소 소극적일 수 있다. 서로에 대한 친밀감을 존중하는 동시에 각자가 독립심을 갖고 개성있는 개인으로 자랄 수 있도록 지원해야 한다. 또한 다양한 경험과 다른 유아들과 어울릴 기회를 제공하여 사회성을 기를 수 있도록 도와야 한다.

④ 발달에서의 차이에 대해 개의치 않는다.

쌍둥이 자녀의 발달 상태가 각각 다를 수 있기 때문에 부모는 발달 과정에서의 차이에 대해 너무 개의치 않는다. 당연히 키, 체중, 언어, 성격 등 차이를 보일 수 있으며,

이에 대해 민감하게 반응하기보다는 각각의 특성을 인정하고 필요한 지원을 한다.

2) 외동 자녀의 특성과 부모 역할

외동이란 아동의 성에 관계없이 한 가정에 한 명의 자녀를 양육하는 것을 말한다. 저출생 현상 등으로 인해 핵가족 형태 중에서도 가장 작은 개념인 외동 가족이 증가하고 있다.

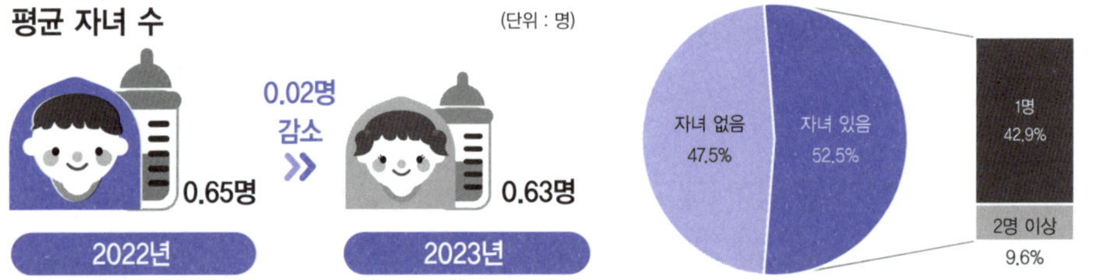

출처: 통계청(2024). 2023 신혼부부통계

그림 4-12 자녀 출산 현황

(1) 외동 자녀의 특성

부모가 자녀에게 집중할 수 있어 애정적 관계를 형성할 수 있으며, 이는 자녀가 본인의 개성을 발달시키고 자율성을 기르는 데 많은 기회를 가질 수 있어 욕구불만이 적다. 그러나 집단적인 가정생활을 경험하지 못해 타협이나 양보, 사랑과 경쟁을 적절히 대처하는 태도가 부족할 수 있으며, 함께 생활하는 성인의 폭이 좁고 친족 간의 유대감이 약할 수 있다.

(2) 외동 자녀를 위한 부모 역할

① 친족 간의 만남을 자주 가질 수 있도록 노력한다.

부모는 조부모 및 친족 간의 만남을 자주 마련하여 자녀가 전통문화의 가치를 알고 세대 간의 이해를 도모할 수 있도록 한다.

② 또래와의 사회적 경험 기회를 제공한다.

집단생활에서 양보하고 타협하며 조화를 경험할 수 있도록 사회적 경험을 제공한다. 또래와의 갈등 안에서 서로를 이해하고 배려하며, 도울 수 있는 원만한 대인관계를 형성하기 위해 친구들과 어울리는 기회를 많이 마련하도록 한다.

③ 부모가 건강한 양육 틀을 제시한다.

부모에게 의존하는 경우가 많으므로 외동 자녀의 독립심을 키우기 위해 건강한 틀을 제공하고 자율성과 함께 그 한계를 분명하게 알려주어 자녀와 부모 간의 신뢰 있는 관계를 형성할 수 있도록 한다.

3) 지적 우수 자녀의 특성과 부모 역할

(1) 지적으로 우수한 자녀의 특성

지적으로 우수한 아동은 호기심이 강해 질문을 많이 하고, 지식에 대한 욕구가 강하며, 문제해결에 대한 강한 집착력과 창의적인 해결책을 모색한다. 기억력이 뛰어나고 학습 속도가 빠르며, 단순한 과제를 여러 번 반복하는 것을 싫어하고, 자신에 대한 기대가 높다. 더불어, 리더십이 뛰어난 편이라 또래와 협동적이긴 하나, 반대로 일반학생들과 어울리는 것을 어려워하기도 한다.

(2) 지적으로 우수한 자녀를 위한 부모 역할

① 자녀의 지적 우수성을 있는 그대로 받아들인다.

자녀의 영재성을 있는 그대로 받아들이면서 일상적인 생활을 유지하도록 노력한다.

② 자녀들 간의 능력을 비교해서 언급하지 않는다.

자녀 중에는 우수한 지능을 가진 자녀도 있지만, 그렇지 않은 정상적인 지능을 가진 자녀도 있음을 유념하고 자녀들 간의 능력을 비교하지 않도록 한다.

③ 자녀의 우수한 지적 능력이 갑자기 모든 영역에서 나타나는 것은 아님을 유념한다.

영재아 중에는 정상적인 지능을 가진 아동보다 유치원이나 학교에서의 과제나 학습에서 어떤 영역에서는 기대한 것에 못 미치는 경우도 있다.

④ 우수한 지적 능력을 가진 자녀의 질문에 직접적인 대답을 하기보다는 문제해결을 위한 탐색의 계기로 활용한다.

우수한 지적 능력을 가진 아동은 가끔 부모나 주위의 어른들이라도 쉽게 대답해낼 수 없는 수준의 질문을 해서 당황하게 되는 수도 있다. 부모는 이러한 질문들을 자녀가 가진 무한한 호기심과 폭넓은 흥미를 탐색하는 좋은 기회로 활용할 필요가 있다.

⑤ 자녀의 지적 수준을 파악하고 그에 적합한 과제를 제시한다.

자녀가 영재아라고 하더라도 발달 과정에 있으므로 자녀의 현재 능력 수준보다 지나치게 높고 어려운 과제는 오히려 좌절감과 실패감을 줄 수 있음을 기억해야 한다.

⑥ 자녀의 창의성을 길러 주기 위한 활동 기회를 제공한다.

자녀의 창의성을 기르기 위해 가능하면 가정에서는 다양한 장르의 도서, 디지털 콘텐츠와 창의적 소프트웨어(예: 코딩 앱, 디자인 프로그램), 미술자료, 음악자료, 운동자료, 놀잇감, 게임 등 다양하고 개방적인 자료를 풍부하게 제공한다.

⑦ 자녀의 또래 관계에 관심을 가진다.

우수한 지능을 가진 자녀는 같은 연령의 또래들과 함께 상호작용하고 놀 수 있는 기회가 충분하지 못하다는 문제점을 가지므로 또래와 어울릴 수 있는 기회를 제공하고 자녀의 또래관계에도 관심을 가진다.

⑧ 교사와의 긴밀한 협조를 유지한다.

남들보다 뛰어난 능력을 가지고 있다는 사실이 자녀를 힘들게 하는 경우도 있으므로, 교사와의 긴밀한 관계를 통해 가정과 기관에서의 정보를 교류하여 자녀 양육에 도움을 주고받을 수 있도록 한다.

4) 지적장애 자녀의 특성과 부모 역할

(1) 지적장애 자녀의 특성

심한 발달상의 지체가 없는 한 유아기에는 쉽게 지적장애를 정상아와 구분하지 못하는 경우가 있다. 지능의 지체는 염색체 이상 등 유전적인 것일 수도 있고 임신 중 태내 발달 과정에서 일어난 내적, 외적 문제로 인해 발생된 것일 수도 있으며, 출생 후에 사고나 질병 등으로 인해 뇌세포나 대뇌피질의 손상에서 비롯된 것일 수도 있다. 이러한 원인으로 정상적인 인지발달이 진행되지 못하고 지적 기능이 지체되어 학습이 지연된다.

(2) 지적장애 자녀의 부모 역할(Raver, 1999)

① 지적장애 자녀를 위한 가장 기본적인 학습목표는 자조 능력을 기르는 것으로 한다.

아동이 일정한 연령이 되면 가능한 한 대소변을 가리거나 혼자 식사를 하고 옷을 갈아입는 등의 자조 능력을 갖춤으로써 스스로 자기를 보살필 수 있는 능력을 기르는 것이 중요하다. 이는 앞으로 자녀가 독립적인 인간으로 자립할 수 있도록 하는 기초가 되므로 부모는 자녀의 발달단계에 맞는 간단하고 구체적이며 반복적인 방법으로 자조 능력을 서서히 도입하여 익히도록 돕는다.

② 부모는 지적장애 자녀가 관심과 흥미를 보이는 사물이나 활동에 민감하게 반응을 보이고 이를 자녀와의 상호작용의 기회로 활용한다.

언어적인 발달이 미흡한 지적장애 자녀들은 관심을 가지는 사물이나 활동이 있으면 울음이나 다른 신체적 방법들을 통해 관심을 표현한다. 이러한 신호를 민감하게 관찰하여 반응해 준다면 자녀와 부모 간의 긍정적인 상호작용의 기회가 될 수 있다.

③ 부모는 지적장애 자녀의 언어능력을 증진시키도록 도와주어야 한다.

지적장애 자녀의 언어 발달은 느리지만 계속 이루어지고 있다는 확신을 가지고 일상생활에서 자연스럽게 자녀의 언어능력 증진에 힘을 기울여야 한다. 자녀의 언어적 표현이나 응답이 정확한 발음이나 어휘를 사용하지 않더라도 어떠한 형태로든 표출될 수 있도록 기다려주고, 차츰 단어의 수를 높여 언어를 사용할 수 있도록 도와준다.

④ 하루의 일과를 정해서 아동이 예측 가능하도록 하고 가능한 한 급속한 일과의 변화나 가감을 최소화한다.

정해진 일과가 반복적으로 진행될 때 지적장애 자녀들은 정서적으로 안정감을 가지고 일과를 소화해 낸다. 갑자기 일과가 변화되면 아동은 재빨리 적응하지 못하고 거부감을 가지고 저항하거나 고집을 부리는 등 문제행동을 보일 수 있으므로 안정적인 일과가 이루어지도록 한다.

⑤ 부모는 자녀가 한 가지씩 과제를 반복해서 학습할 수 있는 기회를 마련해 준다.

부모는 인내심을 가지고 단순한 규칙이나 과제일지라도 반복해서 여러 번 가르쳐주어 자녀가 확실히 이해할 수 있을 때까지 계속해서 학습하도록 하고, 한 가지 과제를 완성하는 데 충분한 시간적 여유를 주도록 한다.

⑥ 자녀가 성공적인 경험을 많이 할 수 있도록 한다.

지적 발달이 지체되어 있는 자녀의 심리적 안정감을 위하여 가능한 한 성공적인 경험을 많이 가지도록 기회를 제공한다. 이를 위해서 배워야 할 학습 과제와 지도 방법을 특별히 자녀의 수준에 알맞게 마련한다. 학습에 사용될 자료는 딱딱하게 정해진 틀에 맞춘 교재보다는 주위 환경에서 흔히 대할 수 있는 익숙한 자료나 놀잇감을 활용하여 자녀가 자연스럽고 재미있게 활동을 하도록 한다. 이러한 경험은 자녀의 긍정적인 자아개념을 발달시키는 데 도움이 된다.

5) 자폐아 자녀의 특성과 부모 역할

(1) 자폐아의 특성

자폐증은 그 증상이 완전히 없어지도록 만드는 특수요법이나 치료 방법이 아직 없으며, 자폐아는 친구들에게 관심이 전혀 없거나 매우 적은 특성을 가진다. 또한 다른 사람과 함께 어울리는 집단 활동에 참여하지 않고 눈을 마주 바라보는 것을 기피하며, 낯익고 친근한 사람에게도 미소를 짓지 않고 가족이나 타인이 옆에 있어도 전혀 의식하지 않는 것처럼 보이는 특성이 있다.

(2) 자폐아 자녀의 부모 역할

① 각 전문가들의 도움과 지원을 적극적으로 모색한다.

자폐증은 발달 전반에 걸친 장애를 가지고 있으므로 의학, 교육, 심리, 사회, 가정, 언어치료 등 다방면에 도움이 필요하다.

② 자녀의 자폐 성향에 대한 전문 기관의 진단과 분석이 필요하다.

교육과 치료를 시작하기 전 정확한 진단과 교육적인 평가가 필수적이다.

③ 조기 발견과 조기 치료가 가장 중요하다.

자폐아의 조기 발견을 위해 부모와 교사 간의 긴밀한 협조가 필요하다.

④ 자폐 성향을 보이는 자녀의 강점을 발견하고 이를 발전시키는 데 적극적으로 돕는다.

자폐 성향의 자녀가 수용 가능한 범위 내에서 많은 자극을 주고 자폐적 세계에서 벗어나 인간과의 접촉과 교육적인 경험을 많이 쌓도록 도와주는 것이 중요하다. 자폐아가 보이는 대인관계 장애를 극복하도록 하기 위해 1대 1의 관계에서 부모는 놀이나 신체적 접촉, 눈과 눈의 접촉 등 적극적인 접근을 통해 대인관계 장애의 벽을 깨는 데 도움이 될 수 있다.

⑤ 정상 아동과의 접촉을 많이 가지도록 배려한다.

정상아와의 접촉을 통해 사회적 적응력을 높여 추후 사회생활이 가능할 수 있도록 돕고 사회적인 소통의 기회를 계속 가지게 해 줄 필요가 있다.

6) ADHD 자녀의 특성과 부모 역할

(1) ADHD의 특성

주의력 결핍 과잉 행동장애(Attention Deficit Hyperactivity Disorder, ADHD)는 당면한 과제에 주의를 기울이거나 주의를 지속함에 있어서 제한된 능력을 보이며, 어떤 일을 심사숙고하여 조직적으로 처리하지 못하거나 목적 없이 행동하고, 활동의 양이 같은 연령대의 또래나 주어진 과제에 비해 과도함을 가지는 것이 특성이다. APA(2000)에 따르면 부주의, 충동성, 과잉행동 중 두 가지 이상의 행동이 포함된 특성이 7세 이전에 6개월 이상 보일 경우 주의력 결핍 과잉 행동 장애로 진단한다. 영유아에게 ADHD 특징이 나타나는 원인은 복합적이지만, 특히 유전적인 이유가 가장 큰 것으로 나타났다(Faraone et al., 2003). ADHD를 가진 자녀들은 학업 수행과 사회적 관계 형성에 어려움을 경험할 가능성이 높으며, 성장하면서도 그 영향이 지속될 가능성이 높은 것으로 나타났다(Biederman, 2005).

(2) ADHD 자녀의 부모 역할

① 부모 자신의 스트레스와 우울 증상을 최소화할 수 있는 방법을 찾아야 한다.

ADHD 자녀를 둔 부모는 양육과 관련된 스트레스가 매우 높고 우울 증상이 나타나는 것으로 보고된다(최소영, 2007). 부모 역할 수행의 어려움, 무기력, 부부 갈등, 낮은 자존감, 사회적 고립감 등도 경험한다(이신영, 1998). 부모의 정신적 어려움은 ADHD 자녀에게도 부정적인 영향을 미칠 수 있으므로 부모는 자신의 스트레스와 우울 증상을 최소화할 수 있는 방법을 찾아야 하고, 주변 가족과 사회에 도움을 요청해야 한다.

② 부모는 ADHD 자녀의 치료를 위해 적절한 기법을 사용한다.

ADHD의 원인 중 중추신경계의 각성 수준이 낮아 신경학적 결함이 생긴다고 보는 입장에서는 중추신경각성제를 사용한 약물치료를 제시하였으며(Pelham, 1989), 이는 가장 널리 사용하고 있는 기법 중의 하나이다. 그 외에도 ADHD 자녀의 문제를 해결하기 위해 놀이의 치료적 힘을 적용하는 기법인 인지행동 놀이치료 기법과 부모가 훈련을 통하여 ADHD 자녀의 행동을 수정하는 행동수정 기법, 마지막으로 앞의 세 가지 방법을 병합하여 치료하는 병합 치료법이 있다.

함께 생각해 보는
부모교육

다양한 가족을 위한 이해와 지원 방안 생각해 보기

다양한 가족(한부모, 재혼, 다문화, 맞벌이, 조손가족)의 유형 중 하나를 선택하여 가족이 가지는 어려움과 지원 방법에 대해 생각해 보려고 합니다.

1 : ____________ 가족이 가지고 있는 어려움은 무엇일까요?

2 : ____________ 가족을 지원하는 방법에는 어떤 것이 있을까요?

인포그래픽으로 보는 부모, 자녀 관련 이슈 & 챗 GPT의 부모교육

"아동 ADHD, 성인까지 영향… 치료 시작 빠를수록 좋아요"

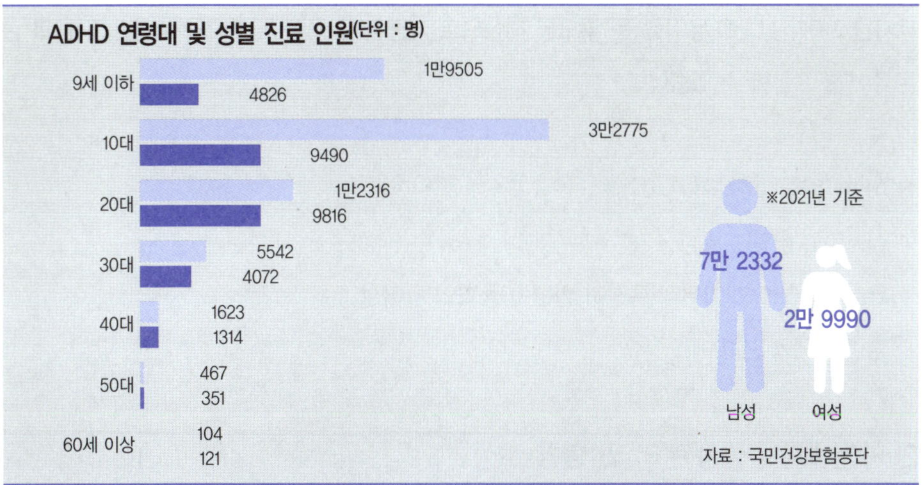

소아 ADHD 증상 체크리스트

- 착석이 어렵고 자리에 앉아있어도 산만하다
- 알림장이나 숙제를 깜빡한다
- 우산이나 학용품을 자주 잃어버린다
- 아는 문제도 계산 실수나 지문을 잘못 읽어 틀리는 경우가 흔하다
- 간단한 심부름도 여러 차례 말을 해야 기억한다
- 다른 사람의 말에 경청하지 않는 것처럼 보일 때가 잦다
- 기다리는 것을 어려워한다
- 다른 사람의 대화나 놀이에 갑자기 끼어든다
- 공을 쫓아 차도에 뛰어드는 등 위험한 행동을 한다

성인 ADHD 증상 체크리스트

- 업무를 체계적으로 수행하는 데 어려움이 있다
- 여러 가지 일을 한번에 해야 하는 경우 실수가 잦다
- 시간 약속을 지키기 어려워 자주 지각한다
- 휴대전화나 열쇠 등을 자주 잃어버린다
- 일의 우선순위를 정하기 어려워 급하게 하는 경우가 잦다
- 메모하는 게 어렵고 힘들게 느껴진다
- 게으르다, 말을 잘 안 듣는다 등 부정적인 피드백을 받는다
- 자존감이 낮고 대인관계가 어렵다

(자료: 한양대병원)

출처: 서울뉴스 (2023.07.12.)

ADHD는 소아청소년기에 흔히 발생하는 정신건강 질환으로, 주의력 결핍, 과잉행동, 충동성이 주요 증상이다. 국내 유병률은 5.9~8.5%, 성인의 경우 국내 1.1%와 전 세계 평균 3.4% 정도다. ADHD 아동은 집중력 부족과 충동적인 행동으로 수업 중 집중하기 어렵고, 지시를 여러 번 들어야 하며, 위험한 행동을 하기도 한다. 조기 진단과 치료가 이루어지지 않으면, 성인이 되어도 증상이 지속되어 사회생활에 어려움을 겪을 수 있으며, 성인 ADHD는 아동기와 달리 주의력 결핍과 충동성이 남아 업무와 대인관계에 문제를 일으킬 가능성이 높다. 따라서 부모, 교사, 전문가 간의 협력이 중요하다. 〈기사요약〉

ChatGPT

ADHD유아를 둔 부모에게 교사가 할 수 있는 부모교육은 무엇이 있을까요?

유치원교사가 ADHD 유아를 둔 부모를 대상으로 제공할 수 있는 부모교육 내용은 다음과 같은 주제를 포함할 수 있습니다.

1. ADHD에 대한 기본 이해

- ADHD의 정의와 특징 (주의력 결핍, 과잉행동, 충동성 등)
- 유아기 ADHD의 발달적 특성과 일반 아동과의 차이점
- 흔한 오해와 편견 해소

2. 가정에서의 행동 관리 및 환경 조성

- 일관된 일상 및 규칙 마련: 일정한 루틴과 명확한 규칙 설정의 중요성
- 환경 정리: 산만함을 줄이기 위한 간단한 집안 환경 개선 방법
- 긍정적 강화: 칭찬과 보상을 통한 바람직한 행동 유도 방법

3. 효과적인 의사소통 및 지도 전략

- 구체적이고 간단한 지시: 한 번에 하나의 지시를 주고, 시각적 도움(예: 그림 카드, 스케줄표) 사용
- 감정 조절 기술: 아이와의 대화에서 감정을 표현하고 조절하는 방법
- 경청과 대화법: 아이의 말을 경청하고, 올바른 행동을 유도하기 위한 대화 기술

4. 가정과 유치원 간의 협력 강화

- 정보 공유: 유치원에서 관찰한 아이의 행동 및 발전 상황을 부모와 정기적으로 공유
- 일관성 유지: 유치원과 가정에서 동일한 교육적 접근법을 사용하는 방법에 대해 논의
- 협력 체계 구축: 부모, 교사, 전문가 간의 소통 채널 마련 및 정기적인 상담

5. 스트레스 관리 및 부모 지원

- 자기 관리: 부모가 자신의 스트레스를 관리하고 휴식을 취할 수 있는 방법 안내
- 지원 네트워크: ADHD 관련 지원 그룹, 상담 센터, 지역사회 자원 등에 대한 정보 제공

6. 실제 사례 및 성공 전략 공유

- 경험 공유: 유치원에서 시도한 다양한 교육 및 행동 관리 전략 소개
- 문제 해결 방법: 아이가 어려움을 겪을 때 대처하는 방법과 일상의 작은 변화가 가져올 긍정적 효과 사례 공유

이러한 교육 내용은 부모가 자녀의 행동을 보다 잘 이해하고 효과적으로 대응할 수 있도록 돕는 데 초점을 맞추며, 유치원 교사와 부모가 협력하여 아이의 전반적인 발달을 지원하는 데 큰 도움이 될 수 있습니다.

PART 3.

이론으로 보는 부모교육 프로그램

CHAPTER 05

지금도 활용되는 주요 부모교육 프로그램

현대의 부모들은 자녀와의 관계에서 단순한 훈육을 넘어, 공감, 소통, 존중을 기반으로 한 양육 방식을 요구받고 있다. 특히 자녀의 자율성과 책임감을 존중하면서도, 안정된 관계 속에서 건강하게 성장하도록 돕기 위해서는 부모의 관계 중심 역량이 중요하다. 이러한 필요에 따라 고안된 부모교육 프로그램들이 오늘날에도 널리 활용되고 있으며, 그 대표적인 예가 부모 효율성 훈련(PET), 체계적 부모 효율성 훈련(STEP), 적극적 부모 역할 훈련(Active Parenting)이다.

이들 프로그램은 공통적으로 의사소통 기술 향상, 감정 조절, 민주적 부모 역할 수행, 가족 내 문제해결 능력 향상을 목표로 한다.

이 장에서는 세 가지 대표 프로그램의 이론적 배경, 프로그램이 전제하는 기본 가정과 목적, 그리고 구체적인 교육 내용을 살펴보고, 오늘날의 다양한 가족구조와 양육 현실 속에서 어떻게 적용되고 있는지를 사례와 함께 이해해 보고자 한다. 궁극적으로, 이 장은 부모가 자녀와의 관계 속에서 더 나은 의사소통과 정서적 연결을 실현할 수 있도록 돕는 것을 목표로 한다.

학습목표

1. 현장에서 활용할 수 있는 다양한 부모교육 프로그램의 내용을 살펴보고 이해한다.
2. 부모 효율성 훈련 프로그램의 내용을 이해하고 활용방안을 모색한다.
3. 체계적 부모효율성 프로그램의 내용을 이해하고 활용방안을 모색한다.
4. 적극적 부모 역할 훈련 프로그램의 내용을 이해하고 활용방안을 모색한다.

1. 부모 효율성 훈련(Parent Effectiveness Training)

1) 배경

부모 효율성 훈련(Parent Effectiveness Training: PET)은 미국의 임상 심리학자인 토마스 고든(Thomas Gordon)이 칼 로저스(Carl Rogers) 이론에 입각하여 만든 부모교육 프로그램이다.

고든은 정서적 지적 문제가 있는 아동들을 심리 치료하면서 자신의 정신의학적 접근이 치료에 부족함을 느끼게 되었으며, 부모에게 실제적 도움이 필요하다는 확신을 갖게 되었다. 고든은 문제가 있는 아동들의 부모들이 심리적·신경증적 문제가 있는 것이 아니라, 대체적으로 자녀 문제를 효율적으로 다루지 못하는 데서 오는 부적절함과 불만을 갖고 있는 것으로 보고, 부모·자녀 관계에서의 문제를 정신의학적으로 다루기보다는 부모·자녀의 관계 개선의 관점에서 다루어지는 것이 효과적이라고 생각해 부모·자녀 관계 향상에 초점을 두게 되었다.

부모 효율성 훈련(PET) 프로그램은 1962년부터 미국 전역에 보급되기 시작하였으며, 우리나라에서는 1989년에 한국지부(KETI)가 발족되어 부모 효율성 훈련을 하고 있다.

고든은 부모 효율성 훈련 프로그램을 시작으로 교사와 학생 관계에도 적용될 수 있는 교사 효율성 훈련(Teachers Effectiveness Training: TET), 조직체의 관리자 및 중역을 위한 지도자 효율성 훈련(Leader Effectiveness Training: LET), 청소년을 위한 청소년 효율성 훈련(Youth Effectiveness Training: YET) 및 여성 효율성 훈련(Effectiveness Training for Woman: ETW) 등 인간관계 향상에 초점을 맞춘 후속 프로그램들을 개발하여 보급하고 있다.

2) 기본 가정 및 목적

(1) 기본 가정

부모 효율성 훈련은 모든 인간관계에 적용할 수 있는 인간관계 이론에 기초를 두고 있다. 따라서 부모·자녀 간의 기본적인 인간관계를 가장 바람직한 방향인 생산적이고 협동적인 관계로 발전시키려는 데 중점을 두고 있다.

고든의 이론은 부모·자녀 간의 원만한 의사소통 수준에 따라 협동적이고 생산적인 부모·자녀 관계가 형성될 수 있고, 비생산적인 부모·자녀 관계가 형성될 수도 있다고 주장한다. 이러한 관점에서 부모 효율성 훈련의 기본 가정을 살펴보면 다음과 같다.

첫째, 비일관성의 원리(inconsistency principle)로 자녀를 대하는 부모의 태도와 행동에 일관성이 없는 것은 당연하다고 보고 있다. 그러나 부모·자녀 관계는 애정과 존경을 바탕으로 한 온정적인 관계가 바람직하기 때문에 주어진 상황에서 부모의 기분 등에 따라 달라질 수 있는 부모의 태도는 훈련이 필요하다는 것이다. 특히 부모가 완벽한 부모 노릇을 하고자 하는 고정관념이 있을 경우, 바람직하지 못한 부모·자녀 관계가 형성될 수도 있기 때문에 자녀의 행동과 태도에 따라 부모의 수용 능력과 태도도 변화되어야 한다는 것이다. PET의 기본 가정은 부모의 유형을 '수용형의 부모'와 '비수용형의 부모'로 구분하여 부모가 자녀의 행동을 수용하는 정도는 부모의 감정, 자녀의 성격과 특성, 환경 등에 따라 다르다고 보고 있다. 그러므로 부모가 자녀에게 감정을 솔직하게 표현할 때에만 바람직한 부모·자녀 관계를 형성할 수 있다는 것이다.

둘째, 문제의 소유의식 원리로 문제를 소유한 사람이 자녀인지 부모인지 파악하는 것이 바람직한 부모·자녀 관계 형성을 위한 해결의 지름길이라고 본다.

고든은 자녀의 행동을 세 가지 유형으로 분류하였다.

첫 번째 유형은 자녀가 자신의 욕구를 만족시키지 못하여 화를 내거나 또는 좌절을 경험하거나 실망하는 경우로 자녀가 문제를 소유하는 것이다. 예를 들면, 친구에게 놀림을 당한다거나 기대보다 시험을 잘못 보았기 때문에 나타나는 행동을 들 수 있다.

두 번째 유형은 자신의 욕구를 충족시키기 위해 부모의 권리를 침해하고 방해하는 행동으로, 이때는 부모가 문제를 소유한다. 예를 들면, 부모가 전화하는데 옆에서 큰 소리로 떠든다거나, 식사 시간인데도 TV만 보는 등의 행동이다.

세 번째 유형은 부모·자녀 관계에 전혀 문제가 없는 행동이 있다. 예를 들면, 부모와 자녀가 평온하게 책을 보는 상황이다.

문제의 소유자를 파악하는 일은 부모·자녀 간에 건설적인 인간관계 형성을 위해 매우 중요하다. 문제의 소유자가 누구인가에 따라 적용되는 기술이 다르기 때문이다. 자녀에게 문제가 있을 경우에는 부모가 상황에 따라 조력 기술(helping skills)을 사용하고, 부모가 문제가 있을 경우에는 상황에 따른 솔직한 감정을 표현하는 대면 기술(confrontation skills)을 사용해야 한다.

고든의 부모 효율성 훈련의 기본 가정은 부모·자녀 간의 효율적인 인간관계 형성 기법을 개발하는 데 있고, 필요한 기법을 개발하기 위해서는 부모의 수용 능력 개발과 함께 문제의 소유자가 누구인지를 파악하는 일이 중요하다고 보고 있다.

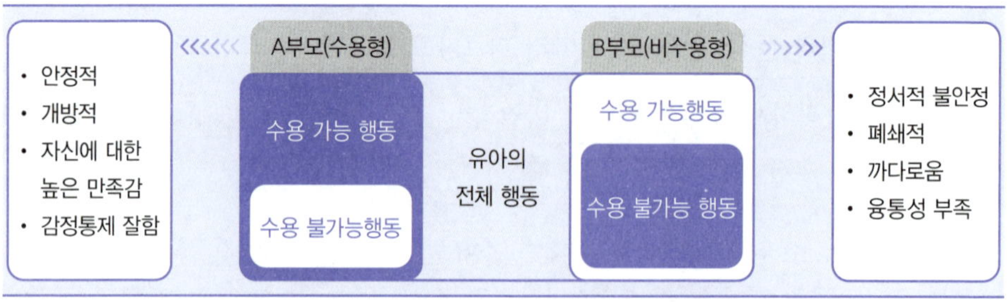

그림 5-1 유아의 행동에 대한 부모의 수용성 수준

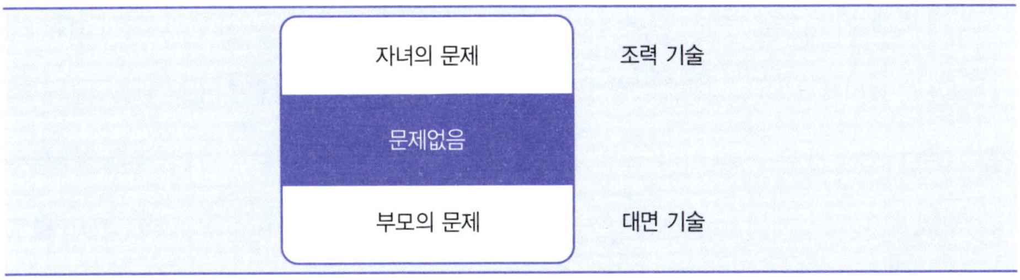

그림 5-2 문제의 소유원리

(2) 목적

부모 효율성 훈련의 목적은 다음과 같다.

첫째, 부모는 신이 아니라 한 인간임을 깨닫도록 한다.

둘째, 부모는 자녀 행동의 의미를 파악하여 이해하고 자신의 감정을 솔직히 표현하는 기술을 습득하게 한다.

셋째, 부모에게 자녀와의 관계에서 발생하는 문제에 대한 효과적 대응 방안으로서 의사소통 기술을 습득하게 한다.

고든은 부모·자녀 관계가 상호작용의 수준에 의해 결정된다고 보았기 때문에 부모와 자녀가 효과적으로 의사소통할 수 있는 방법, 문제가 발생했을 때 해결하는 방법을 집중적으로 다루고 있다.

3) 교육 내용

(1) 반영적 경청

문제를 소유하고 있는 자녀는 불쾌한 정서를 경험하는데, 이때 부모는 자녀의 기분이 나아지도록 노력을 하게 된다. 그리하여 과거 혹은 현재 자녀가 느끼는 감정을 부정하거나, 아니면 자녀가 옳다고 칭찬 또는 위로하거나 다른 곳으로 주의를 돌리려고 애쓰게 된다. 즉, 부모·자녀 간의 의사소통에 장애가 되는 표현인 의사소통 걸림돌을 사용하게 되는 것이다. 의사소통 걸림돌은 자녀가 문제를 소유했을 때 적절하지 못한 의사소통 기술이다. 왜냐하면 부모의 좋은 의도와는 달리 종종 문제를 해결하기보다는 오히려 더 많이 만들어 내며 고민에 빠진 자녀와의 대화를 방해하게 된다. 부모·자녀 간의 대화에 장애가 되는 언어적 표현인 의사소통 걸림돌은 명령·강요, 경고·위협, 훈계·설교, 충고·해결책 제시, 설득·논쟁, 비평·비난, 칭찬·찬성, 욕설·조롱, 분석·진단, 동정·위로, 캐묻기·심문, 빈정거림·후퇴의 12가지이다. 이러한 의사소통의 장애가 되는 표현은 바람직한 지도 방법이 아니므로, 부모는 자녀가 문제를 소유하고 있을 때 자녀의 감정을 이해해 주기 위한 경청 기술을 사용해야 한다.

경청 기술은 크게 수동적 경청(passive listening)과 반영적 경청(active listening)의 두 가지로 분류할 수 있다. 단지 말을 하도록 유도하는 말문을 열어주기나 침묵, 인정하기 등의 수동적 경청보다 더 효과적인 방법은 반영적 경청이다. 이 방법에서는 발신자(sender)뿐만 아니라 수신자(receiver)도 의사소통과정에서 적극적으로 참여하게 된다. 반영적 경청에서 수신자는 발신자의 느낌이나 메시지의 의미를 이해하려고 노력한다. 그리하여 수신자는 자신이 이해한 것을 말로 표현하여 발신자가 확인할 수 있도록 피드백을 한다. 이때 수신자는 비평, 견해, 충고, 논리, 분석 혹은 질문과 같은 메시지를 보내서는 안 된다. 단지 발신자의 메시지가 의미한다고 느끼는 것만을 과장하거나 축소하지 않고 피드백하는 것이다(Gordon, 1975).

반영적 경청을 사용하기 위해 구체적으로 그 과정을 살펴보면 다음의 3단계로 이루어진다.

1단계는 부호화 단계로서 유아가 언어적·비언어적 방법으로 자신이 어려움에 처해 있다는 단서를 전달한다. 이때 부모는 유아의 말뿐만 아니라 표정이나 행동 등에도 큰 관심을 두어야 한다.

2단계는 유아가 나타내는 모든 단서를 바탕으로 유아가 어떤 어려움을 겪는지 추측해서 느낌이나 생각을 말해 주는 부호해석의 단계이다. 부모가 정서적으로 불안정한 상태에 있는 유아의 기분을 이해해 줌으로써 유아는 자신의 불안정한 감정에서 벗어날 수 있게 된다.

3단계는 긍정 또는 거부의 단계로서 유아는 부모의 반응에 대해 자신의 감정을 확인하고 긍정하거나 부정한다.

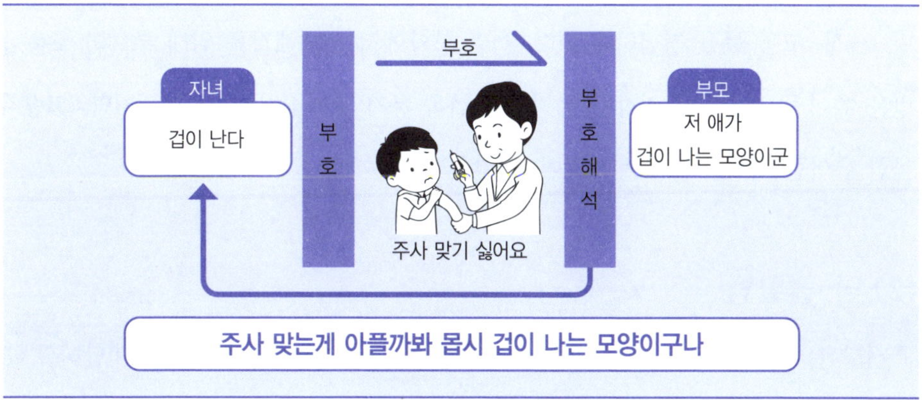

그림 5-3 반영적 경청 과정

3단계의 과정 중 핵심적인 부분은 2단계로서, 여기에서 부모는 유아가 보낸 부호를 해석해서 유아의 감정을 그대로 이해하며 언어로 표현해 주어야 한다. 예를 들어, 유아가 예방주사를 맞아야 하는데 뒷걸음치며 도망가려고 할 때, 부모는 자녀에게 "주사 맞지 않고 어딜 도망가려고 하니?"라고 의사소통 걸림돌을 사용하지 말고, "○○야, 주사 맞는 게 아플까 봐 몹시 겁이 나는 모양이구나."라고 말함으로써 자녀의 감정을 언어로 표현하는 반영적 경청을 사용할 수 있다. 또 바닷가에서 파도가 치는 것을 보고 유아가 모래사장 근처에도 가지 않으려고 할 때 부모는 "넌 겁쟁이구나."라고 말하기보다는 "파도치는 것이 무서운가 보구나."라고 자녀의 불안한 감정을 읽어 주는 것이 바람직한 지도 방법이다. 일단 자녀가 느끼는 감정을 그대로 이야기해 주면 유아는 자신의 문제를 스스로 해결할 수 있게 된다.

그런데 이때 부모들이 유의해야 할 점은 유아를 대하는 태도이다. 만약 부모의 태도가 공감을 불러일으키지 않으면 부모가 무슨 말을 하든지 유아에게는 그 말이 속임수로 느껴질 것이다. 부모가 하는 말 속에 진정한 공감이 느껴질 때 유아는 자신의 마음을 부모에게 진실하게 털어놓는다. 또한 자녀가 문제를 가지고 있을지라도 부모와 말을 하고 싶지 않을 때에는 반영적 경청 기술을 사용할 수 없다.

모든 유아는 친구, 형제자매, 부모, 교사와의 관계에서 혹은 자신과의 문제로 실망, 좌절, 고통 등을 경험하게 된다. 이런 상황에서 문제해결을 위해 부모의 도움을 받은 유아들은 심리적 건강을 유지하고 더욱 용기와 자신감을 갖게 되지만, 그렇지 못한 유아는 정서적 문제를 드러내게 된다(Gordon, 1975).

(2) 나-전달법

전형적으로 부모는 자녀의 행동으로 인해 화가 날 때 자녀의 행동을 비난하고 훈계하는 경향이 있는데, 이것을 의사소통 기술에서 너-전달법(You- Message)이라고 한다. 너-전달법은 자녀의 감정을 상하게 하므로 자녀의 행동을 변화시키는 데 비효과적이다. 이런 상황에서 바람직한 의사소통 기술은 부모가 자신의 감정을 자녀에게 표현하는 나-전달법(I-Message)을 사용하는 것이다. 예를 들어, 유아가 소파 위에서 뛰고 있을 때 부모는 자녀에게 "엄마가 소파에서 뛰지 말라고 얼마나 많이 얘기했니? 도대체 엄마 말을 듣고 있니?"라고 말하기보다는 "엄마는 네가 소파에서 뛰면 소파가 망가져서 못쓰게 될 것 같아서 불안하단다."라고 나-전달법을 사용하는 것이 바람직하다.

나-전달법은 부모가 자녀의 행동으로 인해 문제를 소유할 때 사용하는 의사소통 기술이다. 이때 부모는 거부, 좌절, 분노의 감정을 느끼게 된다. 그리하여 긴장과 불안감으로 인해 유아의 행동을 좋아하지 않게 되고 조정하려 할 것이다. 나-전달법은 유아 자신과 부모·자녀 관계를 더욱 건전하게 할 뿐만 아니라 부모들이 수용하지 못하는 행동을 자녀가 수정하도록 하는 데 효과적이다. 또한 유아의 저항과 반항을 훨씬 덜 일으키는 경향이 있다. 자녀에게 어떤 행동이 나쁘다고 말하기보다는 자녀의 행동이 부모에게 미치는 영향을 솔직하게 말하는 것이 훨씬 덜 위협적이기 때문이다. 나-전달법은 또한 유아 자신의 행동을 수정하는데 책임감을 갖도록 하기 때문에 효과적이다.

결과적으로, 나-전달법은 유아가 자신의 성장과 행동에 대한 책임감을 갖도록 도와준다(Gordon, 1975).

(3) 민주적인 방법

부모와 자녀 간에는 여러 가지 크고 작은 갈등이 생겨나는데, 이 갈등을 해결하는 방법은 크게 세 가지로 분류할 수 있다.

첫째는 권위주의적인 방법이다. 이는 부모가 원하는 대로 자녀에게 명령하는 것이다. 이때 자녀는 부모에게 원망, 분노, 적대감을 갖게 되고, 부모의 욕구는 충족되지만 자녀의 욕구는 충족되지 못하므로 부모가 이기고 자녀는 진 것이다.

둘째는 허용적인 방법이다. 즉, 부모는 자녀가 원하는 대로 이끌려 가는 것이다. 이것은 앞의 경우와 반대로 자녀가 이기고 부모가 진 것이다. 이 경우에 부모는 좌절감과 자녀에 대한 미움을 갖게 된다.

마지막은 바람직한 부모·자녀 간의 갈등을 해결하기 위한 민주적인 방법 (no-lose method)이다. 이것은 부모와 자녀가 타협하여 서로의 욕구가 충족될 수 있는 방향으로 갈등을 해결하므로 지는 사람이 없이 둘 다 이기는 방법이다. 그러므로 '양승법' 혹은 '무패법'이라고도 불린다. 이 방법은 부모들이 주변에서 민주적으로 갈등을 해결하는 방법을 많이 보아왔기 때문에 쉽게 이해될 수 있다. 성인들인 남편과 아내는 상호 간의 동의를 통해 그들의 의견 차이를 해결할 때 이 방법을 사용한다. 사업상

동업자들도 그들의 빈번한 갈등을 해결하기 위해서 이 방법을 사용한다. 이것은 동등하거나 비교적 동등한 힘을 소유한 개인들 간의 갈등을 해결하는 데 자주 사용된다(Gordon, 1975).

민주적인 방법은 유아가 해결책을 수행하도록 동기유발을 시켜주고 좋은 해결책을 찾아낼 가능성을 높여주며, 부모·자녀 간의 적대감을 줄이고 사랑을 증대시키기 때문에 효과적이다.

이러한 장점을 가진 민주적인 갈등해결 방법은 6단계로 구성되어 있다.

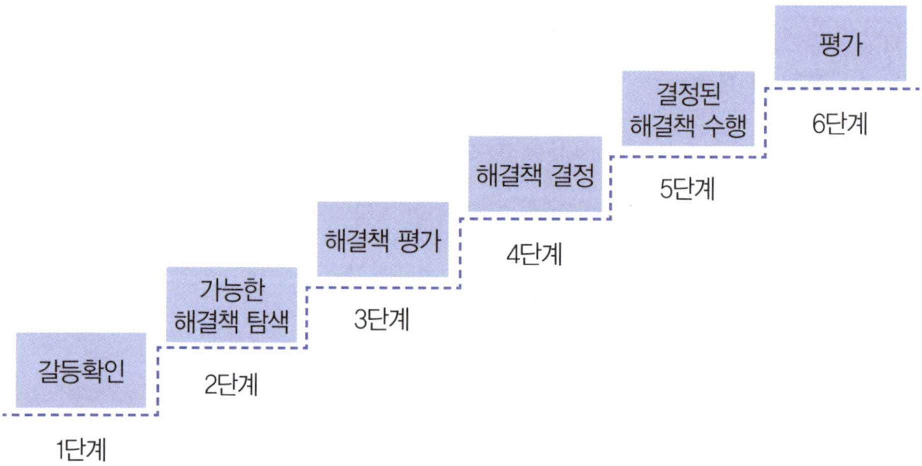

그림 5-4 민주적인 갈등해결 방법의 6단계

1단계는 부모·자녀 간의 갈등을 일으키는 문제를 정의하는 것이다. 다시 말해서, 부모의 욕구와 자녀의 욕구를 서로 명확하게 밝히는 단계이다.

2단계는 갈등을 해결할 수 있는 해결책을 만들어 내는 것이다. 이는 부모와 자녀가 서로 여러 가지 해결책을 내놓는 것이다.

3단계는 부모와 자녀가 서로 내놓은 해결책에 대해 평가하는 것이다. 즉 여러 가지 해결책에 대한 자녀의 만족과 불만족을 알아내고, 수용할 수 있는 해결책에 대하여 이야기한다. 4단계는 3단계의 평가를 통해서 가장 좋은 해결책을 결정하는 것이다.

5단계는 결정된 해결책을 수행하는 것이다.

6단계는 사후의 평가로 해결 방안이 부모와 자녀에게 어떻게 활용되고 있는지 확인하는 시간을 갖는 것이다. 그리하여 결정된 해결책이 잘 수행되지 않을 때에는 다시 이전의 단계로 돌아가서 해결책을 수정하거나 새로운 해결책을 만들어 내어 갈등을 해결해야 한다.

민주적인 갈등 해결방법의 예

〈자녀의 TV 시청 시간으로 부모와 자녀가 갈등 관계 상황〉

- 1단계에서 부모와 자녀는 자녀의 오랜 TV 시청이 서로 간의 관계에 갈등을 일으킨다는 것을 확인한다.
- 2단계에서는 문제를 해결하기 위해 어떻게 하는 것이 좋은지 부모와 유아가 해결책을 제안한다. '어린이 만화영화를 1시간만 본다.'든지 아니면 '오후 4시 30분부터 5시 30분까지 교육 방송을 본다'든지 여러 가지 해결책을 내놓는다.
- 3~4단계에서는 부모와 유아가 내놓은 해결책들 중 서로가 만족하는 가장 좋은 것을 평가를 통해 선택한다.
- 5~6단계에서는 실제로 1~2일 혹은 1주일 정도 실행해 본 후, 잘 진행되어 가면 그대로 두고 그렇지 못한 경우에는 다른 해결책을 모색한다.

(4) 가치관 대립

자녀가 성장함에 따라 부모·자녀 간보다 더 다양한 갈등이 생겨나게 된다. 두 사람의 가치관이 갈등상태에 있을 때 이를 해결하기 위한 기술이 필요하다. 부모·자녀 간의 가치관 대립은 신념, 가치관, 생활양식, 선호도, 인생철학 등의 차이로 발생한다. 구체적으로 예를 들면, 머리 모양이나 의복과 같은 문제로부터 결혼 상대자에 관한 견해나 장래의 직업, 또는 사회·정치·경제·교육 분야에 대한 견해 등에서 서로 다른 의견을 가짐으로써 가치관의 대립을 초래할 수 있다.

이러한 부모·자녀 간의 가치관 대립을 해결하기 위한 방법으로는 모방학습, 상담,

자기 수정의 방법이 있다(Gordon, 1975). 즉, 부모가 일찍부터 자녀의 본보기가 되어 자녀가 부모의 가치관을 수용할 수 있도록 하거나, 자녀가 도움을 청할 때 기꺼이 상담자가 되어 줌으로써 자연스럽게 부모 자신의 견해를 자녀에게 수용할 수 있도록 해야 한다. 이와 반대로, 부모가 자신의 가치관을 검토한 후 수정하여 자녀의 가치관을 수용하는 방법도 있다.

(5) 환경의 변화

환경의 변화는 유아의 주위 환경을 변화시킴으로써 유아의 행동을 수정하고자 하는 것이다. 환경적 변화는 나이 든 아동보다는 영아기나 유아기 자녀에게 더욱 좋다. 부모들은 자녀에게 언어적 방법에 더욱 의존하며, 특히 어떤 부모는 부모의 힘에 의하여 유아의 행동을 지배하거나 위협하려 한다. 결과적으로, 환경적 변화를 통한 변화는 무시하고 수용하기 어려운 아동의 행동에 말로만 떠들게 된다. 그러므로 간단한 환경적 변화로서 유아들에게 효과적으로 사용할 방안을 강구할 필요가 있다. 환경의 변화는 다음의 4가지 종류를 들 수 있다.

① 환경의 풍요화

환경의 풍요화는 유아의 비수용 행동을 예방하고 중지시키는 효과적 방안의 하나이다. 즉, 유아가 활동할 많은 자료들–장난감 재료, 독서물, 놀이물, 기타 완구–을 제공하는 것이다. 아이들은 자신이 흥미 있는 일에 전념한다면 부모를 괴롭히거나 성가신 일에 집착하지 않는다.

아이들을 동반한 여행의 경우에도 가끔 아이들이 부모를 성가시게 한다. 이럴 경우를 대비하여 어떤 가족은 아동들의 장난감이나 평소 가지고 놀던 완구를 준비하는 것을 볼 수 있다. 또 친구를 데리고 오거나 장난감을 갖고 놀기에 좋은 환경에서는 혼자서 놀 때보다 부모의 말도 잘 듣고 수용적인 행동을 많이 한다.

② 환경의 빈약화

유아들은 지나치게 많은 환경적인 자극을 싫어할 때가 있다. 예를 들어, 부모들은 아이들에게 잠들 시간이나 식사 시간에 TV 시청 등과 같은 자극을 주면서 갑자기 조용해지거나 자제해 주기를 바라고 있다. 이러한 시간은 자극을 주기보다는 오히려 자극을 약화해야 할 때이다. 따라서 부모는 TV를 끄고 조용한 환경을 조성하여 자녀가 잠들 수 있게 해 주어야 한다.

③ 환경의 간결화

유아들은 가끔 환경이 너무나 복잡하고 까다로울 때 비수용적인 행동을 하게 된다. 그래서 그들은 부모의 도움을 조르고, 어떤 활동은 아주 포기해 버리기도 하며, 공격성을 보이거나 물건을 마루에 집어 던지며 울고 달아나는 행동을 하게 된다.

부모는 다음에 제시하는 유아들의 환경을 간결화시킬 수 있는 점들을 참고 할 수 있을 것이다.

- 유아 스스로가 자기 힘으로 입기 쉬운 옷을 구입해 줄 것
- 옷걸이를 낮게 달도록 할 것
- 깨지지 않는 컵이나 유리 제품을 구입할 것
- 유아방의 벽지는 물로 지우기 쉬운 재료를 사용할 것

④ 활동공간의 제한

유아들의 활동공간을 제한하는 것은 비수용적 행동을 예방할 수 있다. 가정 내에서 조금만 주의를 기울이면 유아들의 생활공간을 제한하여 안전하게 지킬 방법이 고안된다. 풀, 점토, 물감 등을 가지고 구성 놀이를 할 장소를 정해 놓거나, 시끄럽고 마구잡이 장난을 쳐도 좋은 장소를 택해 정해주는 일도 생각해 볼 수 있다.

2. 체계적 부모 효율성 훈련 (Systematic Training for Effective Parenting)

1) 배경

체계적 부모 효율성 훈련(Systematic Training for Effective Parenting: STEP)은 딩크메이어(Dinkimeyer)와 맥케이(Mckay)가 1976년에 개발한 부모교육 프로그램이다. 이것은 미국 플로리다주의 의사소통 및 동기유발 훈련 연구소(Communication and Motivation Training Institute)의 딩크메이어와 애리조나 대학의 상담가인 맥케이가 기존 드라이커스(Dreikurs)의 민주적 양육 이론과 고든의 부모 효율성 훈련 이론의 장점을 종합하여 체계적이고 조직적이며 종합적인 프로그램을 개발한 것이다.

2) 기본 가정 및 목적

체계적 부모 효율성 훈련(STEP)은 그 기본 가설을 민주적인 가정에 두고 있으며, 부모·자녀 관계의 질을 향상시키기 위해서는 부모·자녀가 상호 존중하고 부모는 자녀들에게 스스로 결정하고 행동할 수 있는 기회를 보다 많이 제공하여야 한다고 설명한다. 그리고 부모·자녀 간의 질적인 관계 형성은 자연적이고 논리적인 귀결에 의해 이루어지는 민주적인 의사소통이라고 주장한다.

체계적 부모 효율성 훈련의 교육철학은 사랑과 존중을 바탕으로 한 인간 가치의 구현에 있는데, 부모교육에 있어서도 자녀들을 용기와 격려로 가르치는 방법을 터득하게 하는 데 목적을 두고 있다.

3) 교육내용

체계적 부모 효율성 훈련은 총 9장으로 구성되어 있으며, 각 장의 구체적인 내용은 다음과 같다(이경우 역, 1992).

(1) 자녀 행동의 이해

자녀의 행동을 이해하기 위해서는 자녀를 존중하고 자녀의 존엄성과 가치를 이해하는 일이 중요하다. 특히 자녀를 격려하고 자녀에게 책임을 부여하며 자녀의 행동을 이해하려는 자세가 중요하다. 자녀의 행동을 이해하는 데 있어서 중요한 점은, 자녀들의 그릇된 행동의 밑바닥에는 인정을 받거나 사회적으로 승인을 얻기 위한 욕구가 깔려있다는 것을 인식하는 것이다.

그리하여 자녀의 잘못된 행동을 주의 깊게 관찰하여 행동의 밑바닥에 깔려 있는 좌절된 욕구를 이해하고 자녀와 긍정적인 관계를 형성하는 일이 중요하다. 드라이커스가 말하는 잘못된 행동의 목표란 관심 끌기, 힘 행사하기, 앙갚음(보복)하기, 무능함 나타내기를 말한다.

① 관심 끌기

유아가 자신이 가정에 소속되지 못하고 의미 없는 존재라는 심리적인 열등감에 사로잡히게 되면 다른 사람으로부터 관심을 받아야만 안전한 위치를 차지할 수 있다는 잘못된 심리적 목표를 세운다. 관심 끌기의 목적은 자신의 행동이 부정적일지라도 부모의 관심을 받음으로써 부모로부터 사랑을 받는다고 느끼는 데 있다. 따라서 잘못된 행동의 결과가 나쁘고 부모의 반응이 부정적일지라도 관심 끌기의 목적을 달성한다고 생각하면 계속 잘못된 행동을 한다.

예를 들어, 집에 손님이 오셨을 때 부모가 손님과 이야기하는 것에 열중해 있으면 유아가 부모에게 무엇을 해달라고 평소보다 더 많은 요구를 한다든지, 동생이 생겼을 때 동생에 대한 주변 사람들의 관심에 질투를 느껴 관심을 자신에게 유도하기 위해 퇴행 등의 이상한 행동을 하는 것 등이다.

② 힘 행사하기

유아가 스스로 많은 것을 할 수 있게 되고, 자신이 할 수 있는 것을 부모가 못하게 한다는 것을 인식하면 유아는 자신이 하고자 하는 것을 해야만 가정에서 확고한 위치를 차지한다는 잘못된 심리적 목표를 세운다. 이러한 동기에서 유아는 부모의 요구에 '싫어'라는 말을 자주 사용하게 된다. 이처럼 유아가 부모의 요구를 거절하면서 자신의 힘을 과시하는 것은 자신이 대장의 위치를 차지해야만 하고, 하고 싶은 대로 할 수 있다고 생각하는 것으로, 무엇을 하라고 하면 하지 않고, 반대로 하지 말라고 하면 하는 반항적인 행동으로 나타난다.

③ 보복하기

유아가 자신이 집단 내에서 힘도 없고 가치도 없으며 다른 사람으로부터 사랑을 받지 못한다는 잘못된 생각을 갖게 되면, 자신이 상처를 받았으므로 그만큼 다른 사람에게도 상처를 주어야만 집단에서 자신의 위치를 확고하게 할 수 있다는 잘못된 목표를 세운다. 따라서 유아는 심술궂고 잔인한 행동으로 다른 사람에게 상처를 준다. 예를 들면, 유아가 부모로부터 불공평한 대접을 받았다고 느꼈을 때, 부모에게 상처를 주고자 부모가 보는 앞에서 장난감을 부수거나 동생을 때려서 울린다.

④ 무능함 나타내기

유아가 자신의 잘못된 행동 목표를 효과적으로 달성하지 못하게 되면 매사에 쉽게 포기하고, 사회적 상호 관계나 책임을 피해 퇴행함으로써 자신의 위치를 확보하려고 한다. 유아는 성공하려는 희망을 갖기는커녕 아예 포기하기 때문에 다른 사람이 자기에게 기대하지 못하게 한다. 이처럼 무능함을 보이는 유아는 자신이 해낼 수 없는 것 이상으로 모든 것을 포기한다.

예를 들면, 숙제를 항상 스스로 하지 못하고 엄마가 도와주어야만 할 수 있다. 따라서 엄마가 외출 후에 늦게 돌아와도 숙제는 시작하지 않고 있다.

표 5-1 자녀의 잘못된 행동 목표에 대한 바람직한 반응

자녀의 목표	부모의 바람직한 반응
관심 끌기	• 잘못된 행동을 무시한다. • 바람직한 행동을 했을 때 긍정적인 관심을 보인다.
힘 행사하기	• 자녀와 싸우기보다는 행동의 결과를 자녀 스스로 경험하게 한다.
보복하기	• 보복으로 대응하기보다는 무시한다. • 신뢰와 상호존중을 회복하도록 노력한다.
무능함 나타내기	• 절대 포기하지 않는다. • 자녀의 장점을 찾아 격려해 준다. • 약간의 진전이라도 보이면 놓치지 않고 격려한다.

출처: 김희진(2006). 유아교육기관에서의 부모교육과 지원.

(2) 자녀와 부모 자신의 이해

자녀의 행동은 가족 분위기와 가치관, 성역할, 가족 내에서의 위치, 부모의 훈육 방법 등의 환경적 요소에 영향을 받게 된다. 따라서 부모들은 자녀에 대해 이해해야 하고, 아울러 자신에 대해서도 올바른 이해를 하도록 하여야 한다. 체계적 부모 효율성 훈련에서는 완벽한 부모는 없다는 것을 전제로 책임 있는 부모의 역할을 강조하고 있다(표 5-2, 표 5-3 참조). 특히 자녀들이 잘못된 행동을 할 때 정서를 표출하기 때문에 부모가 강압적인 방법으로 자녀를 통제하려 하기보다는 자녀들이 스스로 결정하여 행동할 수 있도록 하는 방법이 바람직하다는 것이다. 책임 있는 부모는 자녀에게 긍정적인 태도를 나타내어 자녀를 격려한다.

(3) 자아존중감과 자신감 배양

이 프로그램의 부모교육 내용 중에서 자신감과 자아존중감을 배양하는 목표는 통제나 벌을 가하지 않고 자녀의 바람직한 행동을 하게 만드는 데 있다. 즉, 외적 통제에 의한 '외적 동기화'보다는 자녀 스스로 긍정적인 행동을 유발할 수 있는 '내적 동기화'를 강조하고 있다. '내적 동기화'는 자녀가 잘못된 행동을 할 경우라도 실수를 인정해 주고, 긍정적 행동을 제시함으로써 자아존중감을 갖게 하는 방법을 활용한다.

표 5-2 완벽한 부모의 특징

부모의 신념	부모의 행동	자녀에게 일어나는 결과
• 부모는 자녀를 통제해야 한다.	• 복종을 요구한다. • 벌을 준다. • 이기려고 한다. • 부모가 옳고 자녀는 틀리다고 주장한다.	• 반항한다. • 이기거나 옳아야 한다. • 진정한 감정을 속인다. • 분노를 느낀다. • 앙갚음을 찾는다. • 인생이 불공평하다고 느낀다. • 포기하고 회피한다. • 거짓말·도둑질을 한다. • 자율성이 결여된다.
• 자녀가 나보다 더 중요하다.	• 지나치게 자녀에게 몰두한다. • 자녀의 요구를 들어주고 양보한다. • 안 된다고 하는 것에 죄의식을 느낀다.	• 받기를 기대한다. • 사회적 관계를 잘 형성하지 못한다. • 다른 사람의 권리를 존중하지 않는다. • 이기적이다.

표 5-3 책임 있는 부모의 특징

부모의 신념	부모의 행동	자녀에게 일어나는 결과
• 자녀 스스로 결정할 수 있다고 믿는다.	• 선택하게 한다. • 격려한다.	• 자신감을 느낀다. • 무엇이든 하려고 한다. • 문제를 해결한다. • 유능하다.
• 자신을 포함한 모든 사람이 중요하다고 믿는다.	• 상호존중과 공헌하도록 격려한다. • 시중들지 않는다. • 안 된다고 할 때를 안다.	• 훌륭한 사회적 관계를 가진다. • 다른 사람의 권리를 존중한다.

특히 자녀들에게 자신감과 자아존중감을 길러주기 위해서는 격려를 많이 해 주어야 하며, 격려를 통해 자신을 신뢰하게 되고 자아존중감을 배양하도록 하여야 한다는 것이다. 격려는 부모의 올바른 대화 기법을 통해 이루어진다.

칭찬과 격려의 차이점은 격려는 스스로 자신감과 자아존중감을 갖게 하는 데 비해, 칭찬은 자아존중감이나 자신감을 갖게 만들지는 않는다(표 5-4 참조).

표 5-4 칭찬과 격려의 특성

	칭찬	격려
관심영역	• 외적 통제 • 외적 평가 • 자기 평가와 개인적 이익 • 과제수행에 대한 보상	• 자기 존중과 성장 • 내적 평가 가치 인정 그리고 장점과 공헌에 대한 가치 부여 • 노력과 향상
자녀에게 미치는 영향	• 과제 수행에 대한 보상 : 실패에 대한 두려움, 지나친 기준과 가치 부여 • 자기평가와 개인적 이익 : 과다 경쟁의식, 타인의 희생을 개의치 않는 최고 지향 성향 • 외적 평가 : 남을 기쁘게 하는 데 가치 부여, 반대하는 데 대한 두려움 • 외적 통제 : 순종하는 것에 대한 가치 부여, 반항 가능성, 포기와 협동	• 자기 존중과 성장 : 실패 경험에 대한 자기 극복, 재시도하려는 노력 • 내적 평가 : 자기 성장과 진보에 대한 긍정적인 평가 • 노력과 향상 : 노력에 대한 인정, 지속적 노력 • 가치 인정 : 개인과 모든 이를 위해 재능을 활용, 자신과 타인의 성공에 대해 만족

(4) 의사소통 - 효과적인 경청

이 프로그램에서 의사소통은 듣기와 말하기 기법으로 나뉘는데, 효과적인 의사소통은 효과적인 경청을 통해 가능하다고 보고 있다. 특히 부모의 권위주의적이고 인습적인 태도는 효과적인 의사소통을 방해하는 주된 요인이 되고 있다고 본다.

효과적인 의사소통 기술 중 경청(listening)의 기법은 자녀의 생각과 감정을 반영하는 개방적이고 반영적인 경청(reflective listening)이 권장된다.

의사소통과정에서 자녀의 표현에 대해 효과적인 경청을 예시한 결과는 다음 표 5-5에 나타나 있다. 자녀의 의사 표현에 대해 부모가 폐쇄적 반응을 나타낼 때와 개방적 반응을 나타낼 때의 표현들을 제시한 것이다.

표 5-5 효과적인 경청

자녀의 의사 표현	폐쇄적 반응	개방적 반응
그 애랑 다시는 놀지 않을래.	그럴 수도 있지. 잊어버려라.	그 애 때문에 화가 났구나.
색칠하기를 그만두겠어요.	하던 것을 마쳐야지. 그러면 안 돼.	색칠하는 게 어렵지. 색칠하기가 힘들 때도 있어.
옆자리 아이 때문에 유치원에 가기 싫어요.	유치원 가지 않겠다는 것은 안 돼. 유치원은 가야 되는 거야.	옆자리 아이가 귀찮게 굴어서 싫은 모양이구나.
엄마 싫어요.	그런 말하면 안 돼.	엄마 때문에 화가 난 모양이구나.

(5) 의사소통 : 대안 찾기와 나-전달법

대안 찾기의 단계는 자녀를 이해하기 위한 경청에서부터 자녀 행동의 결과를 평가하는 데까지 몇 가지 단계가 있다.

즉, 자녀의 감정을 이해하기 위한 경청단계, 브레인스토밍(brainstorming)을 통한 대안을 모색하는 단계, 바람직한 해결책을 선택하는 단계, 예상되는 결과를 논의하는 단계, 자녀의 실행단계, 자녀 행동의 결과를 평가하는 단계 등 6단계를 거치게 된다. 그리고 나-전달법을 활용하여 부모 스스로의 감정과 생각을 정직하게 표현하도록 하여야 한다. 따라서 문제가 발생하였을 때는 대안을 찾을 수 있도록 효과적인 의사소통을 하여야 하며, 특히 중요한 것은 나-전달법을 활용하여 솔직하게 생각과 느낌을 표현하는 것이 중요하다.

표 5-6 반영적 경청과 나-전달법

상황	문제의 소유자	의사소통	
		반영적 경청	나-전달법
자녀가 약속한 대로 TV 시간을 줄이지 않았다.	부모		네가 약속을 지키지 않아 실망스럽구나.
자녀가 친구가 놀아주지 않는다고 울고 있다.	자녀	친구가 놀아주지 않아서 속상한 모양이구나.	

(6) 책임감 배양

부모들이 자녀를 양육할 때 대개 권위를 바탕으로 보상과 처벌을 통한 훈육 방법을 쓴다. 그러나 이러한 방법은 자녀의 자율성 신장에도 방해가 될 뿐만 아니라, 책임감 배양에도 저해 요인이 된다. 책임감 배양을 위한 바람직한 방법으로는 자연적 귀결과 논리적 귀결 방법이 권장되고 있다.

이러한 귀결 방법을 활용하는 데 있어서는 몇 가지 원칙이 있다. 그 원칙은 다음과 같다.

① 자녀의 행동 목적과 감정을 이해하는 일이 중요하다.

② 행동은 단호하면서 메시지는 친절하게 한다.

③ 일관성 있는 행동을 보이는 부모가 된다.

④ 행위자와 행위를 분리한다.

⑤ 독립심을 갖도록 용기를 북돋아 준다.

⑥ 동정심을 남용하지 않는다.

⑦ 말을 적게 하고 행동을 먼저 한다.

⑧ 완벽한 부모가 되려고 애쓰지 않는다.

⑨ 문제의 소유자가 누군지 파악한다.

⑩ 남의 생각에 지나치게 의존하거나 관심을 두지 않는다.

(7) 논리적 자연적 귀결의 활용

자연적 결과는 자연적인 상황에서 유아가 스스로 자신의 행동에 대한 결과를 경험할 수 있도록 하는 방법이다. 만약 부모가 방해하지 않는다면 일상생활에서 유아들은 자신의 행동에 대한 결과를 자연스럽게 경험할 수 있을 것이다. 예를 들어, 점심을 먹지 않으면 오후 간식시간 이전에 배가 고플 것이라든지, 눈싸움을 할 때 장갑을 끼지 않으면 손이 시릴 것이라는 것 등이다.

일반적으로 부모들은 자녀를 꾸짖고 벌을 주어서라도 자녀를 올바로 키워야 한다고 느끼기 때문에 자연적 결과의 경험을 방해한다. 따라서 부모는 위험하지 않은 경우에는 사건이 자연스럽게 흐르도록 놓아 두어, 자녀가 그 사건의 결과를 경험할 수 있도록 도와주는 것이 바람직하다.

논리적 결과는 행동에 대한 결과가 유아의 행동으로 인해 자연스럽게 일어난 것이 아니라 다른 사람이나 부모에 의해 정해지는 방법이다. 즉, 유아와 성인이 합의하여 논리적으로 행동과 관계되는 결과를 정하는 것이다. 이것은 인간의 평등성을 기초로 한 방법으로서, 논리적 경험을 통해 유아는 자신의 권리를 요구할 수 있게 되고 책임감을 갖게 되어 의사결정에 동등하게 참여할 수 있게 된다.

예를 들어, 종이에만 그림을 그리기로 부모와 약속하고, 벽이나 방바닥에 낙서를 했을 경우 자녀가 '낙서를 지우기'로 합의하였으면 약속을 지키지 않을 경우 그것을 '논리적 결과'로 사용하는 것이다.

(8) 가족 모임

가족 모임은 의사결정 과정에 온 가족이 참여토록 하는 방법이다. 가족 모임을 통해 부모·자녀 간의 관계가 원활해질 뿐만 아니라, 가족 간의 참여기회도 확대되게 된다.

가족 모임을 위해 가족 구성원들이 지켜야 할 몇 가지 사항은 다음과 같다.

① 가족 구성원 간의 동등한 입장에서 사회자를 순번대로 돌아가며 맡는다.

② 브레인스토밍을 통해 대안을 모색한다.

③ 정기적으로 계획된 시간에 모인다.

④ 가족 모두 함께할 수 있는 활동(오락, 게임 등)을 준비한다.

⑤ 가족 내에 일어난 일을 공유하며 서로 격려하고 위로를 나눈다.

⑥ 모든 가족이 개방적인 태도로 경청하고 감정과 생각을 솔직하게 표현한다.

⑦ 소요 시간은 가족들이 함께 정하며 시간을 준수하도록 한다. 보통 1시간이 바람직하며, 어린아이가 있는 경우는 시간을 30분 이내로 하는 것이 좋다.

⑧ 모임의 결과와 내용을 기록하는 것이 좋다.

(9) 자신감 배양과 잠재력 신장

민주적 행동의 부모는 자녀들에게 자신감을 배양하여 잠재력을 신장시킨다.

부모 역할의 유형은 자기 패배적 신념의 부모, 비효과적이며 독재적 반응의 부모, 효과적이며 민주적 행동의 부모로 구분이 가능하다. 이러한 유형에 따라 나타내는 부모 역할을 비교한 결과는 다음 **표 5-7**에 나타나 있다.

표 5-7 민주적·긍정적 부모 역할

부모에게 도전되는 문제	자기 패배적 신념의 부모	비효과적·독재적 반응의 부모	효과적·민주적 행동의 부모
• 자녀가 말대꾸한다. 건방진 말을 한다.	• 부모는 자녀에게 존경을 받고 두려운 존재로 보여야 한다.	• 사과를 받아내고 자녀의 말에 시비를 건다.	• 자녀가 화를 내는 것을 무시하고, 반영적인 경청을 하며, 나-메시지를 사용하여 논리적 귀결을 사용한다(화난 말투는 사용하지 않는다).
• 거실에 물건을 늘어놓는다.	• 부모가 치우는 것이 낫다.	• 잔소리하거나 자녀가 정리한 후 다시 치운다.	• 나-메시지를 사용하거나 논리적 귀결을 사용한다.

3. 적극적 부모 역할 훈련(Active Parenting Today)

1) 배경

과거와는 달리 현대사회에서 부모 노릇하기는 훨씬 더 어려워졌다. 또한 미래 사회에서 자녀가 성공적으로 적응하도록 하기 위한 올바른 부모 역할은 그만큼 더 중요하다고 하겠다. 그런 의미에서 민주 형태의 미래 사회에서 우리의 자녀가 성공적으로 자랄 수 있도록 준비시켜 주기 위한 부모 역할을 위한 체계적인 교육 프로그램이 필요하게 되었다.

마이클 팝킨(Michael Popkin)은 1983년에 자신이 개발한 적극적 부모 역할 토의 프로그램을 개정하여 적극적 부모 역할 훈련(active parenting)을 만들었다. 당시 마이클 팝킨의 목표는 교육 공학적인 방법을 부모교육 분야에 적용시키는 것이었다. 그 후 3년간의 연구와 개발을 통해 비디오를 활용한 훈련법이 가장 경제적이고 효과적인 혁신안이라는 결론을 내린 후에, 2~12세 아동의 부모를 위한 적극적 부모 역할 훈련(Active Parenting Today: APT)을 개발하였다. 그 후 10대 자녀를 둔 부모교육 프로그램의 개발 요구에 부응하기 위하여 청소년 부모를 위한 새로운 프로그램인 10대의 적극적 부모 역할 훈련(Active Parents of Teens: AP/Teens)을 제작하였다.

부모 역할 훈련 프로그램인 APT와 AP/Teens의 비디오 교재에는 서양인, 흑인, 정상인, 한부모 가정, 혼합 가정이 등장하여 다양한 가족 유형을 보면서 많은 도움을 받게 되어 있다(홍경자 역, 1995).

2) 목적

적극적 부모 역할 훈련 프로그램의 목적은 자녀들이 민주사회에서 잘 자라기 위하여 필요한 자질인 협동심, 용기, 책임감, 자기 존중감을 길러 주기 위한 기술과 지식을 부모에게 제공함으로써 가족 구조를 통하여 인간의 무궁한 잠재력을 개발시키고자 하는 데에 있다.

3) 교육 내용

적극적 부모 역할 훈련 프로그램의 기본 이론은 아들러(Adler)와 드라이커스(Dreikurs)의 이론, 칼 로저스(Carl Rogers), 토마스 고든(Thomas Gordon)의 의사소통 기법과 알버트 엘리스(Albert Ellis) 의 연구 결과에 기초를 두고 있다.

(1) 적극적 부모

① 지도자 유형으로서 부모 유형의 이해

- **군주형(autocratic style)–독재자 :** 군주적 부모는 독재자처럼 자녀들에게 무엇을, 어떻게, 언제 해야 할지를 명령한다. 자녀들은 의문을 제기하거나 도전하거나 의견에 반대할 여지가 없다. 일을 잘하면 부모에게서 보상을 받고 일을 못 하면 처벌을 받을 따름이다. 이러한 독재적 양육 방법은 오늘날과 같은 평등의 시대에는 적절하지 못하다.
- **허용형(permissive style)–심부름꾼 :** 허용적 부모란 거칠고 완고한 독재적 방식에 강력하게 반대하는 사람들이다. 허용형의 부모는 자녀들이 마음대로 지나치게 많은 시간 동안 하고 싶은 일을 하도록 허용한다. 이러한 가정에서는 질서와 규율이란 것이 없고 무제한의 자유가 보장된다. 허용적 부모들은 자녀의 심부름

꾼처럼 행동하면서 자녀들이 부모를 유린하도록 방임한다.

- **민주형**(democratic style)**–적극적 부모 :** 어떤 점에서 민주형은 군주형과 허용형의 중간쯤 되는 형이라고 말할 수 있으나, 그 이상의 의미를 함축하고 있다. 적극적인 부모의 가정에서는 '자유'가 이상적으로 추구되며, 타인의 권리와 개개인의 책임도 똑같이 추구해야 할 이상으로서 부모는 협동심을 길러주고 학습을 자극하는 지도자이다. 민주적 가정에는 질서가 있고 세심한 관심도 있다. 개개인이 다 중요한 구성원으로서 인정을 받는다.

② 적극적 부모 역할의 첫 단계 : 선택

인간에게 있어서 단순하면서도 가장 강력한 힘은 선택하는 힘이다. 따지고 보면 국가 간의 전쟁이 불가피한 것도 그들의 삶을 선택할 권리를 보장받기 위한 것이다. 그만큼 선택권이란 큰 영향력을 지닌 것이다. 적극적 부모 역할 훈련에서 주장하는 적극적인 부모는 '한계 안에서의 자유'를 자녀에게 허용한다. 여기에서 자유란 아동이 선택을 하는 자유인 것이다.

선택은 힘이다. 자녀들에게 선택의 자유를 제공하는 것은 그들의 힘을 크게 북돋워주는 것이다.

(2) 용기와 자기 존중감 불어 넣기

어떤 사건을 접했을 때 자녀는 실패를 경험하게 되면 자신을 무능하다고 생각하게 되고 낙심하며 소극적이거나 자포자기적인 행동을 하기 쉽다(그림 5-5). 이처럼 어떤 사건에 관련되어 청소년이 생각하는 것은 감정과 행동에 영향을 미친다. 이러한 것이 계속되다 보면 아동에게 실패 회로가 수립된다. 만약 10대들이 낙심하는 정도가 심해지면 학교를 포기할 수도 있다.

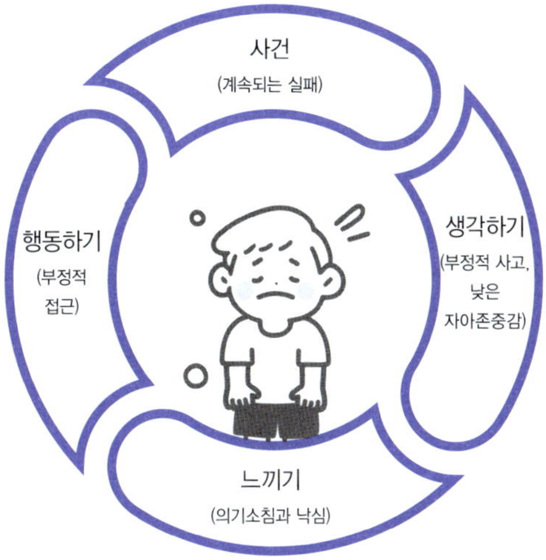

그림 5-5 실패회로

한편, 자녀가 성공적인 경험을 하는 어떤 사건이 발생하게 되면 자신을 유능하다고 생각하게 되고, 자신감을 느끼며, 적극적이고 긍정적인 행동을 하게 된다(그림 5-6). 이러한 유형을 반복하다 보면 청소년에게는 성공 회로가 수립된다.

그러므로 부모는 자녀의 기를 꺾어주는 사람, 곧 어떤 사건의 유발자가 되지 않도록 유념하며, 낙심하고 있는 자녀를 실패 회로에서 빠져나오도록 돕고 용기 있는 자녀들에게는 계속해서 성공회로 안에서 더욱 잘 생활할 수 있도록 도움을 주어야 한다. 이러한 성공회로 안에 머물게 하려면 자녀들이 자아존중감을 높이고 용기를 얻을 수 있도록 기를 살려주는 대화로 격려를 아끼지 않아야 한다(표 5-8).

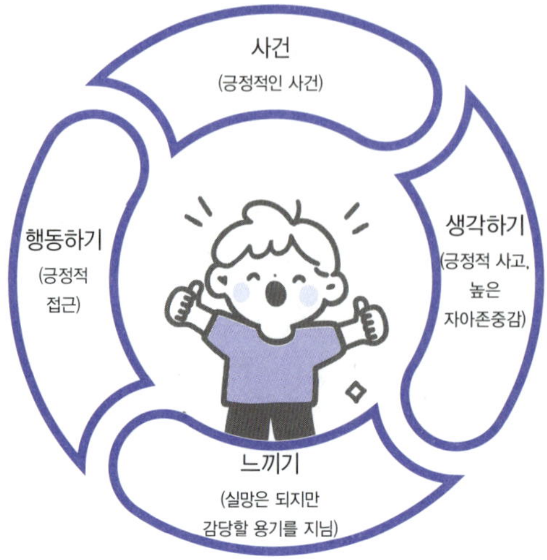

그림 5-6 성공회로

표 5-8 기 꺾기-기 살리기

기 꺾기	기 살리기
1. 부정적인 기대감을 갖기	1. 자신감을 심어주기
2. 실수를 지적하기	2. 힘을 북돋우기
3. 완벽주의	3. 아동의 가치를 인정하기
4. 과잉보호	4. 독립심을 자극하기

(3) 자녀의 행동 이해

① 아동의 행동 이해(6~12세)

자녀의 그릇된 행동의 이면에는 자녀의 숨겨진 심리적 욕구 내지 목적이 있다. 자녀를 잘 지도하기 위해서는 자녀의 숨겨진 욕구를 부모가 먼저 파악하는 요령이 있어야 한다. 적극적 부모 역할 훈련에서는 자녀가 부정적 접근방식을 취했을 때, 부모가 느끼는 감정과 부모의 지도에 대한 자녀의 반응을 단서로 하여 자녀의 행동 목적을 이해할 수가 있다고 가르치고 있다(표 5-9).

② 청소년의 행동 이해

드라이커스(Dreikurs)의 이론에 의하면, 청소년의 행동을 지배하는 다섯 가지 목적 또는 심리적 욕구는 접촉, 힘, 보호, 물러서기, 도전의 다섯 가지이다. 청소년은 다섯 가지 목적을 성취하는 수단으로서 긍정적이거나, 부정적인 접근을 사용하고 있다(표 5-10).

표 5-9 아동의 행동 목적 이해하기

부모가 느끼는 감정	부모의 지도에 대한 자녀의 반응	부정적 접근방식	자녀의 목적(욕구)
짜증이 난다.	멈춘다. 그러나 곧 다시 시작한다.	부당한 관심 끌기	접촉
화가 난다.	잘못된 행동이 증가한다. 혹은 잠시 수그러들다가 또다시 싸운다.	반항	힘
속이 상한다.	부모의 마음을 계속 상하게 하거나 잘못된 행동을 증가시킨다.	복수	보호
무기력하다.	수동적으로 된다. 시도하려 하지 않는다.	부당한 회피	물러서기

표 5-10 청소년 행동의 다섯 가지 목적에 대한 긍정적, 부정적 접근

십 대의 목적	긍정적 접근	부정적 접근
접촉	공헌	부당한 관심 끌기
힘	독립성	반항
보호	주장하기, 용서하기	앙갚음
물러서기	자기의 세계에 머무르기	과도한 회피
도전	기술 연마, 무리 없는 모험 즐기기	스릴 추구하기

(4) 책임감 발전시키기

책임감이란 자신이 어떤 행동을 선택하고 그 선택의 결과를 받아들이는 과정이다. 책임감 개발을 위한 효과적인 훈육 방법을 살펴보면 다음과 같다.

① 정중한 요청

어떤 상황에서 부모가 원하는 바를 자녀가 잘 알지 못할 때는 먼저 요청을 통해 부모가 원하는 것을 자녀에게 부드럽게 밝힌다.

② 나-전달법

나-전달법에는 네 가지 요소가 있다.

- 부모가 보는 문제점을 구체적으로 밝힌다.
- 그 상황에 대해서 부모가 느끼는 바를 말한다.
- 부모 자신의 이유를 진술한다.
- 부모가 원하는 바를 밝힌다.

③ 논리적 결과

정중한 요청과 나-전달법이 효과가 없을 때에는 자녀에게 결과를 부여한다. 논리적 결과란 자녀가 선택한 행동에 대한 타당한 대가를 치르게 하는 훈육 방법이다. 논리적 결과를 사용하는 요령은 다음과 같다.

- 먼저 자녀에게 선택권을 준다.
- 자기 행동의 결과로 치르는 대가에 대한 토론에 자녀를 참여시킨다.
- 결과는 논리적 타당성이 있어야 한다.
- 부모 쪽에서 실제로 실천할 수 있는 선택권만 주도록 한다.
- 단호하지만 조용한 목소리로 말한다.
- 일단 자녀에게 선택권을 주고 나서는 반드시 그대로 실행시킨다.
- 자녀가 부모를 시험해 본다는 사실을 유념한다.
- 자녀 행동의 결과를 경험하는 기회를 다시 한번 준다.

(5) 의사소통을 통한 협동심 구하기

가족이나 사회에서 협동심은 매우 중요한 가치를 가지고 있다. 간단히 말하면, 협동은 두 사람 이상이 공동의 목표를 향하여 함께 일하는 것이다. 자녀와 집안일을 논의할 때라든지 협력을 구할 때에 부모가 효과적으로 자녀에게 대화하는 요령은 자녀가 어떤 문제를 소유했을 때, 다시 말해서 자녀에게 고민이 생겼을 때에도 똑같이 사용할 수 있다. 이러한 의사소통의 기법은 두 단계로 나뉜다. 먼저, 의사소통의 걸림돌을 피하고 적극적인 의사소통 기법을 사용하는 것이다.

적극적 부모 역할 훈련의 강조점은 가정에서 부모가 자녀와 정기적으로 가족회의를 열어서 가정의 의사결정 과정에 자녀를 참여시키는 것이다. 이를 통하여 민주적인 리더십과 발표력이 신장되도록 하고 있다. 아울러 가족 화목 활동을 권유하여 가족의 응집력과 부모·자녀 간의 애정을 돈독히 하는 방법을 가르쳐 주고 있다.

(6) 민주사회에서의 적극적인 부모

① 가족 대화

가족 대화를 위한 요령은 다음과 같다.

- 주제를 어떻게 소개할 것인지 계획을 세운다.
- 활기찬 토론을 할 질문들을 생각한다.
- 당신이 말하고 싶은 핵심적인 사항을 기록한다.
- 영상, 음원, 디지털 자료나 인쇄물을 보조자료로 활용한다.

② 적극적 문제해결

적극적 문제해결의 5단계는 다음과 같다.

- 문제를 분명하게 규명한다.
- 생각과 감정을 나눈다.

- 가능한 해결책에 대하여 브레인스토밍한다.
- 해결책을 결정한다.
- 결정된 사항을 행동으로 실천한다.

③ 가족회의

가족회의는 모든 가족이 가정생활에 적극적으로 참여할 기회가 허용되도록 정기적으로 계획된 모임이다. 가족회의를 여는 데는 여러 가지 방식이 있으며 그 예는 다음과 같다.

- 가족회의 진행 순서
- 개회사 및 칭찬하기
- 회의록 낭독(지난 회의 내용 공유)
- 기존 안건 및 새로운 안건 논의
- 용돈
- 특별 음식/가족 활동

함께 생각해 보는 **부모교육**

부모교육의 프로그램에 대해 생각해 보기

1. '부모 효율성 훈련(PET)' 프로그램에 따라 자녀 교육을 한다면, 그렇지 않았을 경우에 비해 어떤 점이 개선될 것이라고 생각되나요?
2. '체계적 부모 효율성 훈련(STEP)' 프로그램은 민주적 가정을 기본 가정으로 하며, 9가지 교육 내용으로 구분해 볼 수 있다. 수업시간에 배운 내용을 간략한 설명과 함께 작성해 보세요.
3. 민주적 부모가 가진 양육 방식과 민주적 부모 가정의 특성은 무엇일까요?

인포그래픽으로 보는 부모, 자녀 관련 이슈 & 챗 GPT의 부모교육

교사 10명 중 9명 "학부모와 학생에 스트레스 크다"

유·초·중·고 교원 및 전문직이 느끼는 스트레스 대상

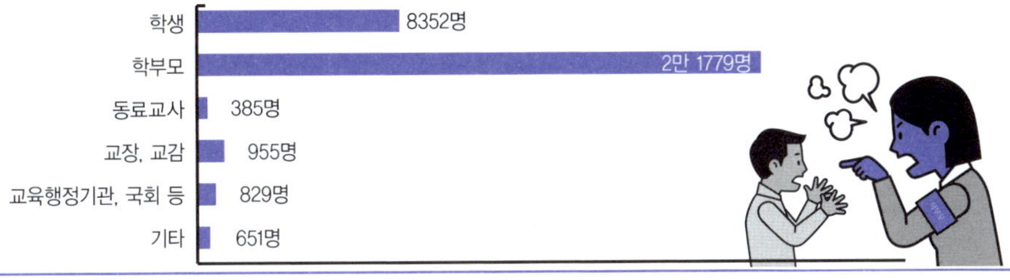

출처: 데이터솜 (2023.08.02.)

한국교원단체총연합회에서 전국 유·초·중·고 교원 및 전문직 3만 2951명을 대상으로 실시한 '2023 교권침해 인식 및 대책 마련을 위한 교원 설문조사' 자료를 살펴본 결과 교원의 66.1%가 '교원에게 스트레스를 주는 주 대상'으로 '학부모'라고 답했다. 또 '학생'이라고 응답한 교원은 25.3%에 달해 전체의 91.4%에 달하는 사람이 학생과 학부모에게서 가장 큰 스트레스를 받는 것으로 나타났다.

'선생님은 감정근로자'라고 인식하는 정도에 대해서는 99%가 '동의한다'고 밝혔다. '교원에게 스트레스를 주는 원인' 1위로는 '생활지도(문제행동)'가 46.5%로 가장 많았다. 그 외에도 ▶민원 32.3% ▶아동학대 신고 두려움 14.6% ▶행정업무, 감사 3.1% ▶교직원 간 갈등 1.3% ▶수업 및 교과지도 0.5% ▶각종 연수 0.1% ▶기타 1.7% 등으로 나타났다.

'문제행동에 대해 즉각 제지할 수 없어 학생에게 부탁하는 것이 현실'이라는 인식에 대해서는 '동의한다'는 응답이 98.7%로 대다수 교원이 학생지도 관련 무력감을 느끼고 있었다. 〈기사 요약〉

ChatGPT

교사가 부모면담 시 실질적 어려움은 무엇이 있나요?

유치원 교사가 부모 면담을 진행할 때 마주할 수 있는 실질적인 어려움은 여러 가지가 있습니다. 주요 어려움은 다음과 같습니다.

1. 부모와의 시간 조정 문제

부모의 바쁜 일정이나 직장 근무시간과 교사의 근무시간이 맞지 않아 면담 시간을 조정하기 어려운 경우가 많습니다. 이로 인해 부모와의 만남 자체가 어려워질 수 있습니다.

2. 부모의 감정적 반응

자녀의 문제나 발달 상황에 대해 부모가 감정적으로 반응하거나 방어적인 태도를 보일 수 있습니다. 이러한 반응은 면담을 원활하게 진행하는 데 방해가 될 수 있습니다.

3. 부모의 이해 부족

부모가 자녀의 발달 상황이나 교육과 관련된 전문적인 정보를 이해하기 어려운 경우가 많습니다. 교사는 이를 충분히 설명해야 하며, 부모의 이해도를 고려한 접근이 필요합니다.

4. 부모의 기대와 교사의 현실 차이

부모는 자녀의 성과나 발달을 기대하는데, 교사는 그에 대한 현실적인 한계나 조건을 설명해야 할 때 어려움을 겪을 수 있습니다. 예를 들어, 부모가 자녀의 성적이나 행동 변화에 대해 비현실적인 기대를 가질 경우 이를 조정하는 것이 도전적일 수 있습니다.

5. 부모의 방어적 태도

일부 부모는 자녀에 대한 부정적인 평가나 피드백을 듣는 것을 어려워할 수 있습니다. 이로 인해 교사는 부모의 방어적인 태도를 관리하며 면담을 원활하게 진행해야 하는 어려움을 겪을 수 있습니다.

6. 문화적, 사회적 차이

부모의 문화적, 사회적 배경에 따라 교육적 가치관이나 자녀 양육 방식이 다를 수 있습니다. 교사는 이러한 차이를 고려하여 부모와의 면담을 조율해야 하며, 때로는 문화적 이해가 부족할 수 있습니다.

이러한 어려움을 해결하려면 교사는 면담의 목적을 명확히 하고, 부모의 입장을 이해하려는 태도를 가져야 합니다. 또한, 부모가 이해하기 쉬운 언어와 방법으로 정보를 제공하고, 양방향 소통을 위해 노력하는 것이 중요합니다.

CHAPTER 06

실천 중심 부모교육 프로그램

현대 부모는 자녀의 문제행동, 감정 표현, 관계 갈등 등 다양한 양육 과제에 직면하고 있으며, 이를 효과적으로 해결하기 위해서는 현실에 적용 가능한 실천 중심의 부모교육이 필요하다.

이 장에서는 자녀의 바람직한 행동을 유도하는 행동수정 부모교육, 감정코칭, 주장 훈련 등 다양한 현대적 부모지원 프로그램을 함께 다룬다. 이들 프로그램은 부모가 실제 양육 상황에서 활용할 수 있는 의사소통 기술, 감정 조절, 행동 지도 전략을 중심으로 구성되어 있으며, 자녀뿐 아니라 부모 자신의 변화와 성장을 함께 추구한다.

따라서 본 장은 부모가 실천을 통해 역할을 강화하고, 자녀의 건강한 발달을 도울 수 있는 구체적인 교육 방향을 제시하고자 한다.

학습목표

1. 현장에서 활용할 수 있는 다양한 부모교육 프로그램의 내용을 살펴보고 이해한다.
2. 행동수정 프로그램의 내용을 이해하고 활용방안을 모색한다.
3. 기타 부모교육 프로그램의 내용을 이해하고 활용방안을 모색한다.

1. 행동수정 기반 훈련

1) 배경

심리학의 주요한 경향 중의 하나인 행동주의에 기초한 부모교육 이론이 행동수정 이론(behavior modification theory)이다.

행동수정 이론은 왓슨(Watson)의 『영아 및 아동의 심리학적 양육』이라는 양육서의 출판과 부모교육 강연 실시로 호응을 얻기 시작하였으며, 1940년대에 이르러 스키너(Skinner)에 의해 행동주의 심리학적 기초를 가진 부모교육 이론으로 널리 알려지게 되었다.

행동주의 심리학의 입장에서는 인간 행동이 개인과 환경과의 상호작용을 통해 형성된다고 보기 때문에 인간 행동을 변화시키기 위한 환경의 변화를 강조하였다. 따라서 행동주의 심리학에 근거한 부모 역할이란 좋은 모델을 자녀에게 보여주며, 바람직한 행동들은 더욱 잘할 수 있도록 강화해 주고 바람직하지 못한 행동들은 의도적·계획적으로 수정·변화되도록 훈련하는 것이다.

행동수정 이론은 1940년대부터 현재에 이르기까지 일반 부모들의 자녀 행동 형성 및 문제행동 수정과 특수한 문제를 가진 자녀들의 행동 형성과 수정에도 폭넓게 적용되고 있다.

2) 기본 가정 및 목적

(1) 기본 가정

부모교육에 있어 행동수정 이론의 기본 가정은 인간의 행동은 학습한 결과라는 것이다. 따라서 행동이 학습된 것이라면, 학습한 과정을 잊게 한다거나 다시 학습하여 행동을 변화시킬 수 있다는 가정이 성립된다. 만일 아동 행동의 학습이 근본 문제라면 바로 그 학습이 근본 해결책이어야 한다.

다른 기본 가정은 대부분의 학습이 개인과 환경과의 상호작용에 따른 결과라는 것이다. 개인의 행동은 환경과 관계된 것이기 때문에 행동을 변화시키기 위해서는 우선 환경이 변화되어야 한다. 학습과 학습이 일어나는 사회 상황의 영향을 강조함으로써 부모교육에서 행동수정 이론을 사용하는 단계를 명확히 할 수 있다.

(2) 목적

행동수정 이론을 적용한 부모교육의 목적은 아동의 행동을 평가하고 진단하기 위한 것이다. 일반적으로 아동이 어떤 행동을 지나치게 많이 한다든가, 적게 한다든가 혹은 바람직한 행동을 계속해서 유지하지 못한다거나 하는 등의 행동유형을 평가하고 결정한다. 이러한 행동유형은 과잉(excess), 결핍(deficit), 유지(maintenance) 등의 문제와 관련이 있다. 부모의 행동이나 부모 역할에 관한 기술은 이러한 유형의 문제를 쉽게 평가할 수 있도록 한다.

행동수정 이론을 적용한 부모교육은 아동의 행동을 지도하고, 발달시키고, 통제할 수 있는 기술을 익히고 향상시키는 데 중점을 두고 있으므로 부모들은 아동을 변화시키는 지도자로서의 역할을 하게 된다. 대개의 부모들은 아동을 관리하는 데 필요한 부모 역할 기술을 습득하고 싶어 한다. 아동의 변화될 수 있는 행동 영역은 앞서 언급한 과잉, 결핍, 유지의 문제행동에 대한 평가에 따라 정해질 수 있다. 행동수정 이론에서 부모교육 목적은 아동의 환경에서 가장 중요하고 영향을 주는 부모들로 하여금 자녀의 문제행동을 변화시킬 책임이 그들에게 있다는 것을 받아들이도록 하는 것이다. 즉, 부모가 교육을 통해 좋은 기술을 습득함으로 해서 부모 자신이 변화될 것이라는 가정을 포함한다.

행동수정 이론에서 부모교육의 일반적인 목적은 다음과 같다.

첫째, 부모에게 행동수정 이론의 기본적인 원리를 훈련한다.

둘째, 부모에게 행동을 관찰하는 기술과 평가하는 능력을 훈련한다.

셋째, 자녀에게 행동수정의 원리를 적용하여 행동의 변화를 경험하게 한다.

3) 행동수정의 원리

행동수정의 이론에서 활용하고 있는 원리는 크게 세 가지로 구분된다.

첫째, 부모의 행동을 모방하여 행동을 하게 된다는 모방학습 이론(modeling theory)이다. 따라서 부모가 모범을 보이는 것이 중요하다.

둘째, 인위적으로 자극과 반응을 조정하는 조작적 조건형성 이론(operant conditioning theory)이다. 이는 자녀가 어떤 행동을 했을 때 보상이나 격려를 통해 바람직한 행동은 강화시키고, 바람직하지 못한 행동은 불쾌한 경험이나 회피행동을 통해 소거시키는 방법이다.

셋째, 고전적 조건형성 이론(classical conditioning theory)이다. 고전적 조건형성 이론은 자극과 반응을 짝지어 반복하여 제시함으로써, 바람직한 행동에 대해서는 조건형성을 통해 행동화시키고 부정적인 행동에 대해서는 소거시키는 방법이다.

이러한 세 가지 원리에 따라 자녀 양육의 기술을 습득하게 하는데, 주로 목표 행동을 선정하고 기록하여 목표에 부합하는 강화와 벌을 사용한다.

행동수정 이론에서 제시된 원리를 요약하면 다음의 다섯 가지로 집약된다.

- 새로운 행동을 강화시키기 위한 원리
- 새로운 행동을 발달시키기 위한 원리
- 새로운 행동을 유지시키기 위한 원리

- 부적절한 행동을 중단시키기 위한 원리
- 정서적 반응을 수정하기 위한 원리

행동수정 이론의 다섯 가지 원리를 구체적으로 살펴보면 다음과 같다.

(1) 새로운 행동을 강화시키기 위한 원리

① 정적 강화

바람직한 행동을 한 후에 아동이 좋아하는 강화물을 제공하여 바람직한 행동의 발생률을 향상시키는 과정을 말한다. 예를 들어, 과제를 다하면 좋아하는 애니메이션을 보여주겠다고 할 때 애니메이션을 보는 것이 정적 강화 자극이 된다. 정적 강화의 효과를 높이려면 바람직한 행동을 한 즉시 후속 자극을 주어 강화시켜야 한다.

② 부적 강화

바람직한 행동을 한 후에 후속 자극, 즉 아동이 싫어하는 처벌이나 불쾌한 반응을 제거함으로써 바람직한 행동의 발생률을 높이는 방법이다. 예를 들어, '30분 이내에 수학 문제 30개를 다 풀면 오늘 숙제를 면제해 주겠다.'고 하면 이때 숙제 면제는 부적 강화 자극이 된다.

(2) 새로운 행동을 발달시키기 위한 원리

① 점진적 접근(행동형성) 원리

이전에는 거의 혹은 전혀 하지 못하던 새로운 행동을 하도록 가르치려면 완전한 행동에 이르기까지 그 하위단계들을 계속 강화해 나가면서 점진적으로 접근해 나간다. 예를 들어, 아동이 학교에서 처음 글을 배울 경우, 처음에는 책에 표시만 하고 그다음에는 점선 따라 긋고 또 자음, 모음 형태를 따라 긋도록 하고, 후에는 자음,

모음 글자 형태대로 쓰기를 한다. 간단한 글자를 쓰게 되면 단어 형태로 연결하도록 하여 글을 학습하게 된다.

② 모방 원리

아동들에게 새로운 행동을 가르치기 위해서는 바람직한 행동을 하는 영향력 있는 사람을 관찰하여 모방할 기회를 제공함으로써 새로운 행동을 가르치는 것이다. 예를 들어, 아동들이 TV나 온라인 영상 매체에서 노래하는 것을 몇 번 보고 나서 새로운 노래를 배우거나, 가정에서 부모들의 행동을 관찰하고 나서 역할놀이를 할 때 부모의 행동을 그대로 흉내 내게 되는 것이다.

③ 신호 제시 원리

아동에게 바람직한 행동을 하게 하려면 잘못된 행동이 발생한 후보다는 그 행동을 하기 바로 직전에 올바른 행동을 할 수 있도록 기억시키거나 신호를 주는 것이다. 특히, 행동 형성에 의한 단계적 학습에 있어서 각 단계에서 요구되는 행동을 잘할 수 있도록 하기 위한 언어적 지시나 물리적 도움인 실제적인 신체접촉을 말한다.

④ 변별원리

특정 상황에서 아동이 바람직한 행동을 하도록 가르치려면 상황을 구별하는 신호를 발견하도록 도와주고, 그의 행동이 그 신호에 적합한 때에만 강화를 해준다. 예를 들어, 새로운 글자를 배운 아동에게 방바닥이나 벽에 글자를 쓸 때는 강화를 해주지 않고 공책에 쓸 때만 강화를 해주는 것이다.

(3) 새로운 행동을 유지시키기 위한 원리

① 대체 원리

이미 효과가 없어진 강화물을 가지고 아동을 강화시키기 위해서는 보다 더 효과적인 강화물을 주기 바로 전에 효과가 없어진 강화물을 주거나 가능한 보다 더 효과적인 강화물을 제시하면서 동시에 효과가 없어진 강화물을 준다.

② 간헐적 강화 원리

아동이 자발적으로 새로 습득된 행동을 계속하도록 격려하기 위해서는 바람직한 행동에 대해 강화하는 빈도를 점차적으로 감소시켜 간헐적으로 강화한다. 예컨대, 주말마다 좋아하는 간식 받기, 일주일 동안 방을 청소했는데 2번 칭찬을 받은 것 등이다.

(4) 부적절한 행동을 중단시키기 위한 원리

① 포화 원리

아동의 바람직하지 않은 행동을 그만두게 하려면, 그 행동에 싫증이 날 때까지 바람직하지 못한 행동을 계속하도록 허용하거나 강요하는 방법이다. 예컨대, 감자 외에는 아무것도 먹지 않는 아동에게 식사 때마다 감자만을 주었더니 3일 후에 아동은 다른 음식을 먹겠다고 했다.

② 소거 원리

바람직하지 않은 행동을 중단시키려면 그 행동을 한 후에는 어떤 강화도 받지 못하도록 상황을 조정한다. 그러면 그 행동의 발생률이 낮아지다가 결국 없어지게 된다. 예컨대, 자기가 하고 싶은 대로 못 할 때마다 큰 소리를 지르는 아동에게 조그마한 관심도 보이지 않으면 처음에는 더욱 큰소리를 지르지만 나중에는 그 행동이 중단된다.

③ 상반 행동의 강화 원리

아동의 바람직하지 못한 행동을 중단하도록 하기 위해서는 고치고자 하는 바람직하지 못한 행동과 상반되는 다른 행동을 찾아 적절히 강화해야 한다. 예컨대, 교실에서 교사의 허락 없이 자리를 떠나 돌아다니는 학생에게 돌아다니는 행동을 감소시키려는 생각보다는 그 아이가 잠시라도 자리에 앉아 있을 때 강화해 주는 것을 말한다.

④ 부적 강화 원리

바람직하지 못한 행동을 그만두도록 하기 위해서는 그 행동이 향상되었을 때 즉시 불쾌하거나 불편한 상황이 사라지도록 조정한다.

(5) 정서적 반응수정을 위한 원리

① 회피 원리

아동이 특정한 상황을 피하도록 가르치기 위해서는 아동에게 피해야 할 상황과 불쾌한 상황을 동시에 제시한다.

② 공포감소의 원리

아동에게 어떤 특수한 상황에 대한 공포를 극복하도록 도와주기 위해서는 공포를 느끼는 상황에서 아동이 지내는 시간을 점차 증가시켜 공포를 극복하게 하는 원리이다.

4) 행동수정의 방법

(1) 목표 행동의 정의

부모가 자녀의 행동을 변화시키려고 계획할 때 우선적으로 해야 할 일은 목표 행동을 좀 더 구체적이고 관찰할 수 있는 행동으로 표현하는 것이다. 예를 들면, “우리 아이는 식사 시간에 반찬은 먹지 않고 밥만 먹어요."라든가, "형이 공부할 때면 그 옆에 가서 연필을 빼앗아요." 등의 구체적인 행동으로 표현하여야 한다.

따라서 행동에 대한 조작적 정의를 내려야 한다. 이는 관찰 가능하고 측정이 가능한 구체적인 행동으로 정의하여야 한다. 조작적 정의를 내리기 위해서는 아동의 행동을 관찰하여 행동이 일어나는 상황을 파악하여야 한다. 즉 언제, 어디서, 무엇을, 어떻게 등에 관한 관찰을 통해 행동을 정의하여야 한다.

(2) 행동의 관찰과 기록

목표 행동을 결정하고 난 다음 목표 행동을 관찰하고 기록하여야 한다. 변화시키려는 목표 행동이 결정되면 행동과 관련된 자료를 수집하여야 한다. 자료의 수집은 행동의 결핍, 과잉, 유지 등의 문제를 평가하기 위한 기준을 결정하기 위하여 행동을 관찰하여 기록한 것이다.

행동을 관찰하고 기록하는 목적은 행동이 발생하는 빈도, 지속시간, 발생하는 강도 등을 결정하려는 것이다. 대부분의 행동수정 프로그램에서는 부모들이 행동을 관찰하여 목표 행동을 정하도록 하고, 행동이 발생하고 발생하지 않는 시간이나 장소, 상황 등을 기록하게 한다. 이러한 행동의 발생 조건이 결정되고 나면 변화를 계획하여 평가할 수 있는 기준이 마련된다.

(3) 행동 분석

관찰된 자녀의 행동을 분석하는 것으로서 행동을 유발하는 선행자극(antecedent), 행동(behavior), 행동 뒤에 오는 후속자극(consequence)을 찾아내는 과정이다.

그림 6-1 행동 분석

행동을 유발하는 선행자극과 행동을 증감시키는 강화의 역할을 하는 후속자극이 무엇인지 알게 되면, 행동을 변화시킬 수 있는 행동수정 계획이 원활하게 진행된다.

자녀가 그 행동을 주로 언제, 어디서, 자주 또는 심하게 하는지, 또한 그 행동을 할 때 주위에서 어떤 일들이 일어나고 있었는지, 그 행동이 발생한 다음 후속자극으로서의 강화자극은 어떤 것이었는지 그 상황을 세밀하게 분석한다. 이러한 분석은 자녀의 행동에 영향을 미쳐 행동이 일어나도록 한 단서가 되는 선행자극과 행동을 계속 유지해야 할 목록, 증감시킬 수 있는 목록에 대하여 어떠한 후속자극, 즉 강화를 사용할 것인지를 결정하게 된다.

(4) 강화와 벌

강화(reinforcement)와 벌(punishment)은 자녀의 행동을 증감시키는 후속자극이다. 강화란 어떤 특정한 행동을 증가시키기 위하여 자극을 주는 것으로, 정적 강화(positive reinforcement)와 부적 강화(negative reinforcement)가 있다. 정적 강화는 자녀의 바람직한 행동을 더욱 증진시키고자 할 때 칭찬, 미소 또는 물건을 주어 그 행동을 더욱 하고 싶도록 하는 방법이고, 부적 강화는 자녀가 바람직한 행동을 할 때 싫어하는 대상물을 줄여 주거나 없앰으로써 강화하는 방법이다. 강화물에는 음식물이나 장난감과 같은 물적 강화물이 있고, 칭찬·미소·안아주기·쓰다듬기와 같은 사회적 강화물이 있으며, 스티커·토큰 등과 같은 것을 모아서 보상을 받을 수 있는 토큰 강화가 있다.

강화는 행동을 증진시키기 위한 후속자극인 반면, 벌은 행동을 감소시키기 위한 후속자극이므로 벌은 어떤 바람직하지 않은 행동이 일어난 후 곧 주어서 그 행동을 약화시킨다. 꾸짖음, 싫어하는 일 시키기, 스마트폰 제한, TV 및 유튜브 시청 금지 등이 벌로 주어질 수 있다.

그리고 어떤 상황에서든지 모든 어린이들에게 사용할 수 있는 벌에 대한 신호를 정해서 사용해야 한다.

(5) 행동 형성과 모방학습

행동 형성(shaping)과 모방학습(modeling)은 새로운 행동을 학습하도록 하는 선행자극이 된다.

① 행동 형성

행동 형성은 아동이 아직 한 번도 해 본 적이 없거나 거의 하지 않는 어떤 새로운 행동을 가르치는 방법으로, 점진적으로 목표 행동에 도달하는 방법이다. 대부분 아동이 목표 행동을 전혀 하지 못하는 상태에서 시작하므로, 행동 형성법을 계획할 때는 목표 행동과 유사하거나 그 행동으로 나아갈 가능성이 있는 행동을 찾아서 그 행동을 하면 즉각 강화를 해 주어야 한다.

행동 형성법은 아동이 목표 행동에 도달할 때까지 단계를 설정하여 점진적으로 각 단계의 행동을 하면 강화하는 것이다.

행동 형성의 절차는 다음과 같다(Schopler, Reichler & Lansing, 1980).

- 목표 행동을 선정한다.
- 시발점 행동을 확인한다.
- 시발점 행동 강화 자극을 선정한다.
- 도달점 행동에 접근하는 행동이 발생할 때마다 강화한다.

행동 형성은 우리에게 새로운 행동을 가르치는 데 사용되므로 생활에서 매우 중요하다. 예를 들어, 말을 배우는 아동의 경우에 첫 단계에서는 단지 음성만 내어도 강화하고, 다음에는 가르치고자 하는 말과 유사한 발음을 하였을 때 강화하면 음성만 내던 소리는 사라지고 유사한 발음이 계속된다. 할머니라는 말을 배우는 경우에 '하 → 함 → 함니 → 함무니 → 할머니'의 단계를 거쳐서 할머니라는 말을 하게 된다. 각 단계의 말을 할 때면 반응을 보이고 신체적 접촉으로 강화한다. 이와 같이 말이나 글을 배울 경우, 양치질, 옷 입기, 인라인 타기, 자전거 타기 등의 복잡한 행동들도 행동형성에 의해 습득된다.

한편, 어떤 목표 행동을 하기 위해서는 여러 단계를 통합하여야 하나의 목표 행동을 할 수 있는 경우가 있다. 예를 들어, 바지를 입는 경우 여러 단계를 거치게 된다. 이때는 이전 단계의 행동이 소멸되는 것이 아니라, 다음 단계의 행동에 선행자극으로 작용하게 된다. 따라서 한 단계의 행동이 완전히 학습되고 나면 다음 단계의 행동을 하도록 하는 자극이 되어 점진적인 행동의 학습이 이루어진다. 이러한 방법을 행동연쇄(chaining)라고 한다. 행동 형성과 행동 연쇄법에는 모방학습이 동시에 작용한다.

② 모방학습

모방학습은 아동에게 행동을 제시하여 그 행동을 따라 하도록 하는 방법이다. 학습은 특히 어린 아동의 경우에 다른 사람의 행동을 모방한다는 데 그 중요성이 있다. 아동은 환경을 관찰하고 다른 사람, 특히 아동에게 중요한 부모, 형제, 교사, 친구 등의 행동을 모방한다.

행동에 어떠한 보상이 주어지지 않아도 모방은 이루어진다. 만일 그 대상이 힘 있고, 온정적이고, 양육적이면 더 모방하게 된다. 그러므로 성인이 무의식 중에 아동의 바람직하지 못한 행동모델이 될 수도 있다. 또 TV나 온라인 영상 매체는 아동이 모방학습을 하는 자료가 된다. 아동의 공격성에 TV나 온라인 영상 매체의 영향이 크다고 많은 연구 결과에서 나타난 바와 같이, 아동에게 어떤 모델을 제시하느냐에 따라 바람직한 행동을 학습할 수 있고, 반대로 바람직하지 못한 행동을 학습할 수 있다.

2. 기타 부모교육 프로그램

1) 대화기술 프로그램(How to talk so kids will listen & listen so kids will talk)

(1) 배경

파버(Faber)와 메즈리쉬(Mazlish)(1980)가 개발한 이 프로그램은 기노트가 주도했던 부모지도의 경험과 10년 동안 세 자녀들을 둔 부모로서의 경험에 근거한 것이다. 이 프로그램은 부모들이 각자 자기 속도에 맞게 배워 혼자서 또는 친구와 함께 연습할 기회를 갖게 만든 것이다. 또한 대화의 사례를 많이 싣고, 삽화를 실어 부모들이 삽화만 보고도 빠르게 기술을 익힐 수 있도록 했다.

부모들은 워크북과 저자들의 책인 대화기술(How to talk so kids will listen & listen so kids will talk, 1980)과 자유스러운 부모: 자유스러운 아이들(Liberated Parents: Liberated Children, 1974)을 중심으로 토론과 역할놀이를 하게 된다.

우리나라에서는 김진숙과 김지은(1992)이 '자녀와의 사랑 만들기'로 번역하여 부모들에게 좋은 반응을 얻고 있다.

(2) 교육 내용

① 아이들의 감정을 이해하기

자녀들이 화가 나거나 마음이 상했을 때, 부모들은 충고나 동정, 질문, 타인변호, 감정을 부정함으로써 아이를 기분 나쁘게 만들거나 더욱 화나게 한다.

아이들이 자신의 감정을 잘 다루도록 도와주기 위해서 부모는 아이가 하는 말을 건성으로 듣는 대신 주의 깊게 들어주어야 하고, 질문이나 충고를 하는 대신 한두

마디로 아이의 감정을 인정해 주어야 한다. 또한 감정을 부정하기보다는 아이가 느끼는 감정이 어떤 것인지를 구체적으로 이야기해 주고 아이가 바라는 것을 상상적으로 표현해 줌으로써 스스로 격한 감정을 다룰 수 있도록 도와주어야 한다.

아이들의 감정을 이해하려면

1. 관심을 갖고 조용히 아이들의 이야기를 들어준다.
2. 한마디로 아이들의 말을 인정해 준다.
   "오. 음. 그래…"
3. 아이들이 느끼는 감정을 말해 준다.
   "매우 실망이 컸겠구나."
4. 아이들이 원하는 것을 상상으로 표현해 준다.
   "지금 당장 네게 맛있는 아이스크림을 만들어 주고 싶구나!"

출처: 김진숙·김지은 역(1992). 자녀와의 사랑 만들기.

② 아이들과 협력하기

자녀의 행동 문제는 부모의 욕구와 자녀의 욕구 사이에 갈등이 있을 때 발생하게 된다. 부모들의 욕구는 아이들이 질서와 예의를 지키는 일상적인 일, 즉 사회의 규범에 잘 적응하도록 도와주려는 것이다. 이에 반해 자녀들은 그런 것에 신경을 쓰지 않는다.

이러한 갈등으로 부모들은 부정적인 감정을 경험하게 된다. 이들에게는 어떤 대안이 있을까? 아이들의 자존심을 상하게 하지 않고 부정적인 감정의 응어리를 남기지 않으면서 아이들과 협력할 수 있는 방법은 다음과 같다.

아이들과 협력하려면

1. 당신이 본 대로 또는 문제점에 대해 이야기해 준다.
   "침대 위에 젖은 수건이 있구나."
2. 정보를 제공해 준다.
   "수건 때문에 담요가 젖는구나."
3. 한마디로 말한다.
   "수건"
4. 당신의 감정을 이야기한다.
   "나는 젖은 침대 위에서 자는 걸 좋아하지 않아."
5. 메모를 남긴다.(수건걸이 위에 붙여 놓는다) 내가 마르도록 제발 날 제자리에 걸어두세요.
   고마워요!

당신의 수건 올림

출처: 김진숙·김지은 역(1992). 자녀와의 사랑 만들기.

③ 벌에 대한 대안

아이는 잘못된 행동에 대해 벌을 받으면 미움이나 보복, 죄의식 등의 감정을 갖게 된다. 또한 벌은 아이가 자신의 행동을 스스로 돌아보는 중요한 내적 성찰의 기회를 빼앗을 수 있다. 이러한 이유로, 벌 대신에 몇 가지 다른 대안이 있다.

벌의 대안

1. 아이의 특성을 비난하지 말고 당신의 감정을 강하게 표현한다: "난 너무 속상해. 네가 장난감을 정리하지 않아서 거실이 엉망이 되어버렸거든!"
2. 당신의 기대를 말한다: "장난감을 다 놀았으면 정리함에 꼭 다시 넣어줬으면 좋겠어."
3. 아이가 사태를 잘 수습할 수 있도록 당신이 시범을 보인다: "이 블록은 여기 상자에 넣고, 인형은 이 칸에 이렇게 정리하면 돼."
4. 선택의 기회를 준다: "지금 장난감을 정리하든지, 아니면 당분간 장난감 놀이를 쉬든지, 네가 선택하렴."
5. 행동(조치)을 취한다: 아이: 왜 장난감 상자가 잠겨 있어요? 엄마: 그 이유를 네가 한번 말해 보렴.
6. 문제해결방법: 다음부터는 네가 놀고 나서 장난감을 잘 정리하려면 어떻게 하면 좋을까?

출처: 김진숙·김지은 역(1992). 자녀와의 사랑 만들기.

④ 자율성 길러주기

아이들은 아직 어리고 경험이 없기 때문에 부모는 아이들을 위해서 많은 것을 대신해 주게 된다. 그러나 부모가 모든 것을 지시하거나 대신해 주면, 아이는 자기 스스로 경험할 수 있는 기회와 스스로 함으로써 얻게 되는 성취의 기쁨을 맛보지 못하게 된다.

그러면 우리 아이들의 의존적인 감정을 최소화하는 방법은 없을까? 우리 아이들의 자율성을 길러줄 수 있는 기회는 없을까? 여기에 아이들의 자율성을 길러주는 데 도움이 되는 몇 가지 기술을 소개하고자 한다.

자율성을 길러 주려면

1. 아이들에게 선택의 기회를 제공해 준다.
   "너 오늘 회색 바지를 입겠니? 아니면 빨간 바지를 입겠니?"
2. 아이들의 노력을 존중하며 지켜본다.
   "지퍼 올리는 건 생각보다 힘들 수 있어. 손가락으로 잡고 살짝 올려보면 돼. 계속 해보자."
3. 아이에게 너무 많은 질문을 하지 않는다.
   "잘 다녀왔구나."
4. 질문에 빨리 답하려고 서두르지 않는다.
   "그것 참 재미있는 질문이구나. 너는 어떻게 생각하니?"
5. 아이들이 집 밖의 자원을 이용할 수 있도록 격려한다.
   "애완동물 가게 아저씨에게 물어보는 게 어떨까?"
6. 아이들의 희망을 빼앗지 않는다.
   "네가 그 연극을 해보려고 하는구나. 좋은 경험이 될 거야."

출처: 김진숙·김지은 역(1992). 자녀와의 사랑 만들기.

⑤ 효과적으로 칭찬하기

부모로서 우리가 어떻게 아이들이 긍정적인 자기 존중감을 가질 수 있도록 도와줄 수 있을까? 아이들을 칭찬하는 일이 도움이 되리라 확신한다. 하지만 칭찬은 미묘한 것이어서 때로 많이 칭찬해 준 일이 기대치 못한 반응을 불러일으키기도 한다. 효과적으로 칭찬하는 방법은 다음과 같다.

칭찬과 자기 존중감

1. 당신이 본 대로 표현한다.
   "마루도 깨끗하고 침대도 정리하고 책도 책장에 가지런히 꽂혀 있구나."
2. 당신이 느낀 대로 표현한다.
   "이 방에 들어오는 것이 즐겁구나!"
3. 아이들의 칭찬을 받을 만한 행동을 한마디로 요약한다.
   "연필, 크레파스, 펜을 잘 분류해서 넣었구나. 이런 걸 체계 있게 정리했다고 한단다!"

출처: 김진숙·김지은 역(1992). 자녀와의 사랑 만들기.

2) 감정코칭 프로그램

(1) 배경

한국의 전통적인 문화권 안에서 자란 대부분의 남자와 여자들은 감정을 표현하는 데 익숙하지 않다. 그러나 최근 10년간 젊은 사람들의 사고나 행동 패턴이 많이 바뀌었다고는 하지만 아직도 불충분하기 때문에 부부 갈등이 많은 것이다. 우리 문화에서 아직은 가족 간에 감정을 교류하기 어려운 것이 가장 큰 문제이다. "자녀를 정서지능도 높고 학교 성적도 우수한 아이로 키우는 방법은 의외로 간단합니다."라고 말하는 가족치료 전문가로 세계적인 명성을 얻고 있는 미국 워싱턴대 석좌교수 존 가트맨(John Gottman) 박사는 2010년 4월 8일 서울에서 가진 기자회견에서 자녀 교육에 관심 있는 부모들이 솔깃할 만한 주제를 던졌다. 그는 자녀 교육에 감정코칭을 도입하면 유용하다고 했다(최혜순, 2011).

가트맨 박사는 '감정코치(emotion coach)'라는 신교육 개념을 개발해냈으며, 이를 토대로 부모와 아이들에게 '감정코치'법을 교육하고 체험한 변화를 소개해 큰 반향을 일으켰다.

우리나라에는 최성애 박사가 처음으로 감정코칭을 방송에서 소개했으며, '내 아이를 위한 감정코칭'(존 가트맨·최성애, 2011)이라는 책을 출간해 좋은 반응을 얻고 있다.

(2) 교육내용

① 초감정(meta emotion) 알기

내 감정의 근원인 초감정이란 '감정 뒤에 있는 감정', '감정을 넘어선 감정', 감정에 대한 생각, 태도, 관점, 가치관 등이다(존 가트맨·최성애, 2011).

큰 소리가 유난히 싫고 거슬리는 감정 속으로 들어가 근원을 살펴보니 어릴 적 큰소리를 쳐서 집안을 공포의 분위기로 몰아갔던 아버지에 대한 공포, 미움, 불안, 무기력감 등의 초감정이 깔려 있었다. 그러므로 자신의 초감정을 인식하는 일이 중요하다.

② 감정일지 쓰기

감정을 숨기는 부모 밑에서 자란 아이는 그렇지 않은 아이보다 감정을 다스리는 능력이 훨씬 떨어진다. 그러므로 부모는 자신의 감정을 숨기지 말고 있는 그대로 느끼고 시인하는 것이 중요하다.

"엄마는 지금 화가 났어."

"아빠는 네가 비겁한 사람이 될까 봐 걱정이 돼."

감정일지란 말 그대로 하루 동안 어떤 감정을 느꼈는지를 기록하는 것이다. 감정일지는 자신의 감정을 인식하는 것뿐 아니라, 자기감정을 좀 더 객관적으로 바라보고 조절할 수 있는 힘을 키우도록 도와준다. 감정일지를 쓰기란 쉽지 않지만 간단하게라도 어떤 감정을 어떤 상황에서 느꼈는지, 감정의 강도는 어느 정도였는지를 적어두면 감정과 좀 더 빨리 친해질 수 있다. 일주일 정도만 기록해도 평소 자신의 감정을 이해하는 데 큰 도움이 된다(존 가트맨·최성애, 2011).

표 6-1 감정일지 작성 양식

요일	감정	상황 (감정을 유발한 상황이나 장면)	주관적 감정의 강도 (1~10으로 기록) 가장 낮을 때가 1, 가장 강하게 느낄 때를 10
월			0 1 2 3 4 5 6 7 8 9 10
화			0 1 2 3 4 5 6 7 8 9 10
수			0 1 2 3 4 5 6 7 8 9 10
목			0 1 2 3 4 5 6 7 8 9 10
금			0 1 2 3 4 5 6 7 8 9 10
토			0 1 2 3 4 5 6 7 8 9 10

③ 자녀 교육 유형

대부분의 부모들과 양육자들은 주로 선호하는 양육 경향이 있다. 존 가트맨 박사가 여러 부모(30년간 약 3,000쌍의 부부)를 조사해 본 결과, 부모들의 자녀 교육에는 네 가지 유형이 있다고 한다. 네 가지 양육유형에 따라 자녀와 의사소통하는 방법과 내용은 다음에서 보는 것처럼 아주 다르다.

1. 축소 전환형 부모: 별 것 아니야

ⓐ 아이의 감정을 대수롭지 않게 여기거나 무시한다. 때론 비웃거나 경시한다.
ⓑ 감정은 좋은 감정과 나쁜 감정이 있고, 나쁜 감정은 살아가는 데 아무런 도움이 되지 않는다고 생각한다.
ⓒ 아이가 부정적 감정을 보이면 불편해서 아이의 관심을 빨리 다른 곳으로 돌린다.
ⓓ 아이의 감정은 비합리적이어서 중요하지 않다고 생각한다.
ⓔ 아이의 감정은 그냥 놔둬도 시간이 지나면 저절로 사라진다고 생각한다.
ⓕ 감정적으로 통제가 불가능한 것을 두려워한다.

2. 억압형 부모: 그럼 못 써

ⓐ 아이의 감정을 무시하고 심지어는 잘못된 것이라고 비판한다.
ⓑ 아이의 감정보다는 행동을 보고 야단을 치거나 매를 든다.
ⓒ 부정적 감정은 나쁜 성격, 나약한 성격에서 나온다고 생각한다.
ⓓ 아이는 요구사항이 있을 때 부정적 감정을 이용한다고 생각한다.
ⓔ 부정적 감정은 억제해야 한다고 믿는다.
ⓕ 아이의 부정적 감정은 매를 들어서라도 없애주고, 올바른 행동을 가르쳐야 한다고 생각한다.

3. 방임형 부모: 뭐든 괜찮아	4. 감정코칭형 부모: 함께 찾아보자
ⓐ아이의 모든 감정을 다 받아준다. ⓑ좋은 감정, 나쁜 감정을 구분하지 않는다. ⓒ감정은 물론 행동에 대해서 제한을 두지 않는다. ⓓ감정을 분출하면 모든 것이 해결된다고 믿는다. ⓔ아이의 부정적 감정을 공감하고 위로하는 것 외에 아이에게 해줄 것이 없다고 생각한다. ⓕ아이가 감정을 처리하고 문제를 해결하는 데는 관심을 두지 않는다.	ⓐ아이의 감정은 다 받아주되 행동에는 제한을 둔다. ⓑ감정에는 좋고 나쁜 것이 있다고 나누지 않고, 삶의 자연스러운 일부로 다 받아들인다. ⓒ아이의 감정을 표현할 때 인내심을 갖고 기다려준다. ⓓ아이의 감정을 존중한다. ⓔ아이와의 정서적 교감을 중요하게 여긴다. ⓕ아이의 독립성을 존중하며 스스로 해결 방법을 찾도록 한다.

④ 감정코칭 5단계

가트맨 박사의 감정코칭은 부모교육에 있어 하나의 방법이나 전략으로 많이 활용되고 있다. 감정코칭 성공의 열쇠는 자녀들이 부모에게서 존중받는다는 느낌을 갖는 것에서 시작된다. 감정을 코치하는 것은 아이들의 행동을 지도하면서 그들의 감정을 소중히 여기는 양육 방법이다.

❶ 1단계: 아이의 감정 인식하기

온몸으로 표현하는 감정을 알아차리기란 쉽지 않다. 감정은 행동 안에 숨어 있기 때문에 부모도 모르는 사이에 감정보다는 행동에 대해 이야기하게 된다. 그러나 부모는 행동 속에 숨은 감정을 포착하는 것, 바로 이것이 감정코칭의 1단계이다.

❷ 2단계: 감정적 순간을 좋은 기회로 삼기

아이의 감정에 세심한 주의를 기울이고, 그것을 그냥 무시하거나 피하지 않고 감정적인 순간들을 아이에게 더 가깝게 다가가는 기회로 삼는다.

감정코칭은 감정을 보이는 순간에 하는 것이 좋고, 특히 강한 감정을 보일 때가 감정코칭을 하기 좋은 때다. 아이들이 노골적으로 감정을 드러낸다는 것은 그만큼 누군가의 도움을 간절하게 원한다는 의미가 된다.

❸ 3단계: 공감하고 경청하기

부모는 아이의 말에 귀 기울여 듣고, 긍정적·부정적 감정을 모두 공감해 주며, 아이가 느끼는 것을 함께 나누도록 해야 한다. 여기서 중요한 것은 '들어 주고 받아들여준다'는 것이다.

아이의 감정을 정확하게 이해하고 공감할 수 있는 좋은 방법은 '거울식 반영법(mirroring)'으로 아이가 감정을 이야기하면 그대로 한번 말해주는 방식이다. 그러고 나서 부모도 공감한다는 것을 알려준다.

❹ 4단계 : 감정을 표현하도록 돕기

아이가 자기 감정이 어떤 것인지 잘 모를 때는 부모가 대신 감정에 이름을 붙여줘도 좋다. 하지만 가능한 한 아이가 스스로 자기감정을 표현할 단어를 찾도록 돕는 것이 더 좋다. 특히 부모가 자신의 감정에 이름을 붙이고 이야기함으로써 좋은 본보기가 될 수 있다.

❺ 5단계: 스스로 해결책 찾기

아이의 감정은 다 받아주어야 하지만 행동까지 모두 받아주어서는 안 된다. 그러므로 아이를 혼낼 때는 감정이 아니라 행동에 대해 꾸짖고 올바른 행동을 할 수 있도록 구체적인 방안을 알려주어야 한다. 예를 들면 첫째, 너는 어떻게 하고 싶니? 둘째, 그 문제를 해결하는 데 도움이 되는 생각은 어떤 것이 있을까? 다른 방법을 더 생각해 낼 수 있니? 셋째, 어떤 아이디어가 가장 효과가 있을 것 같니? 하면서 아이가 해결책을 고르도록 하는 식으로 아동을 지도해야 한다.

이상과 같은 감정코칭 양육의 결과는 우리가 생각하는 것보다 훨씬 더 효과적이라고 한다. 감정코칭 프로그램은 미국에서 10년 동안 연구한 결과 감정코칭형 부모가 키운 어린이는 집중력이 높고, 또래 관계가 좋으며 자아존중감이 큰 어른으로 성장한다고 결론 내렸다. 아무리 감정코칭형 부모가 이상형이라고 하더라도 실생활에서 100% 이러한 부모로 살기란 불가능하다. 대화의 40%만 감정코칭형이어도 좋은 결과를 얻을 수 있다고 한다(최혜순, 2011).

3) 주장훈련 프로그램(Assertive Discipline for parents)

(1) 배경

부모를 위한 주장훈련(Assertive discipline for parents) 프로그램은 행동수정의 원리에 기초하여 아동·가족상담가인 캔터 부부(Lee Canter & Marlene Canter, 1985)가 개발한 부모교육 프로그램이다. 주장훈련 프로그램은 부모가 아동의 행동을 보다 효율적으로 길들이기 위한 접근방법을 단계적으로 설명하고 있다. 이 프로그램은 워크숍을 통하여 교사·부모·상담자를 훈련 시키며, 훈련 내용은 부모가 단호한 태도로 아동을 훈육시키는 훈육 방법을 중심으로 한다. 1984년 미국 교육자 전체의 10%인 40,000여 명의 교육자가 이 프로그램을 수료하였고 부모들을 위한 주장인 훈육 훈련도 실시하였다. 특히 이 프로그램에서는 이혼 가정 또는 편부모 가정의 아동을 위한 내용을 개발하여 적용할 수 있도록 하였다(최혜순, 2011).

(2) 프로그램의 목표

주장훈련 프로그램은 상대방의 권리를 침해하거나 불쾌하게 하지 않는 범위 내에서 자신의 욕구, 권리, 의견, 생각, 느낌 등을 솔직하게 상대방에게 표현하는 행동을 훈련시키는 것이다. 그러므로 주장훈련은 먼저 적절한 행동에 대한 인지적 평가가 선행되어야 하며, 주장적 방법을 사용하여 상대방에게 단호하게 자신의 의견을 말로 표현하고, 자신의 의사를 행동으로 뒷받침하도록 훈련을 하게 된다. 부모와 자녀 간의 상호작용을 성공적으로 이끌어 나가기 위해서는 부모로 하여금 자녀에 대한 분명한 훈육의 필요성을 인식시키고, 자녀의 행동에 대해 주장적으로 대처할 수 있는 기술을 습득시키는 것에 초점을 두고 있다.

(3) 프로그램의 내용

① 부모들의 부적절한 반응

주장훈련 프로그램은 실시하기 전에 주장적 행동이 무엇인지를 이해하고 부모들이 사용하는 부적절한 반응에 대해 인식할 필요가 있다.

아래와 같은 부모들이 보이는 부적절한 반응은 자녀가 무엇을 하기를 원하는지를 명백하게 제시해 주지 못하고, 적대감만 초래한다는 점에서 효율적인 방법이라고 볼 수 없다. 그러므로 부모가 자신의 반응을 일단 부적절한 것으로 인식하기 시작하면, 주장훈련 단계인 '단호하게 대화하기', '말과 함께 행동으로 보여주기', '규칙 정하기' 등의 기술을 학습함으로써 주장적 행동을 시작할 수 있다.

표 6-2 부모들의 부적절한 반응

단호하지 못한 반응	사실의 진술	너는 잘못된 행동을 하고 있다.
	질문	왜 그런 행동을 하니?
	애원	제발 좀 조용히 해 다오.
	따르지 않는 요구를 반복함	TV를 끄고 숙제를 해라.
무시	무시	자녀가 말한 것을 무시해 버린다.
적대적 반응	언어적 비하	너는 어쩌면 그렇게 단정하지 못하니?
	비현실적 협박	다시 한번만 더 해봐라.
	심한 벌	너는 일주일 동안 나갈 수 없다.

② 주장훈련의 기본적 3단계

❶ 1단계 : 단호하게 대화하기

1단계에서는 자녀의 행동에 문제가 있으면 직접적으로 단호하게 말하고, 말과 함께 눈 맞춤이나 손짓과 같은 적절한 비언어적인 방법을 사용하는 것도 효과적이다.

이 과정에서 칭찬은 긍정적인 강화로서 가치가 있다. 특히 아이에게 직접 칭찬을 하거나 다른 어른 앞에서 아이를 칭찬하는 것도 좋은 방법이며, 비언어적인 칭찬(미소, 껴안아 주기, 등 두드려주기)을 할 수도 있다. 주장적인 훈육법에서는 아이를 적어도 하루에 세 번 이상 칭찬하라고 제안하고 있다.

❷ 2단계: 말과 함께 행동으로 보여주기

2단계에서는 아이가 자신의 잘못된 행동, 결과를 스스로 알게 훈육하는 방법, 부모의 훈육을 시험하는(testing) 아이의 행동을 다루는 방법, 아이가 좋아지고 있을 때를 파악하여 긍정적 지지를 제공하는 방법 등을 배우게 된다.

말과 함께 행동으로 보여주는 훈육 방법으로는, 예를 들면, 열 살짜리 아이가 부모의 물건을 망가뜨렸다면, 2주 동안 그 물건을 못 만지게 할 수 있다. 또한 자녀들이 행동의 논리적 결과를 알게끔 하고 책임감을 갖게 하기 위해 자녀들 스스로 행동을 선택하도록 해야 한다.자녀가 부모를 시험하는 행동, 즉 울기, 떼쓰기 등을 할 경우 부모는 단호하게 반응해야 하며, 만약 자녀가 계속해서 맞서 대응하면 같은 내용을 반복해서 이야기해 주어야 한다. 2단계에서의 마지막 기술은 아이의 행동이 개선되고 있음을 알았을 때 긍정적인 지지를 제공해 주는 것인데, 부모는 아이가 바람직한 행동을 했을 때 칭찬을 해 주거나 특별한 보상이나 특권을 줄 수도 있다.

❸ 3단계: 규칙 정하기

대개의 문제는 위의 두 단계로 해결이 된다. 그러나 경우에 따라서는 세 번째 단계인 '규칙 정하기' 단계가 필요할 수도 있다. 규칙을 만들기 위해서는 우선 부모와 자녀가 계획하고 기록한다. 즉, 내용은 자녀에게 변화하기를 바라는 행동이 무엇인지, 잘못된 행동에 따른 결과나 긍정적인 행동에 대한 강화는 어떻게 해 줄 것이며, 아이의 행동을 감독하는 방법은 어떤 것인지를 구체적으로 기술하게 된다.

그럼에도 이 방법이 효과적이지 못하면, 다음 기술로 훈육의 위계를 세워야 한다. 즉, 잘못된 행동에 대한 벌을 그 심각성의 정도에 따라 작은 결과부터 시작해서 점점 심각한 결과를 부여하도록 등급을 매기는 방법(parent-saver techniques)을 사용할 수 있다.

3단계에서의 마지막 기술은 권위를 가지고 정한 규칙을 실행하는 것이다. 즉 부모는 아이와 눈을 마주치며, 침착하고 확고한 방식으로 부모의 요구를 설명하고, 아이의 행동이 어떻게 통제될 것인지를 설명해 주어야 한다. 주장적 훈육에서는 부모의 일관성 있는 지도가 무엇보다 중요하다(박성연 외, 2003).

함께 생각해 보는 **부모교육**

부모교육의 프로그램에 대해 생각해 보기

새로운 행동을 강화시키기 위한 원리로서 정적강화와 부적강화를 효과적으로 적용하는 방법에는 어떤 것이 있을까요?

인포그래픽으로 보는 부모, 자녀 관련 이슈 & 챗 GPT의 부모교육

"고지식이 높은 지식인가요?" 읽어도 이해 못하는 아이들

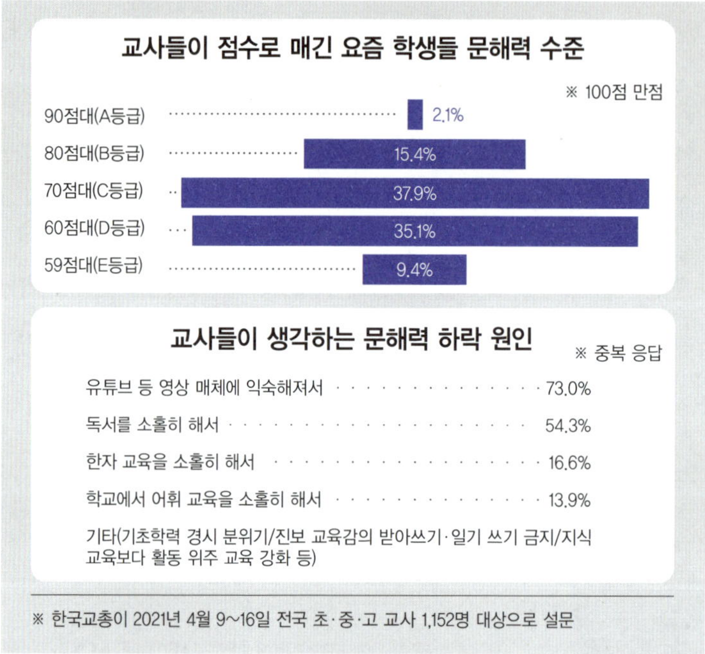

출처: 연합뉴스 (2021.12.17.)

일선 학교 교사들은 학생들이 금일(今日)을 금요일로 알거나 '고지식'이란 말을 높은(高) 지식으로 이해하는 등 단어의 뜻을 몰라 교과서를 올바르게 읽지 못하고, 시험 문제를 제대로 풀지 못하는 일이 비일비재하다고 입을 모은다. 특히 코로나19 사태 이후 청소년들이 원격수업의 장기화로 인해 디지털기기에 길들어 글 읽기 자체를 꺼리는 등 문해력 수준이 우려할 정도라고 지적한다.

유네스코는 문해력을 '다양한 내용에 대한 글을 이해·해석·창작할 수 있는 힘'으로 정의했다. '문해력 수준이 떨어진다'는 것은 단순히 글을 읽거나 쓸 줄 모르는 '문맹'과는 다르다. 시인이자 작가인 김원기 경기도의회 의원은 "문해력은 독서뿐만 아니라 많은 사람과 어울려 의사소통을 하는 과정에서 길러진다"며 "이러한 문해력은 문제해결 능력, 의사결정 능력, 협상 능력 등을 좌우한다"고 말했다. 김 교사는 코로나19 사태 이후 아이들이 전자기기와 지나치게 가까워진 것을 문해력 성장 저해의 원인으로 꼽았다. 〈기사 요약〉

ChatGPT

교사가 바라본 요즘 아이들의 문해력의 문제점은 무엇인가요?

1. 어휘력의 저하

어휘 다양성 감소: 디지털기기 사용이 일상화되면서 짧고 단순한 문장에 익숙해져 복잡하고 다양한 어휘 사용이 줄어듦.

- 예시: "맛있어" 대신 "최고야", "짱이야" 등 단순하고 반복적인 표현 사용이 일반화됨.

실생활 언어 사용 부족: 대화보다는 문자, 메신저, 이모티콘을 주로 사용하며 어휘의 폭이 제한됨.

- 예시: 친구와의 대화에서 "ㅋㅋㅋ"나 "ㅎㅎ"로 감정을 간단히 표현하고, 구체적인 감정이나 생각을 표현하는 데 어려움을 겪음.

2. 독해력의 약화

긴 글에 대한 집중력 부족: 긴 문장을 이해하고 요약하는 능력이 부족하며, 글의 흐름을 파악하는 데 어려움을 겪음.

- 예시: 동화책의 줄거리를 요약하라는 질문에 "재미있었어요"나 "주인공이 싸웠어요" 같은 단편적인 대답이 많음.

비문학적 독서 경험 감소: 정보성 글이나 설명문에 대한 이해력이 떨어지는 경우가 많음.

- 예시: 자연 과학이나 역사 관련 글을 읽을 때 핵심 내용을 파악하기 어려워하거나, 중요한 정보를 놓치는 경우가 많음.

문맥 이해 부족: 단어와 문장을 개별적으로 해석하는 경향이 있어, 맥락적 이해가 부족함.

- 예시: "곰은 겨울잠을 잔다"는 문장에서 "겨울"이 의미하는 계절적 맥락을 놓치는 경우가 있음.

3. 비판적 사고와 추론 능력 부족

비판적 읽기 부족: 단순히 정보를 수용하는 데 그치며, 내용을 비판적으로 분석하거나 의문을 제기하는 능력이 약함.

- 예시: 동화 '늑대와 일곱 마리 아기 염소'에서 늑대가 왜 나쁜 역할을 하게 되었는지 질문하면 단순히 "늑대는 나쁘니까요"라고 답하는 경우.

논리적 사고력 저하: 텍스트의 구조를 파악하고 논리적 연관성을 이해하는 능력이 부족하

여 추론적 사고가 약함.

- 예시: "나무가 자라야 새들이 둥지를 만들 수 있다"는 문장에서 원인과 결과의 관계를 명확히 이해하지 못하는 경우.

4. 감정 표현과 공감 능력 저하

감정적 어휘 부족: 감정 표현이 제한적이고 상황에 맞는 적절한 어휘 선택이 어려움.

- 예시: 슬프거나 기쁜 상황에서도 단순히 "기분이 안 좋아요" 또는 "좋아요"로 표현하는 경우가 많음.

공감적 이해의 부족: 다른 사람의 감정이나 입장을 이해하는 능력이 감소하여 감정의 깊이를 느끼기 어려움.

- 예시: 친구가 다쳐서 슬퍼하는 상황을 묘사하라는 질문에 단순히 "친구가 울었어요"라고 표현하는 경우.

5. 디지털 의존에 따른 독서 습관 변화

디지털 읽기 습관: 짧고 간결한 콘텐츠에 익숙해져 종이책이나 긴 글을 읽는 데 어려움을 느낌.

- 예시: 만화나 웹툰은 잘 읽지만, 소설이나 긴 동화책은 집중하지 못하는 경우가 많음.

시각적 정보에 의존: 이미지나 영상 중심의 콘텐츠에 익숙해져 글만으로 전달되는 의미를 이해하기 어려움.

- 예시: 유튜브에서 시청한 내용을 이해하는 것은 수월하지만, 같은 내용을 글로 읽으면 어려움을 겪는 경우.

6. 실생활에서의 표현력 부족

의사소통 능력 저하: 대면 대화보다는 문자나 메신저로 소통하는 경우가 많아 구어적 표현이 제한적임.

- 예시: "오늘 기분이 어때?"라는 질문에 "그냥 그래" 또는 "몰라"와 같이 단답형으로 대답하는 경우가 많음.

발음과 발화의 문제: 타인과의 대화 기회가 줄어들면서 발음의 정확성이나 문장의 자연스러움이 저하됨.

- 예시: 발표나 낭독에서 어미 처리가 부자연스럽거나 문장 구조가 어색한 경우가 많음.

PART 4.

유아교육기관에서의 부모교육과 미래지향적 과제

CHAPTER 07

유아교육기관의 실제적 부모교육 프로그램

유아교육기관은 단순한 보육의 공간이 아니라, 유아의 전인적 발달을 지원하는 전문적인 교육기관이다. 그러나 유아의 성장과 발달에 가장 지속적이고 직접적인 영향을 미치는 주체는 여전히 부모이며, 교사와의 관계 속에서 그 영향력은 더욱 확장될 수 있다.

이러한 맥락에서 부모와 교사 간의 협력적 파트너십은 유아의 건강한 발달과 긍정적인 학습 환경을 조성하는 데 핵심적 요소로 자리매김하고 있다.

오늘날 유아교육기관은 가정과의 유기적인 연계를 강화하기 위해 다양한 방식의 부모 참여 및 교육 활동을 운영하고 있다. 이는 부모를 단순한 수혜자가 아니라, 교육과정의 동반자로서 인식하고 그 역량을 지원하기 위한 실천적 노력이다.

이 장에서는 유아교육기관에서 실행되는 부모교육 및 협력 활동의 주요 형태를 살펴보고자 한다. 소개된 활동들은 단편적인 정보제공을 넘어, 부모와 교사 간의 쌍방향 소통과 상호 존중, 공동 양육의 실천을 위한 기반이 될 수 있다. 본 장에서는 각 활동의 목적과 실제 운영 방안을 분석하고, 이를 통해 부모-교사 협력관계의 강화 전략과 유아교육의 질적 향상 방안을 모색하고자 한다.

학습목표

1. 부모와 교사의 협력 필요성을 설명할 수 있다.
2. 유아교육기관의 부모교육의 유형에 대해 이해한다.

1. 부모와 교사의 상호 협력

부모들은 자기 자녀에 대해 가장 잘 알며, 자녀의 발달에 대해 가치 있는 정보를 가지고 있다. 교사들은 영유아 발달에 대한 전문적인 교육을 받았으며, 유아들이 또래 집단에서 어떻게 반응하고 생활하는지를 유아교육기관에서 직접 관찰할 수 있다. 교사와 부모는 자녀에 대한 각자의 가치 있는 정보를 가지고 있기 때문에 교사와 부모의 협력은 필수적이라고 할 수 있다.

1) 교사가 알아야 할 부모의 다양한 입장

부모교육 프로그램의 성공적인 운영을 위해서는 교사가 부모의 다양한 입장과 상황을 이해하는 것이 필수적이다. 부모는 각기 다른 배경, 경험, 가치관을 가진 존재로서 다양한 입장을 가지고 있다. 이러한 입장을 이해하지 못하면 프로그램의 효과가 제한될 수 있으며, 부모와의 신뢰 형성에 어려움을 겪을 수 있다. 부모와 교사는 서로의 입장을 고려하여 너무 큰 기대나 실망을 초래하지 않는 것이 중요하다. 이를 이해하고 수용하는 태도가 교사의 전문성을 강화하고 부모의 참여도를 높이는 데 중요한 역할을 한다.

(1) 양육 환경에 따른 차이

- 맞벌이부모: 시간적 제약과 양육 스트레스로 인해 실용적이고 짧은 부모교육을 선호하는 경향이 있다.
- 전업주부: 자녀의 일상과 교육에 깊은 관심을 가지며, 세밀한 부모교육 정보를 요구하는 경우가 많다.
- 한부모가정: 경제적 부담과 심리적 압박이 큰 경우가 많아 정서적 지원이 필요

하다.

- 다문화가정: 언어적, 문화적 장벽으로 인해 의사소통의 어려움을 겪을 수 있다.

(2) 자녀 발달단계에 따른 차이

- 영유아 부모: 신체적, 인지적 발달에 대한 관심이 높으며, 발달 지연에 대한 불안을 가질 수 있다.
- 아동기 부모: 사회성 발달, 학습 능력, 친구 관계 등에 대한 고민이 많다.
- 청소년기 부모: 독립성, 자율성, 진로 문제에 대한 걱정이 많고, 세대 차이에 따른 갈등을 경험할 수 있다.

(3) 부모의 다양한 입장과 태도

부모는 때때로 교사의 말을 이해하지 못하고 엉뚱한 것 같기도 하지만, 유아에 대해 실질적이고 그 나름대로의 확고한 신념을 가진 사람이다.

예시

유아교육기관에서는 자녀의 사회성 발달을 위해 또래와 함께하는 협력 활동을 중요하게 생각하지만, 어떤 부모는 이를 단순한 '놀이'로 오해해 중요한 교육 기회를 놓칠 수 있다. 예를 들어, 어떤 부모는 "왜 아이가 놀이터에서 시간을 보내야 하죠?"라며 놀이보다 학습 중심의 교육을 더 선호하기도 한다.

부모는 그들의 가정과 이웃에 관련된 많은 사람들과 복잡한 관계를 갖고 있으며, 이러한 상호관계는 자녀의 생활에 영향을 미치는 중요한 변인 중 하나이다.

예시

맞벌이부부가 양가 부모님과 함께 살 경우, 자녀 양육 방식에 대해 가족 간 의견 차이가 생길 수 있다. 예를 들어, 조부모는 전통적인 권위와 훈육을 중시하지만, 부모는 자녀의 자유로운 의사 표현을 중요하게 생각하는 경우가 있다. 이런 차이로 인해 자녀는 가정 내에서 혼란을 느낄 수 있다.

부모는 유아교육기관에서 진행되는 교육과정에 수반되는 어떤 활동의 목적을 이해할 수도 있고 혹은 이해하지 못할 수도 있다.

예시

유아교육기관에서 '자율 놀이 시간'은 아이의 창의성, 문제 해결력, 사회성 등을 기르는 데 매우 중요한 활동이다. 그러나 일부 부모는 이를 단순한 '시간 보내기'로 오해할 수 있다. 예를 들어, "왜 아이가 매일 블록 놀이만 하나요? 더 많은 학습 시간이 필요하지 않나요?"라고 묻는 부모도 있다.

부모는 자녀가 원해서 유아교육기관에 보내는 것이 아니라 강제로 보내는 입장일 수도 있고, 반대로 자녀는 원하지만 부모는 다른 기능훈련 프로그램을 실시하는 기관에 등록하기를 더 원할 수도 있다.

예시

부모는 맞벌이 등의 이유로 자녀의 의사와 상관없이 유아교육기관에 보내는 경우가 있고, 반대로 자녀는 친구들과 어울릴 수 있는 기관을 원하지만 부모는 언어 발달이나 기능 훈련 중심의 프로그램을 제공하는 기관을 선호해 서로의 기대가 엇갈리는 경우도 있다.

부모는 자녀의 일상생활, 즉 잠자는 습관, 식사습관, 사고의 유형에 영향을 주는 중요한 개체들이다.

예시

부모가 아침 식사를 거르는 경우, 아이도 아침을 먹지 않는 습관이 생기기 쉽다. 또는 부모가 편식하거나 자극적인 음식을 자주 먹으면 아이도 비슷한 식습관을 따르게 된다.

부모는 그들의 자녀가 갖고 있는 문제를 효율적으로 처리해 나가지 않을 수도 있는 하나의 개체이다.

예시

자녀가 친구와 다툰 상황에서, 일부 부모는 아이의 말만 듣고 상황을 판단해 즉시 교사에게 항의하거나 책임을 상대방에게만 돌리기도 한다. 예를 들어, "우리 아이는 절대 잘못이 없어요. 분명히 다른 아이가 먼저 그런 거예요."라고 말하며 자녀를 일방적으로 감싸는 경우가 있다.

부모는 자기 자신의 건강이나 그들의 가족 문제 또는 자녀 문제에 대하여 비관적이거나 이미 더 이상 지탱해 나갈 것을 포기한 사람일 수도 있다.

예시

부모가 오랫동안 우울감과 무기력에 시달리며 가족 간 갈등도 반복되고 있는 상황에서, 자녀가 학습에 어려움을 겪고 있음에도 "지금 내 상황도 감당하기 힘든데, 아이 문제까지 신경 쓸 여유가 없어요"라며 도움 요청이나 해결 시도를 포기한다.

부모는 자신들의 목적과는 일치하지 않지만, 유아교육기관 운영 방침에 잘 호응해 나가려고 노력하는 사람일 수도 있다.

예시

유아교육기관에서 매주 진행하는 부모 참여 수업에 시간을 내기 어려운 부모도 있지만, 자녀의 적응과 성장을 위해 최대한 참석하려 노력하는 경우도 있다. 예를 들어, 평일엔 바쁜 업무로 참석이 어려움에도 불구하고 주말 시간을 활용해 부모 교육 세미나에 참여하는 부모가 그 예이다.

부모는 자신의 생활이 너무 바쁘기 때문에 유아교육기관 교사와의 관계를 전혀 유지할 수 없으며, 또한 교사의 방침이나 교육 방법에 비협조적이며 순응할 수 없는 입장일 수도 있다.

예시

부모는 직장 업무로 항상 바쁜 일정을 소화하느라 교사와 면담이나 연락을 할 시간이 없다. 가정 연계 활동이나 기관 행사에 대해 안내를 받아도 "그런 건 할 시간이 없어요"라고 말하며 참여하지 않고, 교사가 제안하는 교육 방법에 대해서도 "우리 집 방식이 있으니 굳이 따라야 하나요?"라며 비협조적인 태도를 보인다.

부모는 자녀의 교육이 모두 교사에게 책임이 있고, 부모는 단지 경제적 부담만 책임지면 된다고 생각할 수도 있다(정갑순, 1996).

예시

부모는 "교육비도 제때 내고 준비물도 다 챙겨주는데, 아이가 잘 못 배우는 건 선생님 책임 아닌가요?"라고 말하며, 자녀 교육의 책임을 교사에게만 돌리고 자신은 경제적 지원만 하면 된다고 생각하는 경우도 있다.

교사는 이상과 같은 부모들의 다양한 입장을 살펴서 효율적인 부모-교사 간의 상호작용이 되도록 노력해야 한다.

2) 교사가 알아야 할 부모에 대한 전망

성공적인 부모-교사 관계 및 부모참여 프로그램을 위해 필요한 효율적인 능력에 대해 살펴보면 다음과 같다(정갑순, 1996).

첫째, 부모들은 그들의 교육적·경제적 배경에 관계없이 자녀들의 발달과 교육에 중요한 몫을 할 수 있다.

둘째, 부모들은 그들 자녀들의 교육 프로그램에 특별한 공헌을 할 수 있다. 그들의 취미나 직업, 전문적 기술을 자녀와 함께하는 시간에 활동할 수 있도록 부모의 재능기부를 요청할 수 있다.

셋째, 부모들은 부모로서 행동하는 새로운 기술을 배울 수 있다. 즉, 부모들은 교육적인 기술들을 배우기 위해 적극적인 접근이 필요하다는 신념을 갖게 되며, 기술들은 부모·자녀가 상호작용하는 데 도움을 줄 수 있다.

넷째, 부모들은 그들 자녀에 대한 중요한 관점들을 가지고 있다. 즉, 그들은 자녀가 어떤 상황에서 어떻게 배울 수 있는지를 설명하는 것은 물론, 학교 밖이나 주변 환경에서의 경험과 흥미, 그리고 여러 관련된 것들에 관하여 많은 정보를 제공할 수 있다.

다섯째, 부모·자녀 관계는 교사-유아 관계와는 다르다는 것을 인식하고, 부모는 자녀와의 관계에서 특별히 본능적임을 알아야 한다.

여섯째, 부모를 포함한 프로그램의 활동과정, 결과들은 교직원들의 견해보다는 부모들의 견해에 더 영향을 받는다.

일곱째, 대부분의 부모들은 그들 자녀를 진정으로 돌보게 된다. 그들은 자녀에 대한 믿음을 갖고 보호, 양육, 교육하고 있다.

여덟째, 부모들은 자녀를 위해서 가정이나 유아교육기관에서 그들을 도와줄 수 있는 많은 중재 역할을 할 수 있다.

3) 교사의 역할

효과적인 부모교육을 위해서는 무엇보다도 부모들의 적극적인 이해와 참여가 필요하며, 이러한 계기는 교사들의 부모와의 대화 노력과 기술에 의해서 마련된다. 따라서 교사들은 효율적인 부모교육을 위해서 우선 부모들이 교사들에게 공통적으로 기대하거나 나타내는 사고 및 행동양식을 이해하여야 하며, 다음 사항을 토대로 부모교육을 위한 대화의 다양한 방법적 전략을 모색하여야 한다(임미혜, 2003).

첫째, 모든 부모들에게 똑같이 대하고, 따뜻하게 환영하며 존경심을 보여야 한다.

둘째, 부모들의 이야기를 진심으로 들어주고, 언제나 부모들이 교사의 생각에 동의하는 것은 아니라는 사실을 이해하고, 또한 교사 자신도 언제나 옳은 것이 아니라는 것을 인정한다.

셋째, 부모들로부터 유아에 대한 정보 및 문화적 배경을 알아내어 유아의 교육 경험에 적용시킨다.

넷째, 직업이 있거나 집이 먼 부모들을 위해 정해진 시간 이외에 혹은 퇴근 후에라도 부모들과 만날 수 있어야 한다.

다섯째, 대면상담을 통해서 부모와 접촉할 수 있도록 시도한다.

여섯째, 저소득층 부모나 교육 수준이 낮은 부모들도 유아교육기관에 올 수 있는 분위기나 편의를 제공한다.

표 7-1 부모교육 연간 계획안의 예 1

월	프로그램명	내용
3	부모상담(1차)	영유아에 대한 정보 제공
4	부모 참관수업	엄마, 아빠 저는 이렇게 생활해요
5	조부모님 오시는 날	할아버지, 할머니 사랑해요
6	아버지 참여수업	아빠와 함께해요
7	학부모 소식지(소책자)	어린이집, 가정, 영유아 소식, 집안에서 할 수 있는 물놀이 방법
8	어머니 워크숍	영유아와 함께하는 수, 과학, 언어 놀이
9	부모상담(2차)	영유아의 발달 상황에 대한 정보제공
10	참여수업(워크숍)	영유아와 함께 나들이 가기
11	학부모 소식지(신문)	선생님, 부모님, 영유아들의 이야기
12	크리스마스 행사	온 가족과 함께 크리스마스를 축하해요
1	강연회	영유아기의 중요성
2	새 학기를 위한 오리엔테이션	보육시설의 운영 방침 소개 각 학급별 부모 간담회(부모 간의 교류)

표 7-2 부모교육 연간 계획안의 예 2

월	프로그램명	내용	비고
3	오리엔테이션	• 유치원 운영방침 소개 • 연간계획, 행사, 교육 등 소개 • 간식, 급식에 대한 사항	원장
4	강연회	• 유아교육의 중요성	외부강사
5	수업참관 및 토의 (어머니 참여수업)	• 가족의 기능 및 역할	생활주제 '가족'으로 할 수 있는 활동 선정 계획
6	토론회	• 유아들의 문제행동	
7	워크숍	• 폐품을 이용한 놀잇감 만들기	가정에서 수집한 폐품 활용
	여름방학 생활 안내	• 방학 중 생활 안내 • 가정에서 함께 할 수 있는 게임이나 작업소개	가정통신문
8	가정통신	• 유치원 소식 및 부모교실: 올바른 유아 성격 형성을 위한 부모의 양육태도	가정통신문
9	강연회	• 유아 문자지도	외부강사
10	시청각 교재 및 토의	• 유아들의 성교육에 관한 비디오 시청 및 토의하기	
11	수업참여 및 면담 (아버지 참여수업)	• 재미있는 과학놀이	
12	작품전시회	• 유아 작품전시회	유치원에서 유아들이 만들었던 작품들을 모아 부모들과 함께 감상
	겨울방학 생활안내	• 방학 중 생활 안내	가정에서 함께 할 수 있는 놀이
1	가정통신	• 유치원 소식 및 부모교실–유아에게 적합한 책은 어떤 것일까?	가정통신문
2	부모참여	• 초등학교 가기 위한 준비	초등학교 1학년 교사 초빙 (학부모 인적자원 활용)

2. 유아교육기관에서의 부모교육의 유형

1) 가정통신

가정통신은 교사와 부모가 직접적으로 대면하지 않고 일종의 서신을 통하여 의사소통하는 것을 말한다. 메모, 편지, 주간 교육 계획안 등이 가정통신문의 한 형태이다. 전문적인 용어의 사용을 피하며 한 번에 너무 많은 정보를 싣거나 너무 자주 사용하게 되면 부모가 가정통신문에 주의를 덜 기울이게 된다. 또한 가정통신문은 새로운 정보를 제공함과 동시에, 그 내용을 부모가 쉽게 이해하고 관심을 가질 수 있도록 창의적이고 명료한 편집이 요구된다. 재미있는 가정통신문(예를 들면, 한 아동과 가족의 소개, 아동의 작품, 그림, 이야기 등)을 통하여 부모들은 유아교육기관에 대하여 잘 이해하게 되고, 그 이외의 다른 정보를 얻을 수 있는 중요한 자료가 된다.

- 매주 금요일 그 주에 진행되었던 수업 내용과 다음 주의 수업계획에 대해 안내하고 가정에서의 연계를 위한 활동 방법을 안내한다.
- 매월 마지막 주에는 다음 달의 행사와 특별 프로그램의 내용 및 준비 사항에 대해 안내한다.

할아버지, 할머니 오시는 날

5월 8일 어버이날을 맞이하여 유치원에서 조부모님과 귀여운 손자, 손녀와의 즐거운 시간을 마련했습니다. 이를 통해서 가족 간의 연대 의식을 갖고, 할아버지, 할머니를 사랑하고 공경할 수 있게 하기 위함입니다. 지방에 사는 조부모님들도 참여 하실 수 있도록 협조해 주시기 바랍니다. 할아버지, 할머니 중에서 유아들에게 노래 지도나 동화 들려주기를 원하시는 분은 담임교사에게 알려주시기 바라며, 참석 여부에 대한 것을 유치원으로 알려주시기 바랍니다.

* 일시: 2025. 5. 8
* 장소: 각 학급교실
* 프로그램: 유아들과 함께 다음과 같은 다양한 활동을 합니다.

활동명	활동내용	
등원	인사 나누기, 할아버지, 할머니께 꽃 달아드리기	
실내 자유선택활동	•할아버지 할머니 얼굴 꾸미기 •할아버지 할머니 목걸이 만들기 •감사카드 쓰기	•— 반 : 게임(할아버지 할머니께 뽀뽀하고 오기) •— 반 : 신체 표현(안마하기) 게임(짝짓기) •— 반 : 동극(커다란 무) 역할극
노래 부르기 동화 들려주기	•할아버지, 할머니들이 알고 계시는 노래 부르기(아리랑. 고향의 봄 등) •할아버지, 할머니께서 유아들에게 동화 들려주기 등	
즐거운 간식 (뷔페)	•할아버지, 할머니 맛있게 드세요: 식혜, 빈대떡. 떡 등	
원장님과의 대화	•가정에서의 조부모님의 역할 •할아버지, 할머니 한 말씀 해주세요.	
귀가	•할아버지, 할머니께 감사 인사드리기 후 귀가	

○○○ 유 치 원 장

-------------------- 절 취 선 --------------------

* 반 이름: (   ) 유아 이름: (   )

	참석	불참석
친할아버지		
친할머니		
외할아버지		
외할머니		

그림 7-1 가정통신문의 예

2) 학부모회

교사의 부모 집단과의 의사소통은 부모를 교육시키고 유아교육기관의 활동에 부모를 참여시키는 효과적인 방법의 하나이다. 부모 집단의 모임인 학부모회는 유아교육 기관에 다니는 아동들의 부모들이 한 달에 한 번 혹은 두 달에 한 번 정도로 일정한 기간을 두고 정기적으로 갖는 모임을 일컫는다.

(1) 강연회

강연회는 매달 1회 혹은 1년에 한두 번 정도 강사를 초빙하여 정해진 주제에 대해 강연을 듣는 것이다. 이 방법은 의사전달이 용이하고 손쉽게 준비할 수 있으므로 유아교육기관에서 자주 활용되고 있다. 이러한 강연회는 부모회 임원들과 함께 부모들의 욕구를 고려하여 1년 계획을 세워 시행한다.

강연회의 내용은 주로 유아교육기관의 이해, 유아의 발달에 대한 지식과 지도 방법, 성교육, 그밖에 부모들의 관심사를 다룬다. 강연 내용과 강사 선정이 끝나면 강사 교섭을 하여 적어도 2주 전에 약속을 해 두어야 한다. 다음에는 각 가정에 강연회 초청 편지를 적어도 1주일 전에 발송한다. 초청 편지에는 강연의 제목, 일자, 시간, 장소, 그리고 강사 소개를 간략하게 포함한다. 강사에게는 하루 전에 전화로 약속을 확인해 두고, 부모들은 강연 시작 10분 전쯤에 도착하도록 하는 것이 행사의 진행상 안전하다.

(2) 간담회

간담회는 몇 사람이 모여 앉아서 유아교육에 관한 문제나 어떤 정해진 문제를 놓고 각자의 의견을 나누는 모임이다. 즉, 부모교육의 일환으로 개최하는 경우 3~6명의 전문가를 초빙하여 부모들과 정해진 주제에 대해 자유롭게 이야기한다. 간담회는 여러 참여자들이 서로 다른 의견을 제시함으로써 내용이 포괄적으로 다루어져서 부모들에게 어떤 문제를 다각적인 면에서 볼 수 있는 능력을 키워줄 수 있다.

(3) 워크숍

부모들의 워크숍은 부모들이 주어진 어떤 일에 실제로 참여하여 배우고 실습해 보는 집중적인 교육 프로그램이다. 유아교육기관에서는 폐품을 활용한 교구 만들기, 영유아를 위한 간식 만들기, 플라워 아트 등 다양한 종류의 워크숍이 개최되고 있다.

(4) 역할놀이

역할놀이는 심리극(psycho-drama)의 일종으로 간담회 등이 있기 전에 몇 사람이 그 문제에 나오는 내용을 소재로 간단한 즉흥극을 하여, 청중이 주제를 쉽게 이해할 수 있도록 하려는 의도에서 사용된다.

또한 역할극을 통해 어떤 역할을 해 봄으로써 그 사람의 입장을 이해할 수 있게 된다. 예를 들어, 부모가 자녀의 역할을 해 봄으로써 자녀의 입장을 더 잘 이해하게 되어 결과적으로 자녀의 지도에 도움이 된다.

3) 부모 상담

상담이란 교사와 학부모가 서로 만나 유아에 대한 정보를 얻거나 제공함으로써 유아 지도의 방향을 정하고, 유아교육기관과 가정에서 최선의 방법으로 일관성 있게 교육하는 계기를 마련하는 시간이다.

부모의 입장에서 부모 상담은 다음과 같은 효과가 있다.

첫째, 자녀에 대한 기대, 특별한 사항들을 알릴 수 있다.

둘째, 자녀의 유아교육기관에서의 생활을 이해할 수 있다.

셋째, 가정에서의 자녀 지도 방향을 결정할 수 있다.

교사의 입장에서 부모 상담은 다음과 같은 효과가 있다.

첫째, 유아에 대한 이해를 빨리할 수 있다.

둘째, 유아의 지도 방향을 부모와 함께 결정할 수 있다.

부모와의 상담은 형식적인 상담과 비형식적인 상담이 있으며, 형식적인 상담은 집단상담과 개별상담의 두 가지 형태로 이루어진다. 집단상담은 교사와 여러 유아의 부모가 함께 유아 지도에 대하여 의견을 나누는 것이며, 개별상담은 교사와 한 유아의 부모가 일대일의 관계에서 상담하는 형태이다. 비형식적인 상담은 부모나 교사가 현재의 상태에서 문제를 인식하고 상담이 필요하다고 생각할 때, 언제라도 요청하여 함께 문제를 해결해 나가는 방법이다.

상담은 정기적으로 학기 초, 학기 말, 학년말 등 3회 정도 실시하며, 부모의 요구나 교사의 필요성에 의해 수시로 이루어져야 한다. 예를 들어, 등·하원 시 직접적인 소통뿐만 아니라, 문자 메시지, 모바일 앱, 이메일 등 다양한 디지털 매체를 활용하여 유아의 생활이나 건강 상태 등에 대해 수시로 소통하고 상담하는 것이 중요하다.

상담은 유아들의 유아교육기관 생활 및 발달단계에 대한 관찰이나 결과물 분석을 내용으로 전문가적 차원에서 실시하며, 유아에게 영향을 미칠 수 있는 가족들의 문제와 갈등까지도 다루어야 한다.

표 7-3 부모와의 면담 시 고려사항

- 부모와 아동에 관한 감정을 분석해 본다. 이때 "나는 부모에 대하여 실제로 어떤 느낌을 가지고 있는가?" 혹은 "아동의 행동 때문에 나는 이 부모를 너무 비난하지 않는가?"하는 질문을 자신에게 해 본다.
- 신뢰하고, 인정하고, 지원해 주는 분위기를 조성하고, 따뜻하고 민감하게 수용하여, 프라이버시가 보호된다는 것을 확인하여 부모-교사 간에 라포(Rapport)를 형성한다.
- 부모의 독특한 배경, 생활양식, 경험 그리고 가치체계와 같은 개별적인 특성을 인정한다.
- 좋은 말부터 시작한다. 아동의 문제에 대해서 이야기하기 전에 아동의 좋은 점을 먼저 이야기한다. 부모도 위안이 필요하다는 것을 인식한다.
- 부모가 이야기하도록 격려한다. 부모가 하는 말의 뜻과 감정을 경험한다.
- 면담에서 할 내용을 메모해 두고, 아동의 작품 몇 개를 부모에게 보여주기 위해 준비하는 등 면담의 준비를 철저하게 한다.
- 교사 자신과 부모의 신체, 언어, 표정, 손의 움직임, 입 모양, 목소리 등을 관찰한다. 이들 모두가 감정을 전한다.
- 솔직하고 성실하되 배려 깊고 요령 있게 한다. 상호 협력의 태도가 필요하고, 파괴적 비판은 피한다.
- 직접적인 충고는 피한다. 여러 해결책을 모색하고 부모가 의사결정을 하도록 한다.
- 교사가 모든 문제에 대한 모든 자료를 가질 수 없다는 한계를 인정한다.
- 생각에 변화가 일어날 여유를 준다. 성인들은 위기에 직면해서야 행동상의 변화가 나타난다.
- 누가 기다리고 있는가에 상관없이 서두른다는 인상을 주어서는 안 된다. 부모는 그 순간에 자기와 그들의 관심사가 제일 중요하다는 느낌을 가질 필요가 있다.
- 적당한 시간 후에 면담을 종료시킨다. 약 30분 정도가 적당하다.
- 부모가 귀가 후 중요한 사항에 대해 간단히 기록해 둔다.
- 언급된 사항 결정된 사항, 필요하다면 다음 면담 일시 등 도움이 될 사항을 기록하고 끝낸다.
- 낙관적인 태도를 유지한다. 부모가 관심 없어 보여도 낙심하지 않는다.

교사는 부모와 비공식적으로 상담할 기회를 가질 수 있다. 아동을 유아교육기관에 데려다 주거나 데리고 올 때, 유아교육기관 외의 장소에서 우연히 마주칠 때 등이다. 이러한 비공식적인 상담은 심각한 얘기를 오래 계속할 수 없기 때문에 진실된 감정이 드러나기 어렵지만, 공식적인 면담의 필요를 결정하고 계획하는 기회로 활용될 수 있다.

상담은 부모-교사 모두에게 편리한 장소와 시간으로 계획하여야 한다. 어느 곳에서 상담을 하기로 했든 방해받지 않고 의사소통할 수 있는 장소이어야 한다. 프라이버시는 보장되어야 한다. 차나 다과는 보다 우호적이고 편안한 분위기를 만들어 준다.

이상적으로는 1년에 여러 차례 정기적으로 부모상담을 갖는 것이 좋으며, 어떤 일이 생겼을 때에만 상담을 갖는 것은 바람직하지 않다. 상담은 서로 잘 알기 위해 특히 학기 초에 갖는 것이 좋다.

정기적이며 형식적인 상담을 위해서 교사는 상담자료로써 유아에 관한 다양한 기록과 검사자료, 그리고 유아의 유아교육기관 생활에 대한 내용을 상담 전에 미리 정리하여 기록해 둠으로써 부모와 보다 효율적으로 상호작용하여 유아의 발달을 도울 수 있다.

(1) 개별상담

일반적으로 학기 초와 말에 상담 기간을 정하고 면담 일정을 짜서 가정통신문으로 알린다. 대개의 경우 어머니가 참석하게 되므로, 취업모의 경우 교사는 사전에 어머니와 상의하여 시간을 정한다. 이 시간에 교사는 아동에 대한 가정 정보와 지식에 대해 어머니와 상호 의견을 교환함으로써 전반적인 아동 행동과 사고에 대한 이해를 넓히며 아동 지도에 대한 공동지침을 마련한다. 또한 코로나19 이후 비대면 상담 방식도 병행되며, 전화, 카카오톡, 이메일, 화상회의 도구(Zoom)를 활용한 유연한 소통이 가능해졌다.

개별상담은 다음과 같은 장점이 있다.

첫째, 교사는 부모의 각기 다른 생활 배경이나 학력에 알맞게 유아교육에 관한 의견을 교환할 수 있다.

둘째, 개인 유아의 특수한 행동이나 구체적인 문제에 대한 해결책을 모색할 수 있다.

개인 상담 시 교사가 유의해야 할 점은 다음과 같다.

첫째, 부모와 상담한 정보들을 함부로 다른 사람에게 말하거나 상담 기록부를 보여주지 않도록 한다.

둘째, 상담 시 듣는 시간과 말하는 시간을 균형 있게 배당해야 한다.

셋째, 다른 유아나 부모들의 이야기를 예로 들면서 상호 비교를 하지 말아야 하며, 교육 문제나 훈육 문제에 대하여 교사의 의견만 옳다고 주장하거나 부모의 말을 가로막아 자기의 의견만 내세우지 않아야 한다.

표 7-4 상담일지의 예

<table>
<tr><td colspan="3">상담일시: 20 . . . 요일</td><td>원아 이름:</td><td colspan="2">원장 결재</td></tr>
<tr><td colspan="3">상담자: OO반 교사:</td><td>피 상담자:</td><td colspan="2"></td></tr>
<tr><td colspan="2">상담자료</td><td colspan="4">부모-교사 협의 체제 기록, 창의성 검사, 학습준비도 검사, 자아개념 검사, 유아 발달 체크리스트, 관찰기록, 유아 작품, 성취도 검사 등</td></tr>
<tr><td rowspan="6">상담 내용</td><td>유아의 가정 생활</td><td colspan="4"></td></tr>
<tr><td rowspan="5">유아의 원 생활</td><td>기본생활습관</td><td colspan="3"></td></tr>
<tr><td>놀이형태</td><td colspan="3"></td></tr>
<tr><td>대인관계</td><td colspan="3"></td></tr>
<tr><td>대그룹활동</td><td colspan="3"></td></tr>
<tr><td>발달특징</td><td colspan="3"></td></tr>
<tr><td colspan="2">교사의 조언</td><td></td><td></td><td>건의사항</td><td></td></tr>
</table>

표 7-5 개별상담의 예

방법	• 인사를 나눈다. • 개별상담의 취지를 안내한다. • 유아의 변화 및 현재 발달단계에 대해 이야기를 나눈다. • 앞으로 지도해야 할 부분을 의논한다. • 서로 부탁하고 싶은 것을 이야기를 나누고 마무리한다.
사전 준비	• 개별상담에 대한 자세한 내용을 가정통신문을 통해 알린다. – 상담의 의의와 내용 상담 시간 결정(학부모와 협의하여 일정 조정) 유의점(시간 엄수, 유아 동반 금지 등) • 개별적인 상담 시간을 결정하고 상담에 필요한 자료를 준비한다. – 관찰자료, 수업의 결과물 등 • 상담 장소와 정해진 시간을 기다릴 수 있는 자리를 준비하고 기다리는 동안 볼 수 있도록 유아의 생활 사진, 활동자료, 부모용 도서 등을 준비해 놓는다.
내용	• 유아의 긍정적인 측면을 먼저 알리고 초점이 기울어져야 할 부분에 대해 이야기를 나눈다. • 한 학기 동안 유아가 생활한 모습, 발달된 내용에 대한 자료들을 가지고 부모와 교사가 유아의 현재 나타나는 발달 정도에 대해 알아보며 앞으로의 지도 방향에 대해 의논하고, 부모와 교사가 함께 유아에 대한 목표를 설정하고 효과적인 지도 방법을 모색한다.

4) 수업 참관

수업 참관은 유아교육기관과 가정이 바람직한 협력관계를 만들 수 있는 가장 기본적인 단계이며, 또한 효율적인 방법이다. 수업 참관은 가능한 많은 부모들이 참여할 수 있도록 계획되어야 한다.

수업 참관은 첫째, 유아의 발달 정도를 객관적으로 파악할 수 있고, 둘째, 가정과 유아교육기관에서 유아가 보이는 행동 간의 차이를 알 수 있으며 셋째, 유아교육기관의 교육과 지도 방법에 대한 이해를 높이고 가정에서도 일관성 있게 지도하는 데 도움이 된다.

수업 참관을 계획하면서 참관일과 참관방식을 결정한 후, 참관의 목적, 내용, 유의 사항 등을 미리 인쇄물로 준비하여 부모들에게 나누어 주고 설명한 후 참관하게 하는 것이 좋다. 참관 후에는 교사와 상담의 기회를 가지도록 한다.

표 7-6 수업 참관 시의 유의 사항

- 교실에서 유아들의 활동에 방해가 되지 않도록 조용히 참관한다.
- 메모 사항은 유아가 보이지 않게 기록한다.
- 참관하는 사람끼리 잡담하거나 큰소리로 웃지 않는다.
- 유아들의 활동에 일절 개입하지 않는다.
- 토의하고 싶은 것, 건의 사항은 메모한 후 참관이 끝난 후에 합의한다.

5) 부모 참여

부모 참여수업은 부모가 직접 수업에 참여하여 자녀의 학습 활동을 지원하거나 함께 활동하는 수업 형태를 의미한다(박영희, 2024). 이는 부모가 단순히 수업을 관찰하는 것을 넘어 직접적인 상호작용을 통해 자녀의 발달을 돕는 것을 목적으로 한다. 예를 들어, 부모와 자녀가 함께 과학 놀이, 미술 활동, 또는 신체 활동에 참여하는 형태가 이에 해당한다.

(1) 가족참여

공휴일을 선택하여 부모와 유아가 자유놀이를 하거나, 부모에게 유익한 내용의 강연을 들음으로써 가족구성원 모두가 교육적인 경험을 하거나 가족 간의 상호작용을 도모한다.

(2) 아버지 참여

아버지와 유아가 정규 프로그램에 함께 참여하는 것으로 자유놀이와 실외놀이를 함께 한다. 아버지의 자녀교육에 대한 관심을 높이게 해 주며, 자녀와 공유하는 경험을 통해 상호관계를 향상시킨다. 대체로 토요일 오후에 실시되며 약 2시간~2시간 30분이 소요된다.

(3) 어머니 참여

어머니가 유아의 자유놀이 시간에 놀이실에서 유아와 함께 참여하는 활동으로서 때로는 야외에서 실시된다. 유아와의 상호작용 기회를 확대하고 함께 놀이하는 경험을 통해 어머니-자녀 관계를 원만하게 하는 데 도움을 주기 위한 것이다.

표 7-7 부모 참여 시 유의사항

- 유아들과 함께 모든 활동에 직접 참여한다.
- 유아들의 활동에 너무 많이 개입하기보다는 유아가 주체가 되어 활동할 수 있도록 이끌어준다.
- 부모도 일일 학생(또는 교사)이라는 자세로 교사의 지시에 따라 민첩하게 행동한다.
- 모든 기록은 빠짐없이 정리하여 토의한 후 제출한다.

안녕하십니까?

바쁘신 중에도 참관(참여)수업에 참석해주신 학부모님께 감사드립니다. 하루 중 많은 시간을 유치원에서 보내고 있는 자녀들이 친구들과 어떤 놀이를 하며, 어떻게 수업을 하는지 매우 궁금하셨으리라 생각됩니다. 오늘 하루 한정된 시간이긴 하지만 공감 어린 마음으로 함께해주시고 자녀를 이해하시는 데 도움이 되는 유익한 시간이 되셨으면 합니다.

202○. ○○. ○○.

수업 참관 시 유의할 점

1. 부모님들께서 유치원에 오시면 유아들이 긴장하여 평소와 다른 행동을 하는 경우도 있습니다. 보통 때보다 퇴행된 행동을 보이거나 장난을 치는 등 지나친 행동을 하게 되더라도 유아의 발달상 나타나는 특징임을 이해하시고 인내심을 갖고 참관하시기 바랍니다.

2. 유아들의 놀이나 학습 및 행동을 결과보다 과정이 중요합니다. (다른 아이와 비교 평가하지 않습니다.)

3. 교사의 눈이 미치지 못한 상태에서 유아들이 좋지 않은 상황들을 관찰하실 수도 있습니다. 이럴 때는 도와주는 방법도 좋지만 유아 자신들이 해결할 수 있는 기회를 주거나 문제 상황을 이겨나가는 힘을 길러주기 위해 그대로 두는 것도 좋은 방법입니다.

4. 작업시간 및 이야기 나누기, 활동 시에 조용히 관찰해 주시고, 교사의 요청에 따라 협조해 주실 것을 부탁드립니다.

5. 참관하시면서 의문점이나 자녀에 대해 알려주실 말씀은 평가지에 의견을 적어주시면 검토 후 적극 반영하도록 하며, 교육운영에 도움이 되겠습니다.

그림 7-2 수업 참관(참여)시 원에서 제공하는 안내문

그림 7-3 수업참관(좌), 수업참여(우)

(4) 보조교사 역할 참여

부모가 놀이 활동에 참여하여 간단한 동화나 놀이지도 등의 보조교사 역할을 한다. 특히 우리나라와 같은 유아교육 환경에서는 부족한 교사의 역할을 보충할 수 있으며, 부모의 측면에서는 자신의 능력과 역할을 새롭게 확인할 기회가 되고 유아교육 현장에 대한 이해와 지도의 실제를 배워 가정에서 적용할 수 있다는 이점도 있다. 부모들은 간식 준비와 간식시간의 소집단지도, 놀이시간의 놀이지도, 소집단 활동의 보조교사 역할, 현장학습이나 소풍, 운동회 등 특별행사 보조를 하거나, 귀가지도, 예방접종, 신체검사 등의 활동을 보조하며, 유아교육기관의 실내외 환경 구성에 참여할 수 있다. 교사로서의 기본적인 자질과 태도를 갖춘 부모를 대상으로 사전 오리엔테이션을 실시한 후, 교육 활동에 보조교사로 참여할 수 있도록 체계적으로 활용하고 있다.

6) 온라인 플랫폼을 활용한 부모교육

온라인 플랫폼 부모교육은 컴퓨터나 스마트폰, 태블릿 PC 등을 통해 시간이나 장소에 구애받지 않고 교사 와 학부모 간의 대화가 가능한 부모 참여 프로그램이다. 특히 코로나19 팬데믹 이후 비대면 교육 수요가 급증하면서, 온라인 플랫폼을 활용한 부모교육 프로그램은 더 이상 보완적 수단이 아니라 핵심 전달 매체로 자리 잡고 있다(이혜선 & 배지희, 2021). 온라인 부모교육은 시간과 장소의 제약 없이 부모가 교육에 참여할 수 있도록 하며, 교사는 온라인 게시판을 통해 유아 교육기관에서 이루어지는 교육활동이나 행사 내용에 대해 학부모 의견을 들을 수도 있다. 그리고 다양한 디지털 기반의 콘텐츠와 상호작용 방식을 통해 부모의 양육역량을 향상시키는 데 기여한다.

(1) 부모 상담

부모가 유아에 대해 궁금한 점 등 상담하고 싶은 내용을 이메일을 통해 전달하면, 교사가 내용을 확인한 후 부모의 질문에 대해 상담한다.

- 유아의 가정생활에서 나타나는 문제점
- 유아교육기관 생활에 대한 질문사항
- 유아의 문제행동
- 유아교육기관에 결석하게 된 사유 등

(2) 교육 활동 소개

유아들의 교육 활동 내용을 유아 개인당 사진과 글로 하나씩 올려주어 학부모들이 유아들의 발달단계나 수업의 참여 정도에 대해 알 수 있게 돕는다. 유아들의 교육 활동이나 결과물들 중 학부모들에게 소개할 사진을 선정하여 스캔을 받는다. 교사는 사진에 대한 활동 설명, 교육적 의의, 유아의 발달단계 설명 등을 전문적인 해석으로 기록하여 소개한다. 교사는 각 유아들의 활동이 고르게 소개될 수 있도록 배려하며, 유아 평가자료를 모아 포트폴리오로 활용한다.

(3) 온라인 카페

카페 공간을 이용하여 같은 또래의 자녀를 키우는 부모들끼리 자녀들에게 일어나는 문제 상황에 대해 의견을 나누고, 유아교육에 대한 정보에 대해 서로 공유하도록 한다.

(4) 온라인 게시판

유아교육기관에서 이루어지고 있는 전체 행사나 주 교육활동 내용을 온라인 게시판에 실어 유아교육기관 운영에 대한 부모님들의 의견을 듣는다. 부모님들의 의견은 차후 운영계획에 반영하도록 고려한다.

매주 금요일 유아편에 보내는 가정통신문 내용을 실어 부모가 자유롭게 열람할 수 있게 한다. 부모님이 가정통신문을 읽고 궁금한 내용이나 가정통신문의 내용에 대한 건의사항을 올리면 의견을 수렴하여 프로그램에 반영하도록 참고한다. 온라인 플랫폼 활용에 익숙하지 않은 부모를 위해, 필요에 따라 원에서는 요청자에게 인쇄된 자료를 별도로 제공하여 정보 접근성을 높이고 있다.

함께 생각해 보는 부모교육

유아교육기관에서의 부모교육 생각해 보기

1. 부모와 교사의 상호작용에 있어서 교사는 어떤 역할을 해야 하는가에 대해 요약해 보세요.
2. 부모교육의 활동 중 부모 개별상담에서 교사가 유의해야 할 점에 대해 요약해 보세요.

깨알정보
부모교육

아이들 성장 돕는 소통의 장 '키즈노트 플랫폼'

과거의 어린이집과 유치원은 아이의 활동과 상태를 수기로 작성해 부모와 공유했다. 하지만 모바일 기기와 키즈노트의 등장으로 아이의 일상을 모바일에서 언제 어디서든 확인할 수 있게 됐다. 키즈노트는 유치원과 어린이집, 학원에서 기관과 부모의 커뮤니케이션 및 행정업무 간소화 서비스를 제공하는 회사로, 대표서비스인 키즈노트는 대한민국 유치원과 어린이집 85% 이상 점유율 및 250만 명의 사용자를 보유하고 있다.

출처 : 지디넷코리아 (2024.03.15.)

영유아 대표 플랫폼 '키즈노트'가 서울시교육청과 손잡고 학부모들에게 실시간 교육·보육 정보를 제공한다. 키즈노트는 최근 서울시교육청과 협력해 키즈노트 앱 내 '서울시교육청 파트너 게시판'을 신설했다고 21일 밝혔다. 서울 지역 학부모들은 해당 게시판에서 최신 교육 정책, 행사 소식, 캠페인 및 활동 등 자녀 교육에 필요한 정보를 간편하게 확인할 수 있다.

출처 : 시장경제 (2024.11.21.)

인포그래픽으로 보는 부모, 자녀 관련 이슈 & 챗 GPT의 부모교육

'스크린 육아' 벗어나고파… 현실은? 부모 절반이 의존

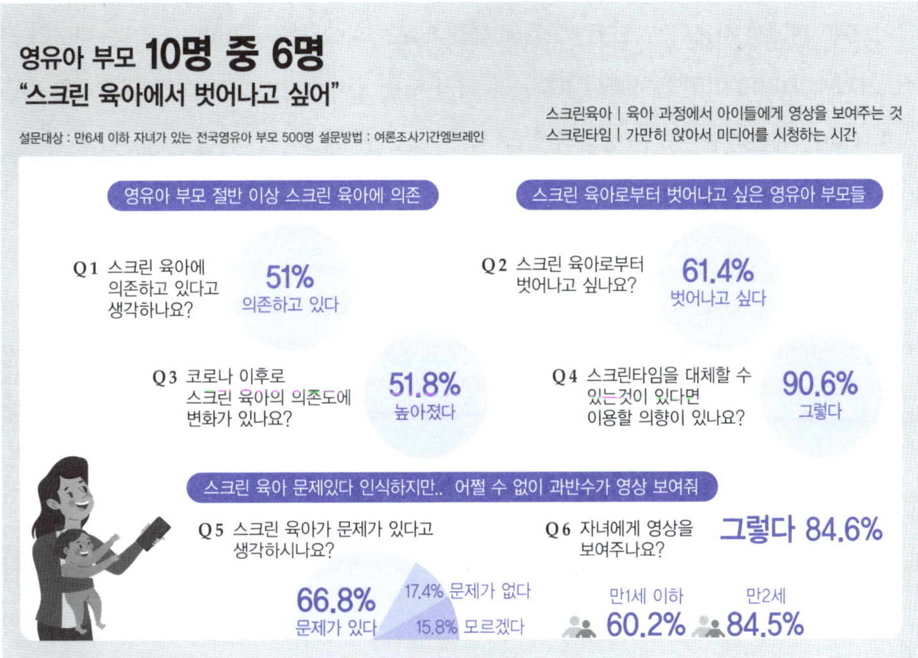

출처: 뉴시스 (2022.07.11.)

영유아 부모 절반 이상이 '스크린 육아'에 의존하고 있는 것으로 나타났다. 만 1세 이하 자녀를 둔 부모보다 만 2세 자녀를 둔 부모가 스크린 육아 의존도가 두 배 높다는 분석이 나왔다. 코로나19 이후 스크린 육아 의존도가 증가했다고 응답한 비율은 51.8%였으며, 주요 이유로는 아이가 떼를 쓰거나 부모의 지도를 잘 따르지 않아서(33.4%)가 가장 많았고, 영상의 대체재 부족(27%)이나 부모와 함께할 시간이 부족해서(20.8%)가 뒤를 이었다. 부모 66.8%는 스크린 육아에 문제가 있다고 인식하며, 61.4%는 이를 벗어나고 싶어 했다. 특히 스크린 타임으로 인한 집중력 감소, 스마트기기 중독, 안과 질환 등을 우려하는 비율이 높았다. 대부분의 부모는 자녀에게 영상 콘텐츠를 보여주며, 만 1세 이하 자녀의 60.2%, 만 2세 자녀의 84.5%가 이를 시행하고 있다. 또한, 만 2세 자녀의 53.5%는 하루 1시간 이상 영상을 보여주고 있으며, 주요 이유로는 아이가 영상을 보는 동안 다른 일을 할 수 있기 때문(45.2%)이라고 답했다. 〈기사 요약〉

ChatGPT ∨

유아교육기관에서 사용되는 스크린 교육에 대해 부모의 생각은 어떤가요?

유아교육기관에서 사용되는 스크린 교육에 대해 부모들의 생각은 다양합니다. 이는 부모의 경험, 가치관, 자녀의 나이 및 발달 상태 등에 따라 다를 수 있지만, 전반적으로 긍정적인 측면과 우려하는 측면이 공존하는 경향이 있습니다.

1. 스크린 교육의 정의

스크린 교육은 디지털 화면(스마트폰, 태블릿, 컴퓨터, TV 등)을 통해 제공되는 교육적 콘텐츠나 학습 활동을 의미합니다. 이 방식은 전통적인 교육 방법과 달리, 기술을 활용하여 학습을 진행하는 방법으로, 시각적, 청각적 자극을 통해 아이들의 학습을 돕는 데 사용됩니다.

2. 긍정적인 반응

- 교육적 가치: 많은 부모들은 스크린 교육이 자녀에게 교육적인 가치를 제공한다고 생각합니다. 특히, 디지털 기기와 교육용 앱, 비디오를 통해 아이들이 재미있게 학습하고, 다양한 주제나 언어, 수학, 과학 등 다양한 분야에 대해 쉽게 접근할 수 있다는 점을 긍정적으로 평가합니다. 이를 통해 자녀들이 기본적인 언어나 숫자 인식 등 기초 학습을 자연스럽게 할 수 있다고 봅니다.
- 다양한 학습 기회: 부모들은 유아교육기관에서 제공하는 디지털 콘텐츠가 다양한 문화나 언어, 세계적인 이슈에 대해 배울 수 있는 기회를 제공한다고 느낍니다. 이를 통해 아이들이 보다 넓은 시각을 가질 수 있다고 믿고, 특히 글로벌 시대에 맞는 교육을 제공하는 것에 대해 긍정적으로 생각하는 부모들도 많습니다.
- 아이들의 흥미 유발: 스크린 교육은 시각적이고 청각적인 자극을 제공하므로, 많은 부모들이 자녀들이 더 재미있게 학습할 수 있다는 점에서 긍정적인 반응을 보입니다. 특히, 애니메이션이나 인터랙티브한 게임을 통해 아이들이 몰입하고 학습에 대한 흥미를 유지할 수 있다는 점을 높이 평가합니다.

3. 우려와 부정적인 반응

- 과도한 스크린 타임에 대한 걱정: 많은 부모들은 자녀들이 스크린 앞에 너무 오랜 시간 앉아 있게 되는 것을 우려합니다. 지나치게 많은 스크린 타임이 아이들의 건강에 미칠 영향을 걱정하는 부모들이 많습니다. 예를 들어, 눈 건강 문제나 신체 활동 부족, 비만과 같은 건강 문제, 그리고 사회적 상호작용 부족에 따른 언어 발달 지연 등을 우려하는 목소리가 큽니다.
- 집중력과 학습 능력 저하: 스크린 교육이 아이들의 집중력과 주의력에 부정적인 영향을 미칠 수 있다는 우려도 존재합니다. 부모들은 화면을 통한 학습이 너무 자극적이어서 자녀들이 집중력을 잃고, 실생활에서의 학습과 경험보다 가상 세계에서만 몰입하는 경향이 생길 수 있다는 점을 우려합니다.
- 가족 간 상호작용 부족: 부모들은 스크린 교육이 아이들의 가족과의 상호작용을 줄일 수 있다는 점도 걱정합니다. 유아기의 발달에서는 부모와의 대화, 놀이, 정서적 교감이 중요한데, 스크린 교육이 이러한 경험을 대신할 수 없다고 생각하는 부모들이 많습니다. 가족과 함께하는 시간이 줄어들면 아이들이 사회적, 정서적으로 성장하는 데 필요한 경험이 부족할 수 있다고 염려합니다.

4. 부모의 기대와 요구

- 적절한 시간과 콘텐츠의 균형: 많은 부모들은 스크린 교육이 과도하지 않도록 시간과 콘텐츠를 적절하게 제한할 필요가 있다고 생각합니다. 부모들은 유아교육기관에서 제공하는 스크린 교육이 학습적인 가치를 가지고, 신체 활동이나 사회적 상호작용을 보충하는 방식으로 이루어져야 한다고 기대합니다.
- 교사의 역할: 부모들은 유아교육기관에서 스크린 교육을 제공할 때, 교사의 지도와 관리가 중요하다고 생각합니다. 단순히 스크린을 사용하게 하는 것이 아니라, 교사가 그 과정에서 아이들과 상호작용하고, 학습한 내용을 실제 생활에서 어떻게 활용할 수 있을지 함께 고민하는 방식으로 교육이 이루어져야 한다는 의견이 많습니다.

결론

유아교육기관에서의 스크린 교육에 대한 부모들의 생각은 교육적 가치와 가능성에 대한 긍정적인 평가와 함께, 과도한 의존이나 부정적인 영향에 대한 우려가 공존하는 복합적인 입장을 보입니다. 부모들은 스크린 교육을 신중하게 활용하고, 적절한 시간과 콘텐츠를 선택하는 동시에, 아이들의 신체 활동, 사회적 상호작용, 정서적 발달을 충분히 고려하는 균형 잡힌 접근을 원하고 있습니다. 이를 위해 교사와 부모 간의 소통이 중요한 역할을 하며, 아이들의 전인적 발달을 위해 적절한 관리와 가이드라인이 필요합니다.

CHAPTER 08

부모교육 프로그램, 이렇게 설계해요

부모교육은 단순한 정보 전달을 넘어서, 부모가 자녀 양육에 필요한 지식과 기술을 실제로 적용할 수 있도록 돕는 실천 중심의 교육과정이어야 한다. 이를 위해서는 참여형 접근과 함께, 대상자의 요구를 반영한 맞춤형 교육 설계, 그리고 체계적인 실행 절차와 피드백 체계가 필수적이다. 다양한 교수방법의 활용과 교육의 지속 가능성을 높이기 위한 평가 체계도 함께 마련되어야 한다. 부모가 교육을 통해 올바른 양육 지식과 역량을 습득하고, 이를 실생활에 적용함으로써 자녀의 건강한 성장과 발달을 지원할 수 있을 때, 부모교육은 단순한 프로그램을 넘어 건강한 사회를 위한 기반으로 기능할 수 있다.

이 장에서는 부모교육 프로그램의 효과적인 전달을 위한 부모교육 프로그램 계획하기, 프로그램의 대상 선정과 모집하기, 프로그램 실행하기, 프로그램 평가하기의 절차와 방법을 알아보고자 한다.

학습목표

1. 부모교육 프로그램 실시를 위한 절차와 방법을 이해한다.
2. 부모교육 프로그램 실시와 관련한 상황을 설정하여 예시 프로그램을 개발, 운영계획서를 작성해 본다.

1. 부모교육 프로그램의 설계와 과정

1) 부모교육 프로그램 계획하기

부모교육 프로그램 계획 단계는 크게 부모교육을 실시하는 기관에서 하는 기초 계획과 부모의 요구 조사를 거쳐 확정하는 단계로 구성된다.

(1) 부모교육 실시 기관의 계획

부모교육을 실시하는 기관에서는 다음의 측면을 고려하여 기초 계획을 수립한다. 부모교육의 계획 시 고려해야 할 내용을 살펴보면 **표 8-1**과 같다.

표 8-1 부모교육 계획 시 고려해야 할 내용

항목	고려해야 할 내용
프로그램 실시대상	전체 부모를 대상으로 할 것인지, 참여를 원하는 일부 부모를 대상으로 할 것인지, 지원이 필요하다고 생각되는 부모를 기관에서 선발하여 대상으로 할 것인지에 대한 기초 계획을 수립해야 함
대상 부모의 모집	대상에 따라 어떤 방법으로 모집하고 안내할지에 대한 기초 계획을 수립해야 함
프로그램의 형식	프로그램을 어떤 길이로 얼마나 자주, 한 번에 얼마나 길게 할 것인지에 대한 기초 계획을 수립해야 함
프로그램 실시 장소	프로그램을 어디에서 실시할지에 대한 기초 계획을 수립해야 함
프로그램 내용	어떤 내용으로 프로그램을 실시할 것인지에 대한 기초 계획을 수립해야 함
프로그램 전달자	누가 프로그램을 진행할 지에 대한 기초 계획을 수립해야 함
프로그램의 교수-학습 방법	어떤 교수-학습 방법을 사용하여 프로그램을 진행할 지에 대한 기초 계획을 수립해야 함

(2) 부모의 요구 조사

첫째, 부모교육을 실시하는 기관에서 기초적으로 수립한 계획안에 대한 부모의 요구는 어떤지 알아본다.

둘째, 부모의 요구를 조사하기 위해 사용할 수 있는 설문지의 예는 **표 8-2**와 같다.

표 8-2 프로그램 계획 시 부모의 요구를 알아보기 위한 설문지

자녀의 인지, 언어, 사회, 정서 발달을 돕는
영역별 활동 프로그램에 대한 설문지

○○○ 부모님께
안녕하십니까?
본 유치원(어린이집)에서는 영역별 활동 프로그램 실시에 앞서 영유아의 발달을 돕고자 개발한 활동 프로그램을 실시하고자 합니다. 프로그램은 부모님이 자녀와 집에서 쉽고 재미있게 할 수 있는 인지, 언어, 사회, 정서 발달을 위한 활동으로 구성되어 있으며, 부모님과 자녀가 긍정적인 관계를 맺도록 돕는 데 큰 기여를 할 것입니다.

부모님께서 주신 귀한 의견은 자녀의 다양한 발달에 도움이 되는 서비스를 제공하는 데 반영될 것입니다. 설문지에는 옳고 그른 답이 없으며, 부모님의 생각이나 의견에 표시해 주시면 됩니다. 설문지 작성에 소요되는 시간은 5분 정도이며, 번거로우시더라도 빠짐없이 답변해 주시길 부탁드립니다.

귀중한 시간을 할애하여 주신 부모님께 감사드리며, 완성된 설문지는 ○○월 ○○일까지 보내주시기 바랍니다. 감사합니다.

○○ 유치원(어린이집) 원장 ○○○

출처: 교육부·제주특별자치도교육청(2008). 인지, 언어, 사회, 정서 발달을 돕는 영역별 활동 프로그램

* 자녀의 발달에서 중요하다고 생각되는 내용에 표시해 주세요.

1. 인지활동 내용 : 세 개만 골라 필요한 순서대로 1, 2, 3을 적어주세요.
   ① ( ) 수 개념 알기
   ② ( ) 모양과 공간 관계 알기
   ③ ( ) 길이, 무게, 시간, 앙을 측정하기
   ④ ( ) 분류하기, 비교하기
   ⑤ ( ) 과학적 개념 알기
   ⑥ ( ) 과학적 태도와 기술 익히기
   ⑦ ( ) 기타(직접 적어주세요 :)

2. 언어활동 내용 : 세 개만 골라 필요한 순서대로 1, 2, 3을 적어주세요.
   ① ( ) 다른 사람과 의사소통 기술 익히기
   ② ( ) 읽기와 쓰기
   ③ ( ) 책 좋아하기와 책 읽기
   ④ ( ) 좋은 언어습관(정확한 발음. 문법에 맞는 말 등) 기르기
   ⑤ ( ) 기타(직접 적어주세요 :)

3. 사회활동 내용 : 세 개만 골라 필요한 순서대로 1, 2, 3을 적어주세요.
   ① ( ) 타인과 어울려 놀이할 수 있는 기술
   ② ( ) 갈등을 해결하는 기술
   ③ ( ) 타인을 돕고, 존중하는 능력
   ④ ( ) 타인과 협동하고, 함께 의사결정 할 수 있는 능력
   ⑤ ( ) 기타(직접 적어주세요 :)

4. 정서활동 내용 : 세 개만 골라 필요한 순서대로 1, 2, 3을 적어주세요.
   ① ( ) 스스로 자랑스럽다고 생각하기
   ② ( ) 자신의 할 일을 알아서 하기
   ③ ( ) 자신의 감정을 적절히 표현하기
   ④ ( ) 자신의 감정을 스스로 조절하기
   ⑤ ( ) 다른 사람의 감정을 이해하기
   ⑥ ( ) 예술활동(음악, 미술, 신체표현 등)을 경험해 보기
   ⑦ ( ) 기타(직접 적어주세요:)

5. 자녀와 교육 활동하는 시간은 어느 정도인 것이 좋다고 생각하십니까?
   ① 10분에서 20분
   ② 20분에서 30분
   ③ 30분에서 한 시간
   ④ 한 시간 이상
   ⑤ 며칠을 두고 지속적으로 하기(예 : 식물 싹 틔우기)

6. 자녀와 하는 교육 활동 수는 몇 개가 적당하다고 생각하십니까?
① 매일 1개
② 1주일에 1개
③ 1주일에 2~3개
④ 한 달에 2~3개

7. 활동방법에 대한 강의는 어떤 강사가 진행하는 것이 좋다고 생각하십니까?
① 유아교육기관 원장
② 교사
③ 사회복지사
④ 자녀를 잘 키운 경험이 있는 부모
⑤ 외부강사(교수, 해당 분야 전문가)
⑥ 기타(직접 적어주세요:)

8. 활동 방법에 대한 강의는 몇 회가 적당하다고 생각하십니까?
① 처음 1회
② 월 1회
③ 월 2회
④ 주 1회
⑤ 기타(직접 적어주세요:)

출처: 교육부·제주특별자치도교육청(2008). 인지, 언어, 사회, 정서 발달을 돕는 영역별 활동 프로그램

2) 부모교육 프로그램의 대상 선정과 모집하기

(1) 참여 부모의 선정

참여 부모의 선정은 다음의 세 가지로 구분할 수 있다.

① 학부모 전체

- 저소득층 밀집 지역으로 모든 부모의 참여가 필요한 경우
- 기관의 모든 부모를 대상으로 프로그램을 운영할 여지가 있는 경우

② 참여 희망 부모

- 프로그램을 운영하는 데 인적·물적 자원이 부족한 경우
- 모든 부모를 대상으로 하기 전에 시범적으로 효과를 알고 싶은 경우

③ 지원이 필요한 부모

- 발달 지연의 위험이 예견되는 영유아의 부모인 경우
- 자녀와 상호작용을 거의 하지 않는 부모의 경우

부모교육 프로그램의 참여 부모에 따라 프로그램 안내, 실행, 평가 방법이 달라진다.

표 8-3 학부모 특성에 따른 프로그램 실행 및 평가

특성	대상의 모집과 안내	프로그램 실행	프로그램 평가
학부모 전체	• 특정 주제에 대한 안내 편지를 발송하여 프로그램 안내	• 기관에서 정한 주제 또는 부모가 원하는 주제를 선정하고 순서를 정해 실행	• 평가 서식을 이용하여 부모들의 의견 및 평가 결과 수합 • 몇몇 부모와 인터뷰 상담 등을 통해 소감 들음
참여 희망 부모	• 특정 주제에 대한 안내 편지를 발송하고 참여 신청 받음	• 특정 주제에 대해 알기 원하는 부모만을 대상으로 실행	• 평가 서식을 이용하여 부모들의 의견 및 평가 결과 수합 • 몇몇 부모와 인터뷰 상담 등을 통해 소감 들음
지원이 필요한 부모	• 면대면(전화를 통한 상담, 면담) 접촉을 통해 프로그램 참여 권유	• 지원이 필요한 부모 유형별로 집단을 나누고, 각 집단별로 적절한 주제를 정해 실행	• 평가 서식을 이용하여 부모들의 의견 및 평가 결과 수합 • 몇몇 부모와 인터뷰, 상담 등을 통해 소감 들음

출처: 교육부·제주특별자치도교육청(2008). 인지, 언어, 사회, 정서 발달을 돕는 영역별 활동 프로그램

(2) 참여 부모의 모집

① 학부모 전체가 대상일 경우

첫째, 가장 많은 부모가 알고 싶어 하는 주제 목록을 선정하고 부모 전체를 대상으로 안내 편지를 발송한다.

둘째, 부모교육 주제의 목표, 내용, 구성 등에 대해 간단히 설명하고 실시되는 일시, 소요 시간, 장소를 안내한다.

마지막으로 홈페이지나 카페가 활성화된 기관에서는 이를 통한 안내도 가능하다.

② 참여 희망 부모만을 대상으로 할 경우

첫째, 부모들에게 주제에 대해 간단히 설명하고 일시와 장소를 안내한다.

둘째, 초청 편지에 참여를 희망하는지의 여부를 알릴 수 있는 서식을 마련한다.

③ 지원이 필요한 부모를 대상

부모교육 프로그램 제공이 반드시 필요한 영유아의 부모, 즉 특정 주제 측면에서 지원이 필요한 학부모를 대상으로 할 때의 유의 사항은 다음과 같다.

첫째, 특정 부모만을 대상으로 한다면 조심스럽게 참여를 권유하는 것이 중요하다.

둘째, 부모교육 프로그램에 참여하면 어떤 점이 향상될 수 있는지를 구체적으로 정확히 제시한다.

셋째, 학기 초의 개인 면담 시간이나 자녀의 등·하원 시간같이 부모를 자연스럽게 만날 수 있을 때 직접 부모에게 참여를 권유하거나 전화로 참여를 권유할 수 있으며, 이때 교육을 실시하는 일시와 장소를 안내한다.

(3) 부모교육 프로그램의 실행하기

① 주제 선정 및 진행 순서의 결정

첫째, 설문지를 통해 조사한 부모들이 원하는 주제와 기관의 계획을 기초로 최종적으로 어떤 주제를 선정하여 어떤 순서로 조직할 것인지 결정한다.

둘째, 참여 부모 개개인의 관심이나 요구가 모두 다르므로, 처음 진행하는 주제는 일반적인 것으로 선정하는 것이 좋다.

셋째, 전체 순서를 정할 때는 기관의 전체적인 교육계획과 일관성이 있도록 계열화한다. 즉, 주제를 선정할 때에는 대상 부모 자녀의 연령 및 시기, 유아교육기관의 생활 주제, 방법 등 다양한 측면에서 조화가 이루어지도록 한다.

넷째, 부모에게 제공하는 다양한 프로그램 간에 일관성이 있도록 계획한다. 즉, 1년 동안 프로그램을 진행하면서 다양한 활동을 하게 되는데, 각 활동을 통해 부모가 전달받거나 제공받는 것 간에 일관성이 유지되도록 한다.

다섯째, 부모의 사회, 문화, 경제, 교육적 맥락을 고려하여 프로그램을 계획한다. 즉, 유아교육기관이 위치한 지역의 사회적 상황, 문화적 특성, 경제적 수준에 따라 프로그램 내용이나 수준을 조정한다.

여섯째, 부모의 개인적 특성을 고려하여 프로그램을 계획한다. 즉, 프로그램의 주제나 내용과 밀접한 관련이 있는 부모의 개인적 특성을 중심으로 소집단으로 나누어 프로그램을 운영하도록 계획할 수 있다.

일곱째, 부모들의 적극적인 참여가 가능하도록 진행한다. 즉, 부모는 제공되는 정보를 수동적으로 받아들이기보다는 주도적으로 정보를 찾고 제공하기를 원하기 때문에 프로그램의 운영 과정에 부모를 적극적으로 참여시키는 방법을 계획한다.

마지막으로 사회적으로 자녀 양육과 관련이 있는 이슈가 발생할 경우에는 관련 주제부터 다루는 것이 좋다.

② 참여 부모의 초청

첫째, 참여 부모가 누구인가에 관계없이 부모교육의 일시, 주제, 목표, 프로그램 세부 일정 등이 적힌 초청 편지를 2~3일 전에 보낸다.

둘째, 최종 참여 여부를 확인하고, 정확한 참여 인원을 파악한다.

③ 당일 프로그램 진행 절차와 담당자에 대한 결정

첫째, 한 가지 주제에 대해 부모교육을 실시할 때의 진행 순서, 소요 시간, 준비물 담당자에 대한 결정을 한다.

둘째, 기관에서 실시하는 1회 프로그램의 진행에 대한 예는 다음의 **표 8-4**와 같다.

표 8-4 '건전하고 교육적인 TV 시청' 프로그램 진행의 예

<table>
<tr><th colspan="3">일정 계획하기</th><th colspan="2">시간</th><th>준비물</th><th>준비 담당자</th><th>진행 담당자</th></tr>
<tr><td colspan="8">프로그램 시작 전 활동</td></tr>
<tr><td colspan="3">출석부 기록/이름표 달기/간식</td><td colspan="2" rowspan="3">5:45 ~ 6:00</td><td>식혜와 떡</td><td>주방</td><td>참여한 모든 진행자</td></tr>
<tr><td colspan="3">실내 음악</td><td>이번 달에 영유아가 유치원에서 배운 노래 영상</td><td>교사 A</td><td>교사 A</td></tr>
<tr><td colspan="3">시작 전 활동
(예: 일찍 온 부모를 위한 게임/ 자녀에게 줄 선물 만들기)</td><td>자녀에게 줄 꽃목걸이 만들기</td><td>교사 B</td><td>교사 B, 원장</td></tr>
<tr><td colspan="8">프로그램 중</td></tr>
<tr><td rowspan="4">도입</td><td>생각해 보는 글: TV좀 그만 봐라!</td><td>강의</td><td colspan="2">6:00~6:10</td><td>영상매체, 소책자</td><td>교사 A</td><td>교사 A</td></tr>
<tr><td>의미 있는 토론: TV와 인터넷이라는 신종 보모, 신종 교사</td><td>평가</td><td colspan="2">6:00~6:10</td><td>소책자, 필기도구</td><td>교사 B</td><td>교사 A</td></tr>
<tr><td>유익한 지식: TV 시청이 지적 발달에 미치는 영향, TV 시청이 정서 발달에 미치는 영향, TV 시청이 신체발달에 미치는 영향</td><td>강의</td><td colspan="2">6:00~6:10</td><td>빔 프로젝터, 노트북, 소책자</td><td>교사 B</td><td>교사 A</td></tr>
<tr><td>스스로 평가: 우리 집의 TV 시청 점수는?</td><td>강의 및 워크숍</td><td colspan="2">6:00~6:10</td><td>소책자</td><td>교사 A</td><td>교사 A</td></tr>
<tr><td rowspan="2">도입</td><td>좋은 부모: 자녀의 올바른 TV 시청 지도를 위한 여섯 가지 조언</td><td>토론</td><td colspan="2">6:00~6:10</td><td>소책자</td><td>교사 A</td><td>교사 A</td></tr>
<tr><td>오해와 진실: TV 시청에 대한 오해</td><td></td><td colspan="2">6:00~6:10</td><td>소책자</td><td>교사 A</td><td>교사 A</td></tr>
<tr><td rowspan="2">정리</td><td>행복한 가족: 자녀의 불필요한 TV 시청, 놀이로 풀어 봅시다.</td><td>워크숍</td><td colspan="2">6:00~6:10</td><td>소책자</td><td>교사 B</td><td>교사 A</td></tr>
<tr><td>Q & A</td><td></td><td colspan="2">6:00~6:10</td><td>소책자</td><td>교사 A</td><td>교사 A</td></tr>
<tr><td colspan="2">광고: 다음 모임 안내</td><td></td><td colspan="2">6:00~6:10</td><td></td><td>원장</td><td>원장</td></tr>
<tr><td colspan="2">저녁식사(자녀와 함께)</td><td></td><td colspan="2">6:00~6:10</td><td>밥, 시금치, 조갯국, 돼지불고기, 김치</td><td>주방</td><td>모든 진행자/부모</td></tr>
<tr><td colspan="8">프로그램 종료 후</td></tr>
<tr><td colspan="3">개별상담</td><td colspan="2">8:30~</td><td>상담을 원하는 부모에게 개별상담 실시</td><td></td><td>부모가 지목한 진행자</td></tr>
</table>

출처: 교육부·제주특별자치도교육청(2008). 인지, 언어, 사회, 정서 발달을 돕는 영역별 활동 프로그램

(4) 부모 교육자 준비

첫째, 누가 프로그램의 진행을 담당할 것인지 결정한다.

둘째, 진행자는 부모 교육자 강의 지침서를 읽고 내용을 익힌다.

① 도입

본론으로 들어가기 전에 부모가 주제에 대해 공감대를 형성하여 주제에 대한 관심과 흥미를 가질 수 있도록 준비한다. 소요 시간은 10~15분 정도로 너무 길게 진행하지 않도록 한다.

②전개

각 활동마다 제시하는 세부 목표와 내용을 자세히 읽어보고, 주어진 시간 내에서 전달이 가능하도록 준비한다. 참여 부모의 흥미 및 수준, 자녀의 연령 등을 고려하여 내용을 조정한다.

③ 정리

가정에서 적용해 볼 수 있는 놀이 활동, 동화책이나 현장 탐방 등의 정보를 알려 줄 때 필요한 자료들을 미리 준비한다.

(5) 환경의 구성

첫째, 부모교육에 참석하는 부모의 이름표와 출석부를 준비한다.

둘째, 간식 및 식사를 준비한다.

표 8-5 프로그램 진행 시 기록 및 평가 사항

분야	기록 및 평가 내용	평가 결과 및 개선 사항
모집 및 준비	• 부모 모집을 위해 사용한 방법(예: 전화, 편지, 면대면 등)이 효과적이었는가? • 다양한 방법으로 홍보하였는가? • 프로그램의 목적 내용 방법이 잘 반영된 홍보였는가? • 부모의 참여율은 어떠하였는가? • 각종 예약 상황(예: 교통편, 장소, 음식, 기자재 등)은 어떠하였는가?	
욕구 조사	• 다양한 특성을 가진 부모의 욕구를 파악하는 데 적절하였는가? • 응답하기 쉽게 구성되었는가?	
목표	• 부모의 욕구가 반영된 목표였는가? • 부모와 전문가의 욕구가 조화된 목표였는가? • 프로그램의 목표가 달성되었는가? • 어떤 목표가 달성되지 않았는가?	
내용	• 부모의 요구가 반영된 내용이었는가? • 프로그램의 목표를 달성하기에 적합하였는가? • 부모를 지원하고 궁극적으로 자녀의 교육과 양육을 지원하는 내용이었는가? • 부모의 특성이나 수준에 적절한 내용이었는가? • 부모의 참여를 유발하는 것이었는가?	
진행 방법	• 부모가 편안해하였는가? • 부모의 특성과 수준을 고려하여 진행하였는가? • 부모의 흥미를 끌게 진행하였는가? • 부모의 반응과 질문을 적절히 수용하며 진행하였는가? • 부모가 적극적으로 참여하도록 격려하였는가? • 준비한 내용을 효과적으로 전달하였는가? • 적절한 교수 매체와 자료를 사용하였는가? • 프로그램의 전반적인 운영이 순조롭게 진행되도록 하였는가? • 준비가 필요한 부모 교육자(예: 부모강사, 일반인)의 경우 적절한 훈련과 준비가 이루어졌는가? • 부모 교육자가 부적절하였다면, 어떠한 측면에서 부적절하였는가?	
환경 구성	• 프로그램이 실시된 시간은 적절하였는가? • 프로그램의 길이는 적절하였는가? • 계획된 활동과 부모의 수를 고려할 때 공간이 충분하였는가? • 온도, 습도, 조명 등의 측면에서 쾌적하였는가? • 간식 및 식사 등이 효율적으로 배치되었는가? • 의자, 책상, 시청각 매체가 효율적으로 배치되었는가?	
예산 편성	• 인적 자원에 대한 예산은 적절하였는가? • 자료 제작 및 기자재에 대한 예산은 적절하였는가? • 간식 및 식사 준비를 위한 예선은 적절하였는가? • 기타(예 : 장소 대여, 교통편 상품 등) 소요경비를 위한 예산은 적절하였는가?	
서비스	• 부가서비스(예: 자녀 돌보기, 식사제공 등)가 적절하였는가? • 부가서비스의 질이 적절하였는가?	

3) 부모교육 프로그램 평가하기

(1) 평가 시기

① 한 주제를 진행하는 과정(과정평가)

② 진행하고 난 후(사후 평가)

③ 지속적인 평가

(2) 평가 방법

① 형식적인 평가보다는 부모로부터 받는 피드백을 중심으로 평가한다.

② 설문지, 면접, 자유 기술식 평가지 체크리스트 등 다양한 방법을 사용하여 평가한다.

(3) 평가자와 평가 내용

① 다양한 평가자(예: 부모 교육자, 참여 부모 등)가 참여

② 부모 교육자의 시각에서의 평가

③ 참여 부모의 시각에서의 평가

(4) 평가 결과의 활용

① 부모교육 프로그램의 전체적인 평가를 위해 평가 결과를 최종적으로 종합한다.

② 종합한 결과를 근거로 개선 방향을 마련한다.

표 8-6 실행 후 목표 달성 평가

목표	목표의 구체적 의미	평가 결과	개선 방향
• 유아를 위한 경제교육에 대한 개념을 습득한다.	• 경제교육의 개념을 습득한다.	• 경제교육이 돈을 아끼고 버는 것뿐 아니라 유통, 직업에 관한 교육이라는 것을 알게 된다.	• 자녀의 용돈 사용에 대한 관심이 많았으므로 이 내용에 대하여 많은 시간을 할애할 수 있을 것이다.
	• 경제교육의 내용을 습득한다.		
• 경제교육에 대한 개념을 기초로 가정에서 부모가 해야 할 역할을 인식한다.	• '나'의 경제교육의 유형을 알아본다.	• 나의 경제교육 유형을 알아보면서 자신을 되돌아보고 부족한 점을 알게 된다. • 자녀의 용돈 사용의 성향에 따라 적용해야 할 관리 방법을 알게 된다.	
	• 일상생활에서 할 수 있는 경제교육 방법을 알아본다.		

(5) 평가의 실제

부모교육 및 지원에 대한 학부모의 평가는 행사 진행 시 부모의 행동 관찰, 부모의 의견 및 행사 직후 설문지 응답 결과를 중심으로 평가하여, 그 내용을 차기 년도 부모교육 및 지원에 개선하여 반영한다.

2. 온라인 부모교육, 메타버스 · 줌(ZOOM) 등 새로운 방식

21세기 들어 교육 환경은 디지털 기술과 함께 빠르게 변화하고 있다. 특히 코로나19 팬데믹은 교육의 디지털 전환을 가속화하는 계기가 되었으며, 이는 유아교육기관에서의 부모교육 방식에도 직접적인 영향을 미쳤다. 과거에는 주로 대면 강의, 가정통신문, 간담회 등 오프라인 중심의 활동이 일반적이었으나, 현재는 온라인 플랫폼, 메타버스, 실시간 화상회의 시스템(ZOOM 등)을 활용한 비대면 및 하이브리드형 부모교육이 점차 확산되고 있다. 이러한 변화는 단순한 형식의 전환을 넘어, 교육 접근성의 향상, 시간과 공간의 유연성 확대, 콘텐츠 개인화 가능성 등 다양한 교육적 이

점을 가져왔다.

1) 온라인 부모교육의 개념

온라인 부모교육은 컴퓨터, 스마트폰, 태블릿 등의 디지털 기기를 통해 인터넷상에서 진행되는 부모 대상 교육활동을 의미한다. 콘텐츠 제공 방식은 크게 동영상 강의, 실시간 스트리밍, 온라인 학습 플랫폼을 통한 모듈형 수업 등으로 구분된다.

사례

서울의 A어린이집에서는 "우리 아이와 함께 성장하는 온라인 부모교실"이라는 프로그램을 개설하여, 매월 정기적으로 ▲ 자녀의 발달 이해 ▲ 놀이 중심 양육 ▲ 디지털기기 활용 지도 등을 주제로 한 영상 콘텐츠를 제공하였다. 이 프로그램은 유튜브 채널과 연동되어 부모가 시간과 장소에 구애받지 않고 콘텐츠를 시청할 수 있도록 하였으며, 시청 후 과제 수행 및 피드백을 게시판을 통해 공유하도록 구성되었다.

위의 사례처럼 비동기형 온라인 교육은 맞벌이부모나 다자녀가정 등 참여 시간이 제한된 가정에 높은 호응을 얻었다(박지은, 2022).

온라인 부모교육의 장·단점을 살펴보면 다음과 같다.

- 장점: 시간과 장소 제약 없음, 반복 학습 가능, 자기 주도 학습 강화
- 단점: 실시간 상호작용 부족, 실행력 저하 가능

2) 실시간 화상 기반 부모교육: ZOOM 활용

실시간 화상회의 플랫폼(ZOOM, MS Teams 등)을 활용한 부모교육은 실시간 상호작용이 가능한 점에서 오프라인 교육의 대안으로 주목받고 있다. 강의 외에도 실시간 질의응답, 소그룹 토론, 피드백 제공 등이 가능하다는 장점이 있다.

사례

경기도 B유치원에서는 매달 넷째 주 저녁 시간에 "ZOOM으로 만나는 부모 교육의 밤"을 운영하고 있으며, 주제는 부모의 스트레스 관리, 아이의 감정 표현 이해, 형제 갈등 조정 등 다양하다. 사전 신청을 받은 후 줌 링크를 배포하고, 수업 후 만족도 조사를 통해 내용을 조정하는 순환 구조를 채택하고 있다.

이 사례 참여 부모들은 "출근 후에도 참여할 수 있어 부담이 적다", "다른 부모들과 실시간으로 고민을 나눌 수 있어 정서적으로도 위로가 된다"는 반응을 보였으며, 평균 참여율은 높은 편이었다(김수정 & 정미라, 2021).

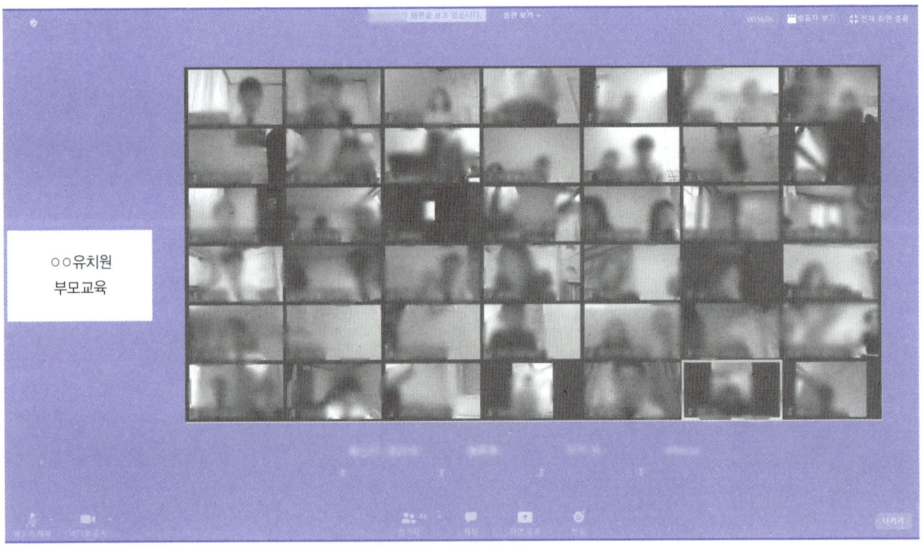

그림 8-1 ZOOM 화상을 활용한 부모교육

실시간 화상기반 부모교육의 장·단점을 살펴보면 다음과 같다.

- 장점: 실시간 소통, 정서적 지지 제공, 토론 가능
- 단점: 일정 조율 필요, 기술적 문제 발생 가능

3) 메타버스를 활용한 체험형 부모교육

최근에는 가상현실 기반 플랫폼인 메타버스를 활용한 부모교육도 시도되고 있다. 메타버스 교육은 게임처럼 설계된 3D 가상공간에서 부모들이 아바타로 입장하여 활동에 참여함으로써 몰입도와 체험 중심 학습 효과를 높일 수 있다는 장점이 있다.

사례

부산 C유치원은 '게더타운(Gather Town)' 플랫폼을 활용해 "가상 유치원 탐방 및 놀이 이해 교육"을 진행하였다. 부모들은 아바타로 입장하여 유치원 교실, 놀이터, 미술실 등을 돌아다니며 교사와의 실시간 대화를 통해 교육 내용을 전달받았다. 특정 공간(예: '감정코칭방', '훈육 노하우방')에서는 해당 주제에 맞는 미니 게임이나 퀴즈가 제공되어 부모들의 흥미와 참여를 유도하였다.

이러한 메타버스 기반 프로그램은 특히 젊은 연령대 부모(30대 이하)에게 높은 만족도를 보였으며, 기존 대면교육보다 정보 전달력과 몰입감이 높았다는 분석 결과가 보고되었다(조현진 & 박은정, 2023).

메타버스를 활용한 체험형 부모교육의 장·단점을 살펴보면 다음과 같다.

- 장점: 몰입감, 체험 중심, 참여 동기 유발, 자기 주도성, 공동체 경험
- 단점: 일 접근성 문제, 기술 숙련도 차이, 고연령 부모의 진입 장벽

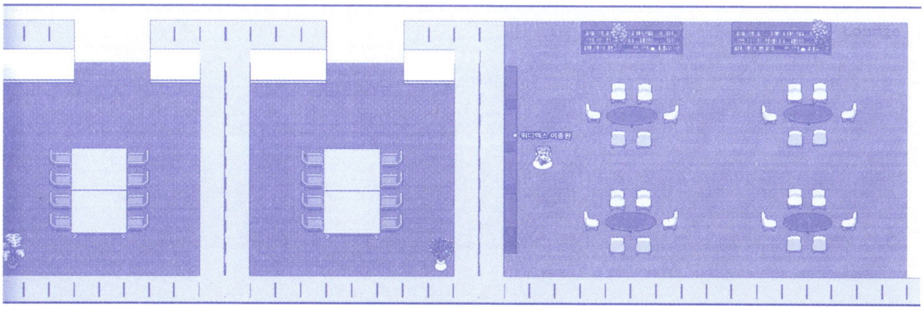

출처: 게더타운

그림 8-2 게더타운의 가상회의 공간

온라인, 메타버스, 실시간 수업 등 새로운 디지털 기반 부모교육 방식은 시간적 유연성, 공간적 확장성, 맞춤형 콘텐츠 설계 측면에서 매우 높은 교육적 잠재력을 지닌다. 다양한 가족 유형과 부모의 삶의 방식에 맞춘 이러한 접근은 유아교육기관의 부모 지원 기능을 확장하는 중요한 계기가 될 것이다. 그러나 디지털 격차 해소, 콘텐츠 질 관리, 참여 유도 전략, 프라이버시 보호 등 해결해야 할 과제도 존재한다. 그리고 동시에 기술 의존도가 높아지는 만큼, 균형 있는 설계와 포용성 있는 접근이 병행되어야 할 것이다.

함께 생각해 보는
부모교육

부모교육 프로그램 계획안 작성해 보기

유아교육기관에서 5월 '가족의 날' 행사를 진행하고자 합니다. 수업시간에 배운 부모 교육프로그램 사례를 참고하여, '가족의 날' 부모참여 프로그램 계획안을 작성하여 보세요.

프로그램 계획 → 대상선정 및 모집 → 프로그램 실행 → 프로그램 평가

인포그래픽으로 보는 부모, 자녀 관련 이슈 & 챗 GPT의 부모교육

영유아 부모 최대 고민은 '자녀 양육·훈육법'

영유아 부모들의 가장 큰 고민은 무엇일까?

영유아 부모 4,207명 대상 검사 [자료제공 : 테크빌교육(주) 부모공감]

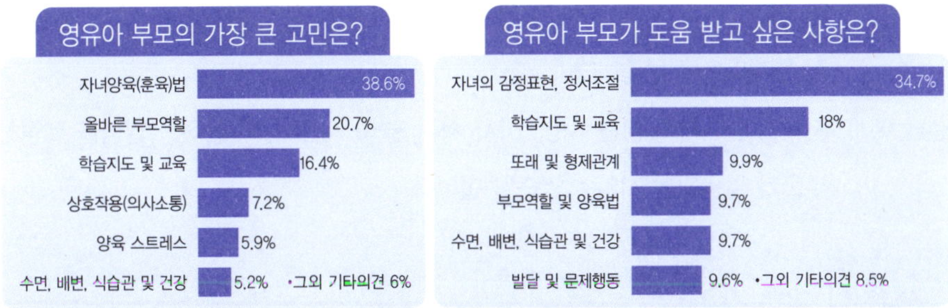

출처: 매일경제(2020.02.11.)

15개월부터 만 5세 영유아 자녀를 둔 부모 4207명을 대상으로 설문 조사를 한 결과, 응답자의 38.6%가 '자녀 훈육법'에 대한 고민이 가장 큰 것으로 나타났다. 그 뒤를 이어 20.7%의 응답자가 '현재 자녀를 키우면서 가장 고민이 되는 사항이 무엇인가'에 대한 질문에 '올바른 부모역할'을 답했다.

이 밖에도 '학습지도 및 교육'(16.4%) '자녀와의 상호작용'(7.2%) '양육 스트레스'(5.9%) '수면, 배변, 식습관 및 건강'(5.2%) 순으로 자녀 양육과정에서의 어려움을 토로했다. 기타 응답으로는 '발달 및 문제행동' '생활습관' '의사소통' 등이 있었다.

반면 크게 고민이 없다고 응답한 비율은 1.8%에 그치는 등 대다수 영유아 부모들이 자녀를 키우며 여러 가지 고민을 하고 있는 것으로 조사됐다. 〈기사 요약〉

ChatGPT

교사가 부모에게 소개할 수 있는 가정에서 쉽게 할 수 있는 자녀 양육·훈육법에 대한 부모교육 프로그램은 무엇이 있을까요?

1. 일관된 규칙과 일상 만들기

- 핵심 내용: 부모에게 자녀의 일관된 규칙을 설정하고, 매일 규칙적인 일정을 제공하는 방법을 가르칩니다. 이는 자녀가 예측 가능한 환경에서 안정감을 느끼고, 행동이 더 잘 통제되도록 돕습니다.
- 실습 예시: 자녀가 일어나고 자는 시간, 식사 시간, 놀이 시간 등 일상적인 일정을 설정하고 부모가 일관되게 지키는 연습을 합니다.

2. 긍정적인 행동 강화

- 핵심 내용: 부모가 자녀의 긍정적인 행동을 즉시 인정하고 칭찬하는 방법을 배웁니다. 이를 통해 자녀는 무엇이 바람직한 행동인지 명확히 이해하게 됩니다.
- 실습 예시: 자녀가 스스로 장난감을 정리했을 때 칭찬하기, 자녀가 잘못된 행동을 하지 않았을 때 그 행동을 강조하여 인정하기.

3. 효과적인 시간 보내기

- 핵심 내용: 부모가 자녀와의 질 높은 시간을 보내는 방법을 배우며, 자녀가 더 나은 행동을 유도할 수 있는 활동들을 소개합니다. 부모가 자녀와 함께 놀면서 훈육하는 방법도 강조됩니다.
- 실습 예시: 자녀와 함께 놀이를 하면서 규칙을 설정하고, 간단한 협력 게임을 통해 자녀에게 공동체 의식과 사회적 규범을 가르칩니다.

4. 감정 조절 및 대화법

- 핵심 내용: 부모가 자녀의 감정을 이해하고 적절하게 반응하는 방법을 가르칩니다. 자녀가 분노하거나 슬퍼할 때, 부모가 감정을 다스리는 방법을 배우며, 대화의 기술을 통해 자녀와의 소통을 원활하게 합니다.

- 실습 예시: 자녀가 화가 났을 때 "화가 나면 어떻게 해야 할까?"와 같은 질문을 던지며 자녀가 감정을 표현하고, 부모는 그 감정을 인정하며 대화하는 법을 연습합니다.

5. 적절한 훈육법 (시간을 주는 방법)

- 핵심 내용: 자녀가 부적절한 행동을 할 때, 부모가 어떻게 시간을 줄 수 있는지, 긍정적인 결과를 끌어낼 수 있는 훈육법을 가르칩니다. '시간을 주기'라는 방법은 자녀가 규칙을 어겼을 때 잠시 시간을 따로 두고 다시 생각할 기회를 주는 것입니다.
- 실습 예시: 자녀가 짜증을 내거나 싸우려고 할 때 "잠깐 시간을 가져보자"며 자녀가 자신의 감정을 돌아볼 수 있게 돕습니다.

6. 자율성과 책임감 기르기

- 핵심 내용: 자녀에게 책임감을 기를 수 있는 기회를 제공하고, 자녀가 자율적으로 결정을 내리도록 돕는 방법을 배웁니다. 자녀가 자신의 행동에 책임을 지도록 유도하는 훈육법이 포함됩니다.
- 실습 예시: 자녀에게 작은 일부터 책임을 맡기고, 그 일이 잘 끝나면 칭찬하는 방식으로 자녀에게 긍정적인 피드백을 제공합니다.

7. 부모의 감정 관리

- 핵심 내용: 부모가 자신의 감정을 잘 관리할 수 있는 방법을 배우고, 자녀에게 긍정적인 영향을 미칠 수 있도록 돕습니다. 부모의 감정이 자녀의 행동에 미치는 영향을 인식하고, 감정적으로 안정된 상태에서 훈육을 진행할 수 있는 방법을 소개합니다.
- 실습 예시: 부모가 화가 났을 때 깊게 숨을 쉬고 감정을 조절하는 법, 스트레스를 관리하는 방법을 연습하는 시간을 갖습니다.

이러한 프로그램들은 부모가 자녀와의 일상적인 상호작용에서 실질적으로 적용할 수 있는 도구와 방법들을 제공합니다. 부모들이 자신감을 가지고 자녀 양육에 접근할 수 있도록 돕고, 자녀가 올바르게 성장할 수 있는 기반을 마련해줍니다.

CHAPTER 09

유아교사를 위한 실천 중심 효과적인 대화법

부모와 자녀 간의 의사소통은 단순한 말의 교환을 넘어서, 정서적 연결과 발달적 지지를 이루는 핵심적인 양육 요소이다. 특히 유아기와 아동기 자녀는 부모의 언어적 반응과 비언어적 태도를 통해 세상을 이해하고 자기 자신을 규정해나간다(Grusec & Hastings, 2015). 하지만 바쁜 일상과 디지털 미디어의 확산으로 인해 부모와 자녀 간의 대화는 점점 단편적이고 표면적인 수준에 머무는 경향을 보이고 있다(Lee & Song, 2020). 이러한 상황에서 효과적인 의사소통 기술은 자녀의 정서 조절 능력, 문제 해결력, 사회적 유능성을 증진시키는 기반이 되며, 부모 자신에게도 긍정적인 양육 경험을 제공한다.

본 장에서는 부모와 자녀 간의 상호작용에서 나타나는 의사소통의 의미와 중요성을 고찰하고, 실제적이고 실현 가능한 소통 기술들을 소개하고자 한다. 의사소통 기법들을 중심으로 예비 유아교사와 부모 모두가 실제 가정과 교육 현장에서 활용할 수 있는 실용적인 지침이 될 것이다.

학습목표

1. 인간관계에서 의사소통의 중요성을 이해하고 실천할 수 있다.
2. 나 전달법(I-massage), 반영적 경청 등 효과적인 의사소통 기법의 원리를 알 수 있다.

1. 부모-자녀 간 긍정적 의사소통의 이해

1) 부모-자녀 간의 대화의 정의

부모와 자녀 간의 대화는 단순한 말의 주고받기가 아니라, 감정적 연결과 심리적 안정감을 형성하는 중요한 상호작용 과정이다. 이러한 대화는 자녀가 자신의 감정을 이해하고 표현하는 능력을 키우는 데 중요한 기초가 되며, 타인과의 관계에서 존중과 공감을 실천하는 방법을 배우는 기회가 된다(Segrin & Flora, 2019). 특히 유아기와 아동기 자녀는 부모와의 대화를 통해 자신의 자아를 형성하고, 다양한 사회적 기술을 학습하게 된다(Gleason, 1975; Gordon, 1970).

부모와 자녀 간의 대화는 다음과 같은 주요 요소를 포함한다.

- 언어적 상호작용: 단순히 정보를 주고받는 것을 넘어서, 감정과 경험을 나누는 깊이 있는 대화
- 비언어적 신호: 표정, 몸짓, 눈맞춤 등을 통해 감정을 전달하는 방식
- 감정의 반영: 자녀의 감정을 이해하고 이를 언어로 다시 표현해 주는 기술
- 정서적 공감: 자녀가 느끼는 감정을 함께 이해하고 받아들이는 태도

출처: ChatGPT(2025).

그림 9-1 부모와 자녀 사이의 대화인식 차이

많은 부모들은 "나는 매일 아이와 대화하고 있다."고 생각하지만, 실질적으로 이루어지는 상호작용은 지시, 확인, 통제 중심의 일방적 언어에 그치는 경우가 많다.

예를 들어, "밥 먹었어?", "숙제했니?", "이제 자야지"와 같은 문장은 정보 확인이나 행동 유도를 위한 말이지, 자녀의 내면에 관심을 두고 감정을 공유하는 대화는 아니다. 이러한 언어는 의사소통의 양은 충족하는 것처럼 보이지만, 자녀는 자신이 정서적으로 이해받지 못하고 있다는 인식을 가질 수 있다(Segrin & Flora, 2019).

또 다른 예로, 부모가 아이와 산책을 하며 "오늘 날씨 좋네"라고 말했을 때 자녀가 "응, 근데 나 오늘 유치원에서 슬펐어"라고 말한다면, 부모가 "그랬구나"라고 반응하는 것과 "그건 지나간 일이잖아, 잊어버려"라고 말하는 것 사이에는 큰 차이가 존재한다. 전자는 감정에 반응하는 대화이며 후자는 자녀의 감정을 무시하거나 억압하는 언어로, 후자의 경우 자녀는 이후 감정을 표현하지 않거나 부모와 거리감을 느끼게 된다(Gottman, 1997).

이처럼 부모가 '말을 했다고 해서 곧 대화가 된 것'은 아니다. 진정한 대화는 자녀의 마음을 들여다보고, 공감하며, 자녀가 스스로를 이해하고 표현하도록 돕는 과정이다. 부모가 자녀의 말을 경청하고 감정에 공감해 주는 대화를 일상적으로 실천할 때, 비로소 부모와 자녀 사이에는 심리적 연결이 형성된다. 이는 자녀의 정서 안정과 사회적 관계 능력을 발달시키는 가장 기초적인 기반이 된다(Segrin & Flora, 2019).

2) 유아교사의 부모-자녀 간의 대화법에 대한 부모교육 필요성

부모-자녀 간의 대화는 자녀의 정서적, 사회적, 인지적 발달에 중요한 영향을 미치는 핵심 요소이다. 유아교사는 이러한 대화의 중요성을 부모들에게 교육하여 가정에서 자녀의 전인적 발달을 지원하는 데 중요한 역할을 한다. 이는 단순한 의사소통을 넘어 부모와 자녀 간의 깊은 신뢰 관계 형성, 자녀의 자존감 증진, 문제 해결 능력 강화 등 다양한 긍정적 효과를 포함한다 (Faber & Mazlish, 2012; Siegel & Bryson, 2011).

(1) 자녀의 정서적 발달 지원

유아는 자신의 감정을 표현하고 이해받는 경험을 통해 정서적 안정을 느끼며, 이는 자아존중감 형성에 중요한 역할을 한다(Siegel & Bryson, 2011). 유아교사는 부모에게 감정코칭 기법을 교육하여 자녀가 다양한 감정을 스스로 이해하고 관리할 수 있도록 돕는 방법을 알려줄 필요가 있다. 예를 들어, 자녀가 친구와의 다툼으로 속상해할 때 부모가 "그게 참 속상했겠구나. 네 감정을 이해해."라고 반응하는 것은 자녀의 감정 표현을 장려하는 데 중요한 역할을 한다(Gottman & DeClaire, 1997).

(2) 사회적 기술과 문제 해결 능력 향상

부모와의 긍정적인 대화는 자녀가 타인과의 관계에서 필요한 사회적 기술을 익히는 데 필수적이다(Faber & Mazlish, 2012). 이를 통해 자녀는 갈등 상황에서도 자신의 생각을 명확히 표현하고 타인의 감정을 이해하는 능력을 키울 수 있다. 예를 들어, 자녀가 놀이 상황에서 친구와의 갈등을 겪을 때, 부모는 "어떻게 해결하면 좋을까?"와 같은 질문을 통해 자녀의 문제 해결 능력을 향상시킬 수 있다(Siegel & Bryson, 2011).

(3) 부모-자녀 관계의 질적 향상

부모와 자녀 간의 대화는 단순한 정보 교환을 넘어 관계의 질을 결정하는 중요한 요소이다(Siegel & Bryson, 2011). 유아교사는 부모가 일상 속에서 자녀와 긍정적인 대화를 나누는 방법을 교육하여 가족 내의 정서적 유대를 강화할 수 있다. 이는 장기적으로 자녀의 심리적 안정감과 가족구성원 간의 신뢰를 높이는 데 기여한다(Gottman & DeClaire, 1997).

(4) 부모의 양육 스트레스 감소

부모와 자녀 간의 효과적인 대화는 부모의 양육 스트레스를 줄이는 데도 큰 도움이 된다(Gottman & DeClaire, 1997). 부모가 자녀와의 대화에서 일관성 있고 긍정적인 접근 방식을 사용하면 갈등이 줄어들고, 양육에 대한 불안감이 감소하여 보다 만족스러운 양육 경험을 할 수 있다(Siegel & Bryson, 2011).

(5) 유아기 발달의 기초 형성

유아기는 인지적, 정서적, 사회적 발달의 기초가 형성되는 시기이다. 이 시기에 부모와의 대화를 통해 자녀가 세상에 대한 기본적인 이해와 대인관계의 기본을 배우는 것은 매우 중요하다(Faber & Mazlish, 2012). 따라서 유아교사는 부모에게 이러한 대화의 중요성을 강조하고 이를 실천할 수 있는 구체적인 방법을 제시하는 것이 필요하다.

3) 자녀와 소통을 잘하는 부모의 언어

(1) 부모 언어의 유형과 효과

부모가 사용하는 언어는 자녀의 정서 발달, 자기 조절력, 사회성 형성에 직결되는 중요한 요소이다(Grusec & Hastings, 2015). Gottman(1997)은 자녀와의 대화에서 부모가 감정을 어떻게 인식하고 언어화하는지에 따라 자녀의 자기 이해 능력과 감정 조절 능력이 달라질 수 있다고 강조한다. 부모의 언어는 크게 지시적 언어, 통제적 언어, 설명적 언어, 감정지지 언어로 나눌 수 있으며, 이 중 감정지지 언어와 설명적 언어는 자녀의 자율성과 심리적 안정을 돕는 데 가장 효과적이다.

- **지시적 언어**(Directive Language): 지시적 언어는 부모가 자녀에게 특정 행동을 요청하거나 지시할 때 사용하는 언어 유형이다. 주로 명령어, 요청, 요구의 형태로

나타나며, 상황에 따라 명확하고 신속한 행동을 필요로 할 때 주로 사용된다(Landry et al., 2006). 이러한 언어는 부모가 자녀의 행동을 통제하거나 방향을 제시하는 데 효과적이지만, 과도한 사용은 자녀의 자율성을 제한할 수 있다(Grusec & Hastings, 2015).

예시

"숙제해." , "장난감을 치워.", "손 씻고 와.", "잠옷으로 갈아입어.", "문 닫아."

- **통제적 언어**(Controlling Language): 통제적 언어는 자녀의 행동을 강압적으로 조절하거나 제한하기 위해 사용하는 언어로, 부모의 권위를 강조하고 자녀의 선택권을 제한하는 경향이 있다(Ryan & Deci, 2000). 이러한 언어는 단기적으로는 즉각적인 행동 변화를 이끌어낼 수 있으나, 장기적으로는 자녀의 자율성 저하, 반발심리, 부정적 자기 개념을 유발할 수 있다(Deci & Ryan, 2012).

예시

"네가 이렇게 하면 나를 실망시키는 거야.", "그렇게 하지 않으면 벌받을 거야."
"지금 당장 그만해.", "말 안 들으면 장난감 다 치워버릴 거야.", "너는 항상 왜 이렇게 말을 안 듣니?"

- **설명적 언어**(Explanatory Language): 설명적 언어는 자녀에게 특정한 행동의 이유를 설명하거나 의미를 전달할 때 사용하는 언어이다(Grusec & Goodnow, 1994). 이러한 언어는 자녀가 자신의 행동과 그 결과를 이해하고 내면화하는 데 도움을 주며, 문제해결 능력과 도덕적 판단력을 키우는 데 유용하다(Eisenberg et al., 2006).

예시

"손을 씻어야 하는 이유는 병균을 없애기 위해서야."
"왜 그렇게 느끼는지 이해하지만, 다른 사람의 입장도 생각해보자."
"책을 읽으면 상상력이 풍부해지고 많은 것을 배울 수 있어."
"이렇게 행동하면 다른 사람이 기분 나쁠 수 있어."
"늦게 자면 내일 피곤할 거야."

- **감정지지 언어**(Emotion-Supportive Language): 감정지지 언어는 자녀의 감정과 생각을 존중하고 공감하는 방식으로 표현하는 언어이다. 이는 자녀가 자신의 감정을 안전하게 표현할 수 있는 환경을 조성하고, 정서적 유대감을 강화하는 데 필수적이다(Johnston & Brinamen, 2006). 이러한 언어는 자녀의 자존감과 감정 조절 능력을 키우는 데 중요한 역할을 한다(Gottman et al., 1997).

예시

"지금 속상한 거 알아. 네 감정이 중요해."
"너가 그렇게 느끼는 것도 이해해."
"힘들면 언제든 이야기해도 돼."
"네가 자랑스럽고, 항상 널 응원해."
"너의 기분을 이해하고, 네 편이 되어줄게."

(2) 긍정적 피드백과 격려의 언어

격려 중심의 언어는 자녀의 행동에 대한 인정을 통해 자존감과 동기유발을 높이는 중요한 역할을 한다(Dweck, 2006). 특히 어린 자녀에게는 결과 중심의 칭찬보다는 과정 중심의 격려가 더욱 효과적이다. 예를 들어, 단순히 "잘했어!"와 같은 결과만을 강조하는 칭찬보다는 "끝까지 해낸 게 멋졌어" 또는 "실수해도 포기하지 않고 다시 도전한 점이 자랑스러워"와 같은 과정 중심의 언어가 아이의 내적 동기를 자극하고 실패를 긍정적으로 받아들이는 태도를 형성하는 데 도움이 된다(Mueller & Dweck, 1998).

이는 자녀가 도전적인 상황에서도 자기 효능감을 유지하고 새로운 문제해결에 대한 자신감을 갖는 데 중요한 역할을 한다.

예시1

자녀가 블록을 쌓아 높은 탑을 완성했을 때 단순히 "우와, 잘했어!"라고 칭찬하는 대신, "어렵지만 하나씩 차근차근 쌓아 올린 게 정말 대단해!"라고 말하는 것이 자녀의 노력을 인정하고 그 과정을 격려하는 보다 효과적인 방법이다.

예시2

그림을 그린 아이에게 "정말 예쁘다"고만 칭찬하는 대신, "이 부분에 색을 어떻게 골랐는지 궁금해. 정말 창의적인 선택이야"라고 격려하면 아이는 스스로의 선택에 대한 자부심을 느낄 수 있다.

이와 같은 격려의 언어는 자녀가 성장 과정에서 자기 효능감을 높이고 실패에 대한 두려움을 줄이며, 지속적인 동기부여의 기반이 된다(Dweck, 2006).

(3) 반영적 경청과 감정 인식 언어

효과적인 부모 언어는 단순히 지시하거나 설명하는 것을 넘어 자녀의 감정을 듣고, 되짚어주는 반영적 경청(reflective listening)을 포함한다. 이는 자녀가 자신의 감정을 명확히 인식하고, 부모와 정서적으로 연결되었음을 느끼게 하는 중요한 언어적 기술이다(Segrin & Flora, 2019). 이러한 경청은 자녀의 자기 표현 능력을 키우고 정서적 안정감을 높이는 데 중요한 기초가 된다.

예시1

자녀가 "오늘 유치원에서 친구가 나랑 안 놀아줬어"라고 말했을 때, 부모가 단순히 "그랬구나"로 끝내는 것이 아니라, "그래서 속상했겠구나. 많이 서운했겠다"라고 반응하는 것은 자녀의 감정을 깊이 이해하고 공감하는 방식이다.

예시2

아이가 넘어져서 울 때, "그냥 일어나, 괜찮아"라고 말하는 대신, "많이 아팠겠다. 놀랐지?"라고 말하면 아이는 자신의 감정이 이해받고 있음을 느끼게 된다.

이와 같은 반영적 경청은 자녀의 정서적 표현을 촉진하고, 부모와의 관계를 더욱 깊고 신뢰롭게 만들며, 장기적으로는 정서 지능(Emotional Intelligence) 발달에도 긍정적인 영향을 미친다(Goleman, 1995).

2. 부모-자녀 간의 효과적인 의사소통법

1) 나-전달법

(1) 나-전달법 개념

나-전달법은 타인의 행동에 대한 비난이나 지적 없이, 부모 자신의 감정과 생각을 중심으로 메시지를 전달하는 방법을 의미한다(Gordon, 2000). 이는 '너-전달법(You-Message)'과 대조되는 방식으로, 갈등을 완화하고 상호 존중을 바탕으로 한 대화를 촉진하는 데 효과적이다. 예를 들어, 아이가 장난감을 방에 널어놓고 치우지 않았을 때, "너는 왜 방을 항상 어지럽히니?"와 같은 표현은 자녀에게 방어적 태도를 유발할 수 있다. 반면, 나-전달법은 “방이 어지러워지면 내가 불편해지고 정리를 해야 하는 부담을 느껴”와 같이 부모 자신의 감정을 중심으로 표현함으로써 자녀가 상황을 더 잘 이해하고 개선하려는 동기를 갖게 한다(Segrin & Flora, 2019).

(2) 나-전달법의 필요성

나-전달법은 다음과 같은 이유로 부모와 자녀 간의 긍정적인 관계를 형성하는 데 필수적이다.

① 감정 표현의 중요성: 부모가 자신의 감정을 솔직하게 표현하는 것은 자녀가 감정을 이해하고 적절히 표현하는 데 중요한 모델이 된다(Dweck, 2006). 이는 자녀가 정서적으로 안정된 환경에서 자랄 수 있도록 돕는 중요한 요소이다.

② 갈등 감소: 나-전달법은 비난이나 공격 없이 자신의 감정을 표현함으로써 갈등 상황에서의 감정적 폭발을 예방하고 상호 이해를 증진시킨다(Gordon, 2003).

③ 문제해결 능력 강화: 부모가 문제 상황에서 자신의 감정을 명확히 전달하면 자녀도 같은 방식으로 의사소통을 배우게 되며, 이는 문제해결 능력을 강화하는 데 도움을 준다(Gottman & DeClaire, 1997).

(3) 교육 내용

자녀의 행동 때문에 화가 나거나 실망, 짜증이 날 때 부모들은 어떻게 반응하는가? 구체적으로 부모를 괴롭히는 자녀의 행동을 예로 들어보면 다음과 같다.

- 부모가 전화 통화를 하는데 옆에서 큰소리로 떠든다.
- 안방에 장난감들을 어지럽게 늘어놓는다.
- 동화책을 계속 읽어달라고 조른다.
- 학교에서 돌아온 후 책가방을 던져 놓고 밖에 나가 논다.

- 동생하고 놀다가 때려서 울린다.
- 아침에 여러 번 깨워도 일어나지 않는다.
- 시험 기간인데 공부하지 않고 TV를 본다.
- 동생 편만 든다고 부모에게 대든다.
- 세수하자고 하면 도망친다.
- 화장실을 사용하고 난 후 불을 끄지 않는다.
- 슈퍼마켓에서 뛰어다닌다.
- 추운 날씨인데 얇은 옷만 입고 나가려고 한다.
- 껌을 뱉으라고 했는데 잠자리에서 계속 씹는다.
- 방바닥에 낙서를 한다.

위와 같은 자녀들의 행동으로 인해 부모들이 부정적인 감정을 갖게 될 때 자녀의 도움을 받을 수 있는 의사소통 기술인 나-전달법은 다음과 같다.

나-전달법(I-message)은 '나'를 주어로 하여 상대방에 대한 자신의 생각과 감정을 솔직하게 표현하는 바람직한 부모 감정의 표현 방법이다. 이것은 자녀의 문제행동에 대하여 부모가 느끼는 불쾌한 감정을 표현하는 것이다. 완전한 나-전달법은 '자녀의 문제행동', '자녀의 행동으로 인해 부모에게 미치는 구체적인 영향', '부모의 감정'으로 구성된다.

① 나-전달법의 3가지 구성요소

- 자녀의 행동: 부모의 감정을 언짢게 하는 자녀의 행동을 무비판적으로 진술한다.
  "네가 …하면"
  예) "네가 장난감을 치우지 않으면 …."
- 부모의 감정: 부모가 느끼는 부정적인 감정(화나다, 속상하다, 슬프다, 괴롭다 등)을 표현한다.
  예) "엄마는 속상하고 힘들어."
- 부모에게 미치는 구체적인 영향: 부모의 시간, 에너지, 금전, 노력 등의 소모를 뜻한다.
  예) "왜냐하면 집이 어지럽고, 엄마가 더 피곤해지게 돼."

이에 비해 너-전달법(you-message)은 '너'를 주어로 하여 상대방의 행동에 대한 평가나 비평을 하는 대화 방법이다. 예를 들면, "너 너무 지나치잖아."와 같은, 즉 "너는 …하다."의 표현 방식이다. 이러한 너-전달법은 상대방에게 일방적으로 강요하거나 공격하는 느낌을 주어 인간관계를 악화시키게 된다.

② 효과적인 자기표현 기술

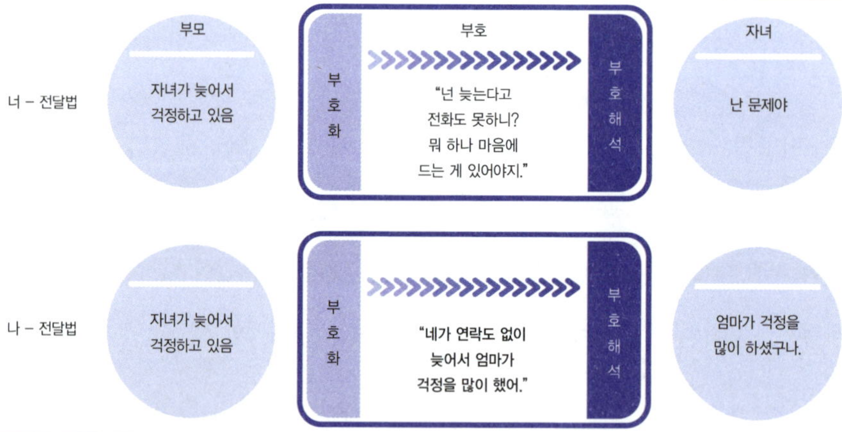

- 부모 자신의 감정을 이야기한다. (나-전달법)
  – "네가 장난감을 늘어놓으면 화가 난다. 엄마가 걸어다닐 수가 없거든."
- 문제점을 이야기한다.
  – "장난감이 방 안 가득 널려 있구나!"
- 정보를 제공한다.
  – "휴지를 쓰레기통에 버리는 거야."
- 메모를 남긴다.
  – "그림 그리고 난 후 나를 집으로 돌려보내 주세요." – 크레파스 올림

(4) 교육방법

① 부모가 자녀의 행동으로 인해 기분이 좋지 않았던 경험을 회상한 후, 발표한다.

- 요즈음 부모가 자녀의 행동 때문에 화가 나거나 속상한 경험을 기록한다.
  예) 안방에 장난감을 어지럽게 늘어놓는다.
  아침에 여러 번 깨워도 일어나지 않는다.
  동생하고 놀다가 싸운다.
  화장실을 사용하고 난 후 불을 끄지 않는다.
- 자녀가 위와 같은 행동을 했을 때 부모님은 어떻게 반응하셨나요?
  (위의 예를 선택해서 부모의 반응을 구체적으로 적으시오.)
- 부모님이 사용한 방법을 효과적이었나요? 예 _____ 아니오 _____
  (기타: 구체적으로 적으시오.)
- 그때 부모는 어떤 감정을 느꼈나요?

출처: 김진숙, 김지은(1992). 자녀와의 사랑 만들기

② 다음의 사례에 자기표현 기술을 적용한다.

1. 손을 씻고 물을 잠그지 않는다.

☞ ____________________

2. 잠옷 입겠다고 하고서 계속 동생과 장난한다.

☞ ____________________

3. 스마트폰 게임을 그만하기로 하고서 게임을 계속하고 있다.

☞ ____________________

4. 껌을 아무 데나 버린다.

☞ ____________________

5. 가위를 사용하고 난 후 제자리에 두지 않는다.

☞ ____________________

③ 부모 자신의 최근 또는 현재의 감정을 3가지 정도 표현하고, 그 이유를 두 사람씩 짝을 지어서 말한다. 예를 들어보자.

	또는	
•괴로운		•행복한
•화난		•기쁜
•속상한		•고마운

---

④ 나-전달법의 3가지 요소를 연습한다.

• 예1: "저녁 뉴스를 보고 있는데, 네가 큰 소리로 말하면(행동) 아빠는 화가 난다(감정). 왜냐하면 뉴스에서 무슨 소리를 하는지 들을 수가 없거든(영향)."
• 예2: "안방에 장난감을 여기저기 놓으면(행동) 엄마는 속상하다(감정). 왜냐하면 엄마는 장난감을 치우는 것이 너무 힘들어(영향)."

㉠ 네가 일요일날 일찍 TV를 크게 틀면 (　　) 화가 난다(　　). 왜냐하면 잠을 잘 수가 없기 때문이다(　　).
㉡ 내가 장난감을 가지고 논 후 정리하지 않으면(　　) 엄마는 짜증이 많이 난다(　　). 방이 지저분해서 엄마가 또 힘들게 치워야 하거든(　　).
㉢ 네가 침대에서 뛰면(　　), 침대가 망가져 못 쓰게 될까봐(　　) 걱정이 된다(　　).
㉣ 방충망이 열려 있으면(　　) 걱정이 된다(　　). 모기가 들어와서 물릴까봐(　　).

---

⑤ 나-전달법과 너-전달법을 비교해서 설명한다.

상황

1. 동생을 때린다.
2. 장난감을 어질러 놓고 정리하지 않는다.

너 - 전달법

1. 동생을 왜 때리니! 잘 돌봐야지.
2. 제발 좀 치워라! 왜 이 모양이냐!

나 - 전달법

1. 네가 동생을 때리면 엄마는 몹시 속상하다.
2. 장난감을 정리하지 않으면 화가 난다.

⑥ 다음의 상황에서 너-전달법과 나-전달법을 만들어 본다.

• 친구와 전화 통화를 하는데 자녀가 옆에서 큰 소리로 떠든다.
- 너-전달법:
- 나-전달법:

• 장난감을 사달라고 조른다.
- 너-전달법:
- 나-전달법:

• 엄마는 피곤해서 졸린데 자녀는 동화책을 계속 더 읽어달라고 조른다.
- 너-전달법:
- 나-전달법:

⑦ 긍정적 나-전달법과 예방적 나-전달법에 대하여 설명한다.

긍정적 나-전달법과 예방적 나-전달법

• 긍정적 나-전달법: 부모·자녀가 모두 기분이 좋을 때 자녀의 행동에 대하여 부모의 좋은 생각이나 느낌을 전달하는 의사소통기술
 예) 난 네 노래를 참 좋아한단다.
 네가 청소를 도와주니 빨리 청소가 끝나게 되어 기분이 매우 좋구나.

• 예방적 나-전달법: 자녀와의 관계에서 미래에 문제가 발생할 것 같은 상황에 대비해서 부모가 원하는 바를 전달하여 자녀의 도움을 요청하는 의사소통기술
 예) 아빠가 내일 저녁은 쉬고 싶으시대. 왜냐하면 요즘 며칠 동안 밤늦게까지 회사 일로 쉬지 못하셨거든.

⑧ 부모는 3인 1조가 되어 한 사람은 부모 역할, 다른 한 사람은 자녀역할, 나머지 한 사람은 관찰자(평가자)가 되어 다음과 같은 상황에서 하나를 택하여 역할놀이를 한다.

상황 1. 자녀가 장난감을 가지고 논 후 정리하지 않는다.
상황 2. 자녀가 장난감을 사달라고 조른다.
상황 3. 자녀가 침대에서 뛴다.

⑨ 효과적인 자기표현 기술의 장단점에 대해 토의한 후 발표한다.

⑩ 오늘 다루었던 내용에 대한 질문이나 부모들의 느낌, 생각에 대하여 이야기한다.

2) 반영적 경청

(1) 반영적 경청의 정의

반영적 경청은 대화를 통해 상대방의 감정을 이해하고, 이를 다시 상대방에게 전달하여 그들의 내면 상태를 공감적으로 되짚어주는 과정이다(Gordon, 2000). 이는 단순히 말의 의미를 반복하는 것 이상으로, 화자의 심리적 상태와 정서적 배경을 이해하고 이를 명확히 표현하는 데 중점을 둔다. 예를 들어, 자녀가 "학교에서 친구들과 다툼이 있었어."라고 말했을 때 부모가 단순히 "그랬구나."라고 반응하는 것이 아니라, "친구와의 다툼으로 많이 속상했구나."라고 응답함으로써 자녀가 자신의 감정을 더 깊이 이해할 수 있도록 돕는 것이다.

(2) 반영적 경청의 필요성

반영적 경청은 자녀와의 신뢰를 형성하고, 정서적 지지의 기초를 마련하는 중요한 기술이다(Dweck, 2006). 이를 통해 자녀는 자신의 감정이 존중받고 이해받는다고 느끼며, 심리적 안정감과 자기 존중감을 키울 수 있다(Rogers, 1951). 또한, 부모와 자녀 간의 깊은 정서적 유대를 형성하여 향후 갈등 상황에서도 더 나은 해결책을 모색할 수 있는 기초를 제공한다(Bandura, 1977).

(3) 교육 내용

① 전형적인 부모의 역할

아이들은 매일 여러 가지 감정을 갖게 된다. 기쁘고, 즐겁고, 행복하고, 좋은 감정을 느낄 때도 있고, 화가 나고, 슬프고, 두렵고, 속상한 감정도 느낀다. 이때 부모는 자녀에게 어떻게 반응하는가? 특히 자녀가 화가 나거나 속상한 감정을 말할 때 부모는 그 화난 감정을 축소시키거나 부정하려고 애쓴다. 그러나 그것은 오히려 불리한 결과를 초래하게 된다. 왜냐하면 아이들은 부모가 자신을 이해하지 못한다고 느끼기 때문이다. 아이가 기분이 좋지 않거나 속상해할 때 부모는 아이의 감정을 인정하고 이해해 주는 것이 필요하다. 그런데 놀랍게도 부모는 다음과 같은 여러 가지 역할로 반응한다(황옥자, 이지연, 2012).

- **명령자 역할의 부모**
  명령자형 부모는 모든 일을 자기 통제하에 둔다. 그러므로 명령, 요구 및 위협은 명령자가 우위를 차지하기 위한 도구로 사용하는 것이다.

- **도덕주의자 역할의 부모**
  이 유형의 부모는 금지하는 사람이다. "너는 그래서는 못 써.", "너는 그것을 해서는 안 돼."라는 식이다.

- **전지전능자 역할의 부모**
  전지전능자형 부모는 오랜 인생 여정을 거쳐 왔고, 인생문제에 대해 축적된 지식이 있다는 것을 자녀에게 보여주려고 한다. 그러므로 설교하고 조언하며 자신들이 자녀들보다 얼마나 위대한가를 보여주려고 한다.

- **심판자 역할의 부모**
  이 유형의 부모는 재판도 없이 자녀가 이미 죄를 지었다고 선고한다. 부모는 항상 옳고 자녀는 항상 그르다는 것을 입증하는 데 관심이 있다.

- **비판자 역할의 부모**
  비판자형 부모는 조종하기, 별명 부르기, 빈정거리기, 자녀의 기를 죽이는 농담 등을 매우 잘한다.

- **심리학자 역할의 부모**
  심리학자와 같은 부모는 훌륭한 의도를 갖고 모든 내용을 자세하게 듣고 싶어 한다. 그러므로 분석하고 진단하며 질문한다.

- **상담자 역할의 부모**
  자녀의 감정을 가볍게 대함으로써 자기의 간섭을 변명하려 한다. 간단한 확언, 어깨를 두드려주거나, 모든 일이 잘될 것처럼 행동하는 것 등으로 자녀의 걱정, 근심에 대답을 한다.

② 어떻게 하면 좋은 경청자가 될 수 있을까?

의사소통은 듣기와 말하기 두 부분으로 이루어진다. 부모가 자녀와 효과적인 의사소통을 하기 위해서는 무엇보다 자녀의 말을 주의 깊게 듣고 존중하는 태도로 말해야 한다.

❶ 자녀의 감정에 귀 기울이기

느낌을 듣는다는 것은 특수한 기술이다. 이를 우리는 반영적 경청(reflective listening)이라고 부른다.

부모는 반영적 경청을 사용함으로써 자녀의 느낌을 소중히 여기고, 자녀의 말과 신체언어(body language) 이면의 의미를 이해한다는 것을 보여줄 수 있다. 반영적 경청은 부모가 자녀를 이해하고 싶어 한다는 것을 알리는 방법이다.

- 반영적 경청을 사용하는 방법

1단계(듣기)	2단계(느낌에 귀 기울이기)	3단계(들은 것을 말해주기)
부모가 듣고 있다는 것을 몸으로 보여준다. 다른 하던 일을 모두 중단하고 자녀를 정면으로 쳐다본다. 옆에 앉거나 무릎을 꿇어 자녀의 눈높이와 맞추든지 자녀를 안아 올려 얼굴과 얼굴을 마주한다.	자녀의 말을 들으면서 스스로에게 질문 해본다. "내 아이는 지금 어떤 느낌일까?" 그 느낌을 적절하게 표현할 수 있는 말을 생각해 본다.	부모는 자녀의 느낌을 반영하는 일종의 거울이라고 생각한다. 또한 부모는 자녀가 그렇게 느낀 이유가 무엇이라고 생각하는지를 반영해 준다.

❷ 유아가 느낌을 표현할 수 있는 말을 찾도록 돕기

아이는 느낌을 표현하는 어휘를 많이 알고 있어야만 자신이 어떻게 느끼고 있는지를 분명하게 말할 수 있다. 부모는 반영적 경청을 사용함으로써 자녀에게 자신의 감정을 올바르게 표현할 수 있도록 가르칠 수 있다.

부모들이 자주 사용하는 감정표현의 어휘로는 크게 5가지를 들 수 있는데, '좋다', '나쁘다', '행복하다', '슬프다', '화나다'이다. 이들 어휘가 언제나 모든 이야기나 감정을 다 표현해 주는 것은 아니다.

그러므로 가능한 한 느낌을 나타내는 다른 표현들을 많이 생각해 본다. 다음은 자녀가 화가 나거나 마음이 상했을 때, 단지 자녀가 느낄 수 있는 감정만을 부모가 이야기하는 경우이다.

"형이 네 장난감을 빼앗아서 화가 났구나."
"엄마가 놀아주지 않아 속상했니?"
"네가 두려워하고 있는 것 같이 들린다."
"무척 힘든 것 같구나."
"매우 당황해서 무엇을 해야 할지 모르는 것 같구나."
"지금 무섭니?"
"넘어져서 몹시 창피했구나."
"친구들 앞에서 꾸중을 들었으니 얼마나 자존심 상했니?"

---

(4) 교육 방법

① 부모들이 힘들고 속상할 때 누구에게 이야기하는지, 그 이유가 무엇인지 부모들에게 질문한다.

② 부모들이 자녀가 화를 내거나 속상해 한 경우를 발표한다.

1. 친구들이 안 놀아준다며 어깨를 축 늘어뜨리고 들어온다.
2. 힘들여 만든 종이 가면을 동생이 찢었다며 운다.

③ 위와 같은 경우에 부모로서 어떻게 반응하는지 적는다.

1. "왜 그러니?"하고 아이에게 질문한다.
2. "인생이 그런 걸 ~울지 마라."하고 위로한다.

④ 자녀가 부정적인 감정을 표현할 때 부모가 나타내는 일반적 반응에 대해 설명한다.

효과적인 경청 기술

- 주의 깊게 자녀의 이야기를 들어준다(수동적 경청).
  지금 현재 당신이 하고 있던 일을 중단하고 당신의 눈을 자녀에게 돌려서 질문이나 충고를 하지 말고 침묵하면서 듣는다.
- 자녀의 말을 인정해 준다(인정하기).
  고개를 끄덕이거나 '오, 음, 그래'와 같은 말을 사용하여 자녀의 말을 인정해 준다.
- 자녀가 계속 말을 할 수 있도록 격려한다(말문 열기).
  "그다음에 어떻게 되었니?", "그다음이 궁금한데."
- 자녀가 원하는 것을 상상으로 표현해 준다(상상 표현).
  "지금 당장 네게 맛있는 아이스크림을 만들어 주고 싶구나!"
- 자녀가 느끼는 감정을 이야기한다(반영적 경청).
  "매우 실망이 컸겠구나."

⑤ 부모들이 4인 1조가 되어 마음속의 감정을 나타내는 단어를 생각해 본 후, 기쁨이나 즐거움을 나타내는 긍정적인 감정과 분노, 슬픔, 두려움을 나타내는 부정적인 감정을 나타내는 단어를 적는다.

긍정적인 감정들: 기쁘다, 즐겁다, 행복하다, 통쾌하다.
부정적인 감정들: 화나다, 속상하다, 난처하다, 불안하다.

⑥ 다음과 같은 상황에서 부모들이 2인 1조로 부모 역할, 자녀 역할을 맡아서 한다. 그 후 역할을 바꾸어서 돌아가면서 한다.

- 두 사람이 가까이 마주 앉는다. 한 사람이 자녀의 역할을 하고 다른 사람은 부모의 역할을 한다. 다음의 예에서 하나를 선택해서 자녀가 먼저 이야기한다.
  예) "진희를 때려주고 싶어요."
  "미영이가 이사를 갔어요. 나를 제일 친했는데…"
  "엄만 동생만 예뻐해요."
  "나는 다시는 그 애와 놀지 않을 거야."
- 부모 역할을 맡은 사람은 자녀의 말을 듣고 자녀가 느끼는 감정과 기분을 말해 주는 것이다.
- 이번에는 서로 역할을 바꾸어서 연습한다.
- 마지막으로 이 연습을 하면서 느낀 감정이나 생각을 서로 이야기한다.

⑦ 경청 기술의 장·단점에 대해 토의한 후 발표한다.

⑧ 오늘 다루었던 내용에 대한 질문이나 부모들의 느낌, 생각에 대하여 발표한다.

함께 생각해 보는
부모교육

효과적인 의사소통 방법에 대해 생각해보기

최근, 가족이나 친구 간에 의사소통을 하면서 속상했던 기억을 떠올려 봅시다. 나-전달법, 반영적 경청 중 하나의 기술을 활용하여, 새롭게 대화를 구성해 봅시다.

예)

(친구가 내가 보낸 문자에 답장을 보내지 않아 화가 나 있는 상황)
"문자 예절이 전혀 없군. 철수야. 네티켓 좀 배워야겠다."

대화: ______________________________

인포그래픽으로 보는 부모, 자녀 관련 이슈 & 챗 GPT의 부모교육

"아동 가정 내 스트레스 원인과 극복 방법"

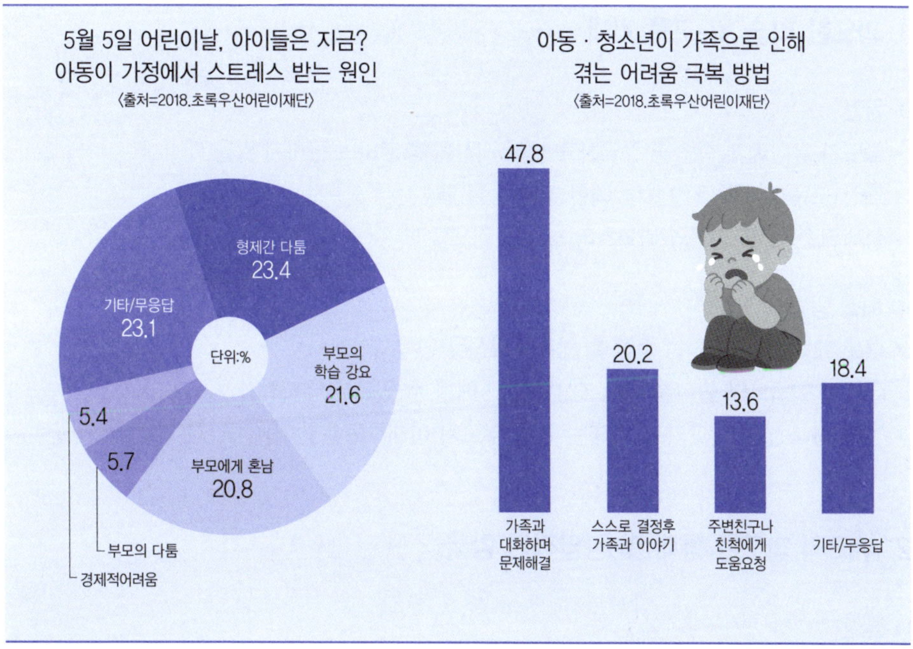

출처: 중도일보 (2019.05.05.)

지난해 아동이 가정에서 받는 스트레스 원인 중 '부모님의 의 학습 강요'가 21.6%로 나타났다. 이와 더불어 '부모에게 혼남'이 20.8%에 달해 부모가 자녀에세 주는 스트레스가 절반에 조금 못 미치는 42.4%로 조사됐다. 부모들은 내 아이의 행복을 그 누구보다 염원하지만 정작 부모로 인해 아이들은 극심한 스트레스에 시달리고 있는 셈이다.

아동 및 청소년이 가족으로 인해 겪는 어려움을 극복하는 방법에 대해 '가족과 대화하며 문제해결'이라는 응답이 47.8%로 가장 많은 비율을 보였다. '스스로 결정 후 가족과 대회'한다는 응답은 20.2%, '주변의 친구나 친인척에게 도움을 요청한다'는 응답은 13.6%로 나타났다. 〈기사 요약〉

ChatGPT

교사가 입장에서 유아가 가정에서 부모에게
스트레스를 받는 이유와 해결책에는 무엇이 있나요?

1. 과도한 학습 및 교육 기대

(1) 원인

- 부모가 유아에게 학습을 강요하고 놀이 시간을 충분히 보장하지 않을 때
- 조기 교육(한글, 영어, 수학 등)에 대한 부담이 클 때
- 형제 또는 또래 친구와 비교하며 성취를 강요할 때

(2) 해결 방법

✓ 부모 교육을 통해 놀이 중심 학습의 중요성을 인식시키기
✓ 유아가 학습보다 놀이를 통해 자연스럽게 배울 수 있도록 유도하기
✓ "아이마다 발달 속도가 다르다"는 점을 부모가 이해하도록 돕기

2. 부모의 과도한 통제 및 강압적인 양육

(1) 원인

- 아이의 의견을 존중하지 않고 부모가 모든 결정을 내릴 때
- 실수나 잘못에 대해 강한 꾸지람이나 체벌을 받을 때
- 감정을 표현할 기회를 갖지 못하고 억압될 때

(2) 해결 방법

✓ 아이의 선택권을 존중하는 환경 조성(예: "빨간색 옷과 파란색 옷 중에 어떤 걸 입고 싶어?")
✓ 감정을 표현할 수 있도록 부모가 공감적 대화를 실천하도록 지도하기
✓ 훈육보다는 긍정적인 강화(칭찬과 격려)를 통해 행동을 유도하도록 안내하기

3. 부모의 갈등 및 가정 내 불안정한 분위기

(1) 원인

- 부모가 자주 다투거나 긴장감이 높은 가정 환경
- 부모의 이혼, 별거로 인한 정서적 불안
- 부모 중 한 명이 아이를 무시하거나 소홀히 대할 때

(2) 해결 방법

✓ 부모 상담을 통해 가정 내 정서적 안정이 아이의 발달에 중요함을 전달하기
✓ 유아가 불안감을 해소할 수 있도록 교사가 따뜻한 관계를 형성해 주기
✓ 놀이 및 그림 그리기 등으로 아이가 감정을 표현할 기회를 제공하기

4. 부모의 바쁜 일정과 정서적 소외

(1) 원인

- 부모가 바쁜 일정으로 인해 아이와 충분한 시간을 보내지 못할 때
- 집에서도 스마트폰, TV 시청 등으로 아이와 대화 시간이 적을 때
- 아이의 감정을 충분히 들어주지 못할 때

(2) 해결 방법

✓ "하루 10분 육아" 같은 짧고 집중적인 교감 시간을 부모에게 제안하기
✓ 스마트폰 사용 줄이기, 식사 시간에는 가족 대화를 권장하는 방법 안내
✓ 부모가 아이에게 애정 표현(포옹, 칭찬, 공감)을 자주 할 수 있도록 유도하기

5. 형제간의 차별 및 갈등

(1) 원인

- 부모가 형제 중 한 명을 더 편애할 때
- 형제끼리 자주 다투지만 부모가 적절히 개입하지 않을 때
- 동생이 태어난 후 부모의 관심이 줄어 스트레스를 받을 때

(2) 해결 방법

✓ 부모가 공정한 양육 태도를 가지도록 지도하기
✓ 각 아이와 개별적으로 교감하는 시간을 가질 수 있도록 권장하기
✓ 형제간 협력할 수 있는 놀이 활동을 제공하여 유대감을 키우도록 유도하기

6. 생활 패턴의 불규칙성

(1) 원인

일정한 수면 시간, 식사 시간이 지켜지지 않을 때
부모가 일관되지 않은 규칙을 적용할 때
부모의 기분에 따라 훈육 방식이 달라질 때

(2) 해결 방법

✓ 가정에서 일정한 생활 패턴(수면, 식사, 놀이 시간 등)을 유지하도록 지도하기
✓ 부모가 규칙을 일관성 있게 적용할 수 있도록 구체적인 방법을 제안하기
✓ 유아가 안정감을 느낄 수 있도록 교사가 유치원에서 규칙적인 루틴을 만들어 주기

7. 사회적 스트레스 유발

(1) 원인

부모가 친구 관계를 지나치게 간섭하거나 원하는 친구만 만나도록 강요할 때
내성적인 아이에게 과도한 사회성을 요구할 때
부모가 아이 앞에서 다른 사람과 비교하며 자존감을 낮출 때

(2) 해결 방법

✓ 유아의 기질을 존중하고 다양한 성격의 친구들과 어울릴 기회를 제공하도록 안내하기
✓ 부모 상담을 통해 아이의 성향을 이해하고 강요하지 않도록 지도하기
✓ 아이의 작은 성취도 인정하고 칭찬해 줄 것을 부모에게 권장하기

CHAPTER 10

현장 유아교사를 위한 그림책 부모교육의 실제

어느 따뜻한 봄날, 유치원 교사인 지수는 부모교육 워크숍에서 만난 부모들의 다양한 고민을 떠올리며 한숨을 쉬었다. "아이와 더 깊은 대화를 나누고 싶은데 어떻게 해야 할까요?", "아이의 감정을 이해하고 싶지만, 방법을 잘 모르겠어요." 같은 질문들이 머릿속을 맴돌았다. 지수는 곧바로 아이들과 함께하는 그림책 읽기 시간을 떠올렸다.

그림책은 단순히 이야기와 그림이 아니라, 아이와 부모가 함께 감정을 나누고 생각을 공유하는 중요한 매개체다.

이 장에서는 유아교사가 현장에서 활용할 수 있는 그림책 기반 부모교육의 중요성에 대해 알아보고 그림책이 어떻게 부모와 자녀 사이의 거리를 좁히고, 아이의 감정 인지와 표현을 도울 수 있는지에 대해 알아본다. 특히, 그림책의 스토리가 아이의 경험을 반영하고, 부모가 아이의 내면세계를 이해하는 데 얼마나 큰 도움이 되는지를 실제 사례와 함께 살펴볼 것이다. 또한, 그림책이 부모교육에서 가지는 다각적 의미와 실천적 가치를 구체적으로 제시하여, 유아교사가 부모와 자녀 간의 깊은 정서적 유대감을 형성하는 데 도움을 줄 수 있는 방향성을 제시한다.

학습목표

1. 그림책을 활용한 부모교육의 부모교육의 중요성과 필요성을 이해할 수 있다.
2. 유아교사로서 부모에게 그림책을 활용한 양육의 중요성을 효과적으로 전달하는 방법을 익힐 수 있다.
3. 그림책을 활용하여 부모의 자녀 이해 능력을 높이고, 자녀의 자기 표현 능력을 강화할 수 있는 교육적 방법을 제안할 수 있다.

1. 유아교사 관점의 그림책 기반 부모교육

1) 그림책의 교육적 가치

그림책은 단순한 동화책 그 이상이다. 유아기 아동은 언어와 감정의 발달이 활발하게 이루어지는 시기에 있으며, 이 시기의 경험은 자아 형성과 사회적 상호작용의 기초를 마련해준다. 특히 그림책은 언어적 메시지뿐 아니라 시각적 상징을 통해 아동의 사고와 정서를 자극하며, 다양한 상황을 간접 경험하게 해주는 고유한 교육 매체이다.

비고츠키(Vygotsky, 1978)는 유아의 학습과 발달은 '근접 발달 영역(Zone of Proximal Development)' 내에서 더 유능한 타인의 도움을 통해 이루어진다고 보았다. 이 맥락에서 그림책은 부모가 아이와 함께 읽으며 상호작용할 수 있는 '매개물(mediator)' 역할을 한다. 부모는 그림책의 인물과 상황을 해석하며 아이에게 언어 자극을 제공하고, 아이는 이를 통해 언어적 표현력뿐 아니라 정서적 공감 능력을 발달시킨다(문소라 & 황혜정, 2017).

또한 그림책은 정서 조절과 감정 표현에 탁월한 도구로 작용한다. 예를 들어, 두려움, 분노, 슬픔과 같은 복합적인 감정을 직접 표현하기 어려운 유아들은 그림책 속 인물을 통해 감정 상태를 외부화하고 이를 인식하게 된다(Barnes, 2019). 이러한 과정은 부모가 자녀의 내면세계를 이해하고, 긍정적인 상호작용으로 이끌어가는 중요한 실마리를 제공한다.

(1) 그림책의 주요 기능

그림책이 부모교육에 적용될 수 있는 이론적 기반은 다음과 같은 기능을 통해 설명할 수 있다.

- **정서적 공감 기능:** 부모는 그림책 속 인물과 자녀의 행동을 연결 지으며 감정을 해석하고 이해하는 능력을 기른다.

예시

그림책 《모모와 토토의 우정 이야기》에서 주인공 모모가 친구와 다투고 슬퍼하는 장면이 나올 때, 부모는 "모모가 친구와 다투고 나서 어떤 기분일까?"라고 묻고, 아이가 비슷한 경험을 떠올리며 자신의 감정을 표현할 기회를 제공한다. 이를 통해 아이는 슬픔, 외로움, 분노와 같은 감정을 스스로 이해하고 공감하는 능력을 키울 수 있다.

- **의사소통 촉진 기능:** 그림책을 매개로 자녀와 대화를 시작함으로써 자연스럽고 깊이 있는 의사소통이 이루어진다.

예시

그림책 《알사탕》을 함께 읽으며 "알사탕을 먹고 마음의 소리를 들을 수 있다면 어떤 말을 하고 싶을까?"와 같은 질문을 던지면, 아이는 자신의 생각과 감정을 더 자유롭게 표현할 수 있다. 이 과정에서 부모와 자녀 간의 대화가 자연스럽게 이어지고, 깊이 있는 소통이 가능하다.

- **관계 조정 기능:** 부모는 자녀의 관점에서 세상을 바라보게 되며, 이는 양육 태도와 관계의 질에 변화를 유도한다.

예시

그림책 《우리 엄마》에서는 다양한 엄마의 역할과 감정이 담겨 있다. 부모는 이 책을 읽으며 "우리 가족은 서로를 어떻게 도와주고 있을까?"라는 질문을 통해 아이와 가족의 관계를 다시 돌아볼 수 있다. 이는 부모가 자녀의 관점에서 세상을 이해하고, 보다 긍정적인 양육 태도를 형성하는 데 도움을 줄 수 있다.

- **학습 유도 기능:** 언어 발달, 인지 능력, 사회적 기술이 간접적 경험과 스토리텔링을 통해 증진된다.

예시

그림책 《구름빵》은 간단한 이야기 속에서 창의적 사고와 문제해결 능력을 키울 수 있는 좋은 예시다. 아이가 "구름빵을 먹으면 하늘을 나는 기분이 어떨까?"라는 상상을 통해 언어 표현력과 인지능력을 동시에 발달시킬 수 있다. 또한, 이야기를 따라가며 등장인물의 입장에서 생각해 보는 과정에서 사회적 기술도 자연스럽게 습득하게 된다.

2) 그림책을 활용한 부모교육의 국내외 사례

그림책을 부모교육에 활용하는 접근은 최근 국내외 유아교육 현장에서 점점 더 많은 주목을 받고 있다. 이는 그림책이 단순한 읽기 자료를 넘어, 부모와 자녀 간의 정서적 유대와 상호작용을 강화하는 데 효과적이라는 연구 결과에 기반한다(유인숙 & 김민화, 2016).

그림책을 활용한 부모교육의 핵심은 '자녀와 함께 이야기 나누기'와 '감정 중심 대화'이다. 이 과정에서 부모는 자연스럽게 자녀의 감정을 이해하고, 양육의 어려움을 공유하며, 타인의 사례를 통해 자신의 양육 태도를 돌아보는 기회를 갖게 된다.

(1) 국내 사례

국내에서는 최근 10여 년 사이, 유아교육 기관이나 지역사회 복지기관을 중심으로 그림책을 활용한 다양한 부모교육 프로그램이 시도되고 있다. 대표적인 사례는 다음과 같다.

① 유치원 기반 부모 참여 프로그램

서울 소재 모 유치원에서는 『마음이 아플 때는 어떻게 할까요?』와 같은 정서 중심 그림책을 활용하여 '감정 이해'를 주제로 한 5주간의 부모교육을 실시하였다. 부모들은 자녀의 감정을 어떻게 인식하고 반응할 것인지에 대해 그림책을 바탕으로 토론

하고, 실제 자녀와의 대화 시연을 통해 실천력을 높였다.

프로그램 참여자의 87%가 "자녀의 감정을 이해하는 데 큰 도움이 되었다"고 답했으며, 이후에도 가정 내에서 자발적으로 그림책을 활용해 대화를 시도하는 모습을 보였다(서울특별시아동복지센터, 2022).

이 프로그램은 다음과 같은 세 가지 주요 단계로 구성되었다.

- **감정 이해와 수용 훈련**

첫 번째 주에는 부모가 자녀의 감정을 인식하고 이해하는 방법을 배우는 데 중점을 두었다. 예를 들어, 자녀가 학교에서 친구와 다투고 온 경우 부모는 "왜 그렇게 했어?"와 같은 비판적 접근이 아닌, "속상했겠구나. 어떤 점이 제일 힘들었어?"와 같은 공감적 질문을 연습하였다. 이를 통해 부모는 자녀가 자신의 감정을 자유롭게 표현할 수 있는 환경 조성의 중요성을 배웠다.

- **그림책을 통한 감정 표현 연습**

두 번째와 세 번째 주에는 부모가 자녀와 함께 그림책을 읽으며 감정을 탐구하는 시간을 가졌다. 『마음이 아플 때는 어떻게 할까요?』와 같은 책을 활용하여 자녀가 슬픔, 두려움, 분노와 같은 다양한 감정을 표현하도록 돕는 연습을 하였다. 이 과정에서 부모는 자녀의 언어적 표현뿐만 아니라 비언어적 단서(예: 표정, 몸짓)를 주의 깊게 살펴보는 방법을 익혔다.

- **실전 대화 시연 및 피드백**

마지막 두 주 동안은 부모가 실제로 자녀와 대화하는 장면을 시연하고, 이를 다른 부모들과 함께 평가하는 시간을 가졌다. 예를 들어, 자녀가 친구와의 갈등을 이야기할 때 부모가 어떻게 반응하는지, 공감적 경청을 얼마나 효과적으로 실천하는지에 관해 피드백을 주고받았다.

② 지역사회 도서관 연계 사례

부산의 한 구립 도서관은 그림책 읽기와 부모교육을 결합한 '그림책으로 크는 마음' 프로그램을 운영하고 있다.

이 프로그램은 특히 다문화가정과 조손가정을 대상으로도 확대 적용되었으며, 언어적 제약이 있는 가정에서도 비언어적 소통의 도구로 그림책이 활용될 수 있다는 가능성을 보여주었다.

프로그램에 참여한 부모들의 90% 이상이 "가정 내 대화가 더 활발해졌다"는 긍정적인 변화를 보고하였으며, 다문화가정의 경우 그림책을 통한 비언어적 소통이 가족 간의 정서적 유대를 강화하는 데 특히 효과적이었다고 응답하였다(최지수 & 최나야, 2022).

이 프로그램은 다음과 같은 주요 단계로 구성되었다.

- **그림책 선정 및 사전 이해**

프로그램 초기에는 『화가 난 수지』, 『안아 줄게』와 같은 감정 중심의 그림책이 선정되었다. 이 책들은 분노, 두려움, 슬픔, 기쁨과 같은 감정을 명확하게 표현하며, 다양한 상황에서 자녀가 자신의 감정을 자유롭게 이야기할 수 있도록 돕는 데 중점을 두었다. 각 세션 시작 전에 전문가가 책의 주제와 핵심 메시지를 부모들에게 설명하여, 부모가 자녀의 감정을 더 깊이 이해할 수 있도록 도왔다.

- **워크숍을 통한 실습**

매주 진행되는 워크숍에서는 부모와 자녀가 함께 그림책을 읽으며 등장인물의 감정을 이야기하는 시간을 가졌다. 예를 들어, 『화가 난 수지』를 읽는 동안 부모는 자녀에게 "수지가 왜 화가 났을까?", "만약 네가 수지였다면 어떤 기분이었을까?"와 같은 질문을 던지며 감정의 원인을 탐색하는 연습을 했다. 또한, 자녀가 자신의 감정을 표현할 때 부모가 이를 존중하고 반영하는 방법도 실습하였다.

- **개별 코칭 및 맞춤형 피드백**

개별 코칭 시간에는 전문가가 부모에게 자녀와의 실제 대화를 평가하고, 개선할 점을 피드백하는 시간을 가졌다. 예를 들어, 자녀가 친구와의 갈등을 이야기할 때 부모가 어떤 반응을 보이는지, 자녀의 감정을 충분히 수용하는지 등을 점검하였다. 이는 부모가 자신의 양육 방식을 점검하고 개선할 수 있는 중요한 기회가 되었다.

(2) 해외 사례

① 미국: Emotions Literacy 프로그램

미국의 일부 초등학교에서는 '감정 문해력(Emotional Literacy)' 증진을 위한 프로그램으로 그림책 활용 부모교육을 실시하고 있다. 'Second Step'이라는 감정 교육 커리큘럼 내에서는 그림책을 기반으로 부모에게 감정 표현 및 경청 기술을 교육하며, 자녀와의 대화에서 어떻게 감정을 안전하게 다룰 수 있는지에 초점을 맞춘다(Barnes, 2019).

프로그램의 주요 내용은 다음과 같다.

- **감정 인식과 표현 교육**

초기 단계에서는 부모가 자녀의 감정을 인식하고 표현하도록 돕는 데 중점을 둔다. 예를 들어, 『When Sophie Gets Angry – Really, Really Angry("소피가 화나면 정말 정말 화나면" 제목으로 번역 출간)』과 같은 그림책을 활용하여 자녀가 분노와 같은 강한 감정을 언어로 표현하는 방법을 연습한다. 부모는 단순히 감정을 수용하는 것을 넘어, 자녀가 구체적으로 자신의 감정을 설명할 수 있도록 유도하는 방법을 배운다.

• **공감적 경청 기술 훈련**

두 번째 단계에서는 부모가 자녀의 감정을 반영하여 표현하는 경청 기술을 익힌다. 예를 들어, 자녀가 "학교에서 친구랑 다퉜어"라고 말할 때, 단순한 반응보다는 "많이 속상했겠구나, 어떤 점이 힘들었어?"와 같은 공감적 질문을 통해 자녀의 감정을 깊이 이해하는 연습을 한다.

• **감정 조절과 문제 해결**

세 번째 단계에서는 자녀가 스스로 감정을 조절하고 문제를 해결하는 능력을 기를 수 있도록 돕는다. 예를 들어, 『Alexander and the Terrible, Horrible, No Good, Very Bad Day("알렉산더와 아주 나쁜 날" 제목으로 번역 출간)』와 같은 책을 활용하여 좌절과 실망을 건강하게 표현하고 극복하는 방법을 배우는 활동이 포함된다.

• **실제 대화 시연 및 피드백**

마지막 단계에서는 부모가 실제 상황에서 자녀와의 대화를 시연하고 피드백을 받는다. 이 과정에서 부모는 감정을 무시하거나 억압하지 않는 대화 방식을 연습하며, 예를 들어, 자녀가 실망감을 표현할 때 "괜찮아, 별거 아니야." 대신 "그 일이 정말 중요했나 보구나. 많이 아쉬웠겠어"와 같은 공감적 표현을 익힌다.

② 영국: Bookstart 프로그램

영국의 대표적인 책 읽기 장려 프로그램인 'Bookstart'는 단순한 책 나눔을 넘어, 부모교육과 연계된 활동으로 확장되고 있다. 이 프로그램은 부모가 그림책을 통해 자녀와 애착을 형성하고 언어와 정서를 동시에 발달시킬 수 있도록 전문가의 개입과 가정 내 실천을 동시에 강조한다.

프로그램에 참여한 부모들은 자녀와의 유대감이 강화되고, 자녀의 언어 발달이 촉진된다는 긍정적인 효과를 보고하였다. 특히 조기 독서 경험이 자녀의 언어 능력, 상상력, 문제해결 능력 향상에 크게 기여한다는 연구 결과도 다수 보고되고 있다(Reading Agency, 2022).

프로그램의 주요 구성요소는 다음과 같다.

- **그림책 꾸러미 제공**

프로그램 초기에는 각 가정에 나이와 발달단계에 맞는 그림책 꾸러미가 제공된다. 예를 들어, 영아를 위한 촉감 책이나 반복적인 리듬이 있는 책, 유아를 위한 간단한 이야기 구조를 가진 책 등이 포함된다. 이를 통해 자녀는 책과 친숙해지고 부모는 자녀와의 첫 독서 경험을 쉽게 시작할 수 있다.

- **전문가의 개입과 부모 교육**

단순히 책을 나누어 주는 데 그치지 않고, 부모가 그림책을 어떻게 읽어야 하는지에 대한 실질적인 지침도 함께 제공된다. 예를 들어, 부모는 자녀와 함께 책을 읽을 때 눈을 맞추고, 다양한 목소리와 표정을 사용하여 이야기에 생동감을 더하는 방법을 배운다. 또한, 자녀의 반응을 적극적으로 수용하고, 질문을 통해 자녀가 이야기에 참여하도록 유도하는 기술도 포함된다.

- **가정 내 실천 지원**

프로그램은 가정 내 실천을 강조하여, 부모가 일상 속에서 자녀와 그림책을 자연스럽게 활용할 수 있도록 돕는다. 예를 들어, 자녀가 책 속의 등장인물과 같은 상황을 경험할 때 이를 언급하며 감정을 표현하도록 격려하는 방법이 포함된다. "오늘 기분이 어때?"와 같은 간단한 질문을 통해 자녀가 자신의 감정을 이야기하도록 유도한다.

• **지역사회 연계 활동**

Bookstart는 지역 도서관, 보건소, 유아교육 기관 등과 협력하여 부모와 자녀가 함께 참여할 수 있는 독서 이벤트, 워크숍, 스토리텔링 세션 등을 제공한다. 이를 통해 부모는 다른 가족들과 교류하고, 양육의 어려움을 공유할 수 있는 기회를 갖게 된다.

3) 유아교사의 역할과 실천 전략

(1) 유아교사의 역할

① 부모와의 신뢰 기반 형성자

부모는 자녀를 돌보는 데 있어 '누구보다 중요한 존재'인 동시에 '누구보다 불안한 존재'이기도 하다. 유아교사는 이러한 부모의 양가적 감정을 이해하고, 정서적으로 안전한 관계를 만들어 가는 데 앞장서야 한다. 부모교육에 앞서 교사는 먼저 부모와 신뢰와 존중에 기반한 소통을 구축해야 하며, 이는 교육의 동기 유발과 지속성에 직접적인 영향을 미친다(심수아, 이유미, 2021).

② 교육 내용의 설계자

그림책을 부모교육에 활용하는 것은 단순한 도서 추천이 아니다. 교사는 부모의 양육 현실을 이해하고, 유아 발달 특성에 적합한 주제와 그림책을 선정하며, 활동을 체계적으로 설계하는 교육 디자이너의 역할을 수행해야 한다(육아정책연구소, 2016; 최지수 & 최나야, 2022). 또한, 그림책 내용을 단순히 전달하는 것을 넘어서서 부모의 경험과 감정을 이끌어낼 수 있는 맥락화된 접근이 중요하다(문소라 & 황혜정, 2017).

③ 부모의 성찰을 유도하는 촉진자

유아교사는 그림책을 도구 삼아 부모가 자신의 양육 태도, 언어습관, 감정 반응 등을 돌아볼 수 있도록 안내하는 성찰 촉진자의 역할을 맡는다. 이는 부모를 비판하거나 지도하려는 태도가 아니라, 함께 질문하고 함께 의미를 발견하는 과정을 통해 이루어져야 한다(김지혜, 박소연, 2019).

(2) 실천 전략

- **그림책 중심 대화법 교육**

부모들은 아이와의 대화를 어렵게 느끼는 경우가 많다. 유아교사는 그림책의 장면을 활용한 구체적인 질문법, 열린 질문과 닫힌 질문의 차이, 감정 명명 대화법 등을 사례 중심으로 안내할 수 있다. 예를 들어, 『화가 났을 땐 이렇게 해요』를 읽은 후 "이 장면에서 아이는 어떤 기분일까요?"라고 묻고, "그럴 땐 어떤 말을 해주고 싶으세요?"로 자연스럽게 이어가는 식이다.

사례

- 상황 설정: 부모가 아이와 함께 『화가 났을 땐 이렇게 해요』를 읽는 중.
- 교사의 질문: "이 장면에서 주인공 아이는 어떤 기분일까요?"
- 부모의 대화: "화가 나서 얼굴이 빨개졌네. 그럴 때는 어떤 말을 해 주고 싶으세요?"
- 추가 질문: "혹시 너도 이런 적 있어? 그때 어떤 기분이었니?"

- **부모-자녀 공동 활동 과제 제시**

그림책 한 권으로 끝나는 교육이 아니라, 가정에서도 실천 가능한 공동 활동을 연계하는 것이 중요하다. 감정 일기 쓰기, 그림책 내용 따라 하기, 역할극 놀이 등 교사는 활동지를 제공하거나, 부모들이 SNS나 온라인 커뮤니티를 통해 과제를 공유하도록 도와 지속적인 실천을 독려할 수 있다. 예를 들어, 국내 한 유아교육기관에서는 매주 주제별 그림책을 선정하여 부모와 자녀가 함께 완성하는 '가족 감정 노트'를 배포하고, 이를 온라인 커뮤니티에서 공유하도록 유도하여 큰 호응을 얻었다(이윤정 외, 2022).

사례

- 활동 예시 1: 감정 일기 쓰기 – 매일 밤, 부모와 자녀가 함께 그날의 기분을 적는 일기를 작성하여 서로의 감정을 공유.
- 활동 예시 2: 그림책 내용 따라 하기 – 『괜찮아』를 읽은 후 아이와 함께 서로의 장점과 단점을 이야기하며 자기 이해를 높이는 시간 갖기.

• 교사–부모 간 피드백 순환 구조 만들기

프로그램의 효과를 극대화하려면 피드백 구조가 필요하다. 유아교사는 매 회기 이후 부모와 개별 면담을 하거나, 짧은 소감을 문자 또는 앱을 통해 수집함으로써 부모의 반응을 지속적으로 반영하고, 프로그램 내용을 유연하게 조정할 수 있어야 한다.

사례

- 경기 성남시의 한 유치원 사례: '감정 주제 그림책 프로그램'을 운영하는 이 유치원은 매주 수업 후 부모에게 간단한 설문지를 제공하여 자녀와의 대화 변화를 평가하고, 이를 다음 회기 교육에 반영하고 있다.
- 결과: 이를 통해 부모들은 자녀의 감정 표현이 더 자유로워졌다는 피드백을 주었으며, 교사들도 보다 구체적이고 맞춤형 교육 계획을 수립할 수 있었다.

• 전문성 함양을 위한 교사 연수 확대

교사 스스로도 그림책의 교육적 의미와 활용법에 대해 지속적으로 학습해야 한다. 교사 연수 프로그램에서는 다양한 그림책 분석, 부모 상담 기법, 정서 코칭 기술 등을 함께 다루어야 하며, 실제 사례 중심의 워크숍이 가장 효과적이다.

사례

- 부산의 A 유치원 연수 프로그램: 이 유치원에서는 교사들을 대상으로 그림책 분석, 부모 상담 기법, 정서 코칭 기술을 다룬 연수 프로그램을 매년 두 차례 실시하고 있다. 특히, 최근에는 감정 코칭 전문가를 초청하여 실제 사례 중심의 워크숍을 진행하였으며, 교사들의 만족도가 매우 높았다.
- 실제 효과: 참여 교사들은 이후 부모 상담에서 더 높은 공감 능력을 발휘하고, 부모들이 자녀의 정서를 이해하는 데 실질적인 도움을 줄 수 있었다는 피드백을 받았다.

2. 현장 실천형 그림책 부모교육 프로그램 실제

오늘날 부모교육은 단순한 정보 전달을 넘어, 부모와 자녀가 함께 성장하는 관계 중심의 실천을 지향한다. 특히 유아교육 현장에서는 부모들이 바쁜 일상 속에서도 자녀의 정서와 발달을 이해하고, 실천 가능한 방법으로 양육에 참여할 수 있도록 돕는 교육이 필요하다. 이때 그림책은 가장 접근성 높고, 공감력 있는 매개체로 주목받고 있다. 이야기 속 인물과 상황을 통해 자연스럽게 부모 자신의 양육 태도와 감정을 돌아보게 하고, 자녀와의 대화를 열어주는 통로가 되어주기 때문이다.

유아교육 현장에서 바로 적용 가능한 그림책 중심의 부모교육의 활동을 부모 역할과 준비, 부모–자녀 관계 이해, 부모–자녀의 놀이 실천, 문해력 및 의사소통, 부모와 교사를 위한 그림책 소개 부분으로 나누어 제시하고자 한다.

1) '부모 역할과 준비'를 주제로 한 그림책 부모교육 활동

가정통신문

사랑하는 ○○반 학부모님께,

항상 따뜻한 관심과 사랑으로 자녀의 성장을 함께해 주시는 부모님께 진심으로 감사드립니다. 이번 주에는 최숙희 작가의 그림책 『너는 기적이야』(책읽는곰) 를 통해, 자녀에게 전하고 싶은 '존재의 소중함'과 '부모의 사랑'을 함께 나누는 활동을 진행하고자 합니다.

이 그림책은 세상에 태어난 아이와 부모 사이에 오가는 사랑의 눈빛과 마음을 따뜻하게 그려낸 이야기입니다. 그림책을 통해 부모님과 자녀가 서로의 감정을 나누고, "너는 기적 같은 존재야"라는 메시지를 전하는 시간을 가져보시길 바랍니다.

–활동 안내–

- 활동 주제: 너는 기적이야 – 그림책으로 아이의 존재를 축복하기
- 활용 그림책: 『너는 기적이야』 – 최숙희 지음, 책읽는곰 출판
- 추천 활동 기간: ○월 ○일(월) ~ ○월 ○일(금)
- 참여 방법: 가정 내 자유롭게 그림책 읽기 + 대화 나누기

부모교육활동

너는 기적이야: 그림책으로 여는 슬기로운 부모되기

『너는 기적이야』
최숙희 지음, 책읽는곰

세상에 처음 나온 아이를 만나는 순간 바로 기적이 시작되었으며, 아이의 성장과 함께 엄마도 함께 성장해 나가는 모든 순간들이 감동의 기적이라는 것을 깨닫게 합니다.

우리 아이와 그림책으로 놀기

1) 그림책 표지 보며 이야기 나누기

- 아이가 어떻게 태어났는지 함께 이야기 나눈다.
- 표지의 엄마와 아이의 표정을 보며 느낌 말하기
- 그림책 제목에서 '기적'이라는 말의 의미 알아보기

⊙ 간단한 메모

"내 아이는 나에게 ____________ 같은 존재이다."

(예: 빛, 선물, 기적, 거울, 배움의 스승 등)

2) 그림책을 읽으며 이야기 나누기

- 그림책 한 장면씩 넘길 때마다 '너는 기적이야'를 반복하여 아이들이 말하도록 한다.
- 그림책 읽을 때 글과 그림에 대해 이야기 나누기

: 아기는 어디에 매달려 있는 걸까요?

: 사슴들이 아기를 바라보는 표정은 어떠한가요?

: 엄마가 지쳐 있을 때 아이는 엄마에게 뭐라고 속삭였나요?

: 엄마는 아이를 안아 주며 무슨 말을 했나요?

3) 그림책을 읽고 난 후 회상하며 이야기 나누기

- 그림책을 읽고 난 후 기억나는 장면이나 느낌에 대해 이야기 나눈다.

: 그림책에서 기억에 남는 장면은 무엇인가요?

: 내가 아팠을 때 엄마가 어떻게 해주었나요?

: 나는 엄마에게 어떤 아이인가요?

출처: 색동회(2021). 그림책이랑 놀이랑. 서울: 창지사.

부모교육활동지 너는 기적이야: 그림책으로 여는 슬기로운 부모되기

- 이 활동은 아이를 사랑하는 동시에, 부모인 나 자신을 따뜻하게 마주하는 시간입니다. 완벽하지 않아도 괜찮습니다. 당신은 이미 충분히 좋은 부모입니다

자녀에게 쓰는 편지 (한 줄로도 충분해요!)

○○야, 너는 나에게 ______________________________이란다.

나는 너의 ______________________________ 모습을 사랑해.

앞으로 나는 너에게 __________________________ 부모가 되어줄게.

- 실천 과제(선택)

오늘 자녀를 꼭 안아 주며 “너는 나의 기적이야”라고 말해주세요.

내일 아침, 자녀에게 따뜻한 눈빛으로 인사해 보세요.

나의 부모 역할을 돌아보며, ‘작은 변화 하나’를 적어 실천해 보세요.

2) '부모-자녀 관계 이해' 주제로 그림책 부모교육 활동

가정통신문

사랑하는 ○○반 학부모님께,

자녀의 마음에 귀 기울이고 함께 성장해가는 따뜻한 양육의 여정을 응원합니다.

이번 주에는 『푸른 개』(나자 지음, 파랑새)라는 그림책을 통해 부모와 자녀의 관계를 다시 생각해보는 시간을 준비했습니다.

이 책은 한 소녀가 자신의 내면을 상징하는 푸른 개와의 관계를 통해 자아정체성을 찾아가는 여정을 그리고 있으며, 부모가 자녀의 자아를 어떻게 바라보고 수용해야 하는지를 상징적으로 보여줍니다. 이번 활동을 통해 부모님께서도 자녀의 감정과 내면을 더욱 깊이 이해하고, 있는 그대로의 모습을 따뜻하게 안아주시는 시간이 되시길 바랍니다.

-활동 안내-

- 활동 주제: 자녀의 자아를 존중하는 부모 되기 - 다른 색깔, 다른 마음을 이해해요.
- 활용 그림책: 『푸른 개』 (나자 지음, 파랑새)
- 추천 활동 기간: ○월 ○일(월) ~ ○월 ○일(금)
- 참여 방법: 가정 내 자유롭게 그림책 읽기 + 대화 나누기

부모교육활동

푸른 개: 그림책 속에 나타난 부모·자녀 관계

『푸른 개』
나자 지음, 파랑새

샤를로뜨는 떠돌이 푸른 개를 만나 친구가 되지만, 엄마는 푸른 개를 더 이상 만나지 못하게 합니다. 어느 날 샤를로뜨는 숲에서 길을 잃게 되고, 푸른 개가 나타나 도와줍니다. 그때 검은 표범이 나타나자 푸른 개는 용감하게 싸워 물리치며, 샤를로뜨가 푸른 개를 타고 당당하게 집으로 돌아오자 부모는 웃으며 반겨줍니다.

※ 자녀의 자아정체성을 인정하는 부모의 모습이 담긴 그림책

1. 감상 포인트

- 그림책의 부모·자녀의 관계는 어머니와 딸의 주된 갈등으로 어머니의 자아와 딸의 자아가 대립되는 경쟁 구조를 가지고 있습니다.
- 그림책에서 표현된 푸른색은 딸의 자아로 푸른 개를 의미하며, 어머니의 자아는 검은색으로 표범을 의미합니다.
- 결국 딸은 자아정체성을 찾고 가족의 일원으로 우뚝 서게 되고 이것을 인정하는 부모의 모습에서 올바른 부모·관계를 엿볼 수 있습니다.

2. 잠깐! 생각해 봅시다.

- 부모로서 나의 자아는 어떤 색깔을 가지고 있나요? 그 색깔은 우리 아이들에게 어떤 느낌을 줄 수 있을까요?
- 우리 아이 자아는 어떤 색깔을 가지고 있나요? 아이의 자아 성장을 돕는 부모의 역할에 대해 이야기해 봅시다.

부모를 위한 성찰 질문

- 나의 자아는 어떤 색깔을 가지고 있나요?
  예: 회색 - 차분하고 조용함, 빨간색 - 열정과 에너지
- 그 색은 자녀에게 어떤 영향을 주고 있나요?
- 우리 아이의 자아는 어떤 색깔을 닮았나요?
  아이가 가진 성향(예: 자유로움, 예민함, 상상력 등)을 색으로 표현해 보세요.
- 나는 아이의 자아를 있는 그대로 받아들이고 있나요?
  아이가 나와 다를 때, 어떤 반응을 보였나요?
  아이의 선택과 감정을 존중한 적이 있었나요?

출처: 그림책 읽어주는 여우. https://blog.naver.com/dawoun12

부모교육활동지 푸른 개 : 그림책 속에 나타난 부모 · 자녀 관계

색깔로 나를 표현해요!

- 내 자아는 무슨 색일까요? 나의 느낌을 색으로 그려보세요.
- 나의 자아 색깔 (부모)
- 색깔을 선택해 색칠해 보세요.

□ 파란색 □ 빨간색 □ 노란색 □ 회색 □ 초록색

□ 기타(______)

선택한 색은 왜 나를 닮았다고 생각하나요?

____

____

- 아이의 자아 색깔 (아이)
- 색칠하고, 그 이유를 함께 이야기해 보세요.

□ 파란색 □ 보라색 □ 분홍색 □ 초록색 □ 주황색

□ 기타(______)

우리 아이는 어떤 자아를 가지고 있다고 느끼시나요?

____

____

완벽한 부모보다, 자녀를 인정해주는 부모가 아이의 자존감을 키웁니다.
다름을 존중하는 대화, 지금부터 시작해보세요.

3) 의사소통 향상을 돕는 부모교육 활동

가정통신문

사랑하는 ○○반 학부모님께,

늘 아이들의 성장을 사랑으로 지켜봐 주시는 모든 부모님께 감사드립니다.

이번 주에는 부모의 말투가 아이의 정서와 관계에 미치는 영향을 주제로 한 그림책 활동을 함께 나누고자 합니다.

아이들은 부모의 말 속에서 사랑, 인정, 위로를 느끼며 자라납니다. 하지만 때로는 무심코 던진 말 한마디가 아이에게 상처가 되기도 하지요. 그림책 속 '아빠와 아들의 서먹한 대화', '엄마의 감정 섞인 말'은 우리 가정의 말투를 다시 돌아보게 만듭니다. 이번 활동을 통해 아이와의 대화를 따뜻하게 물들이는 포물선 말투를 함께 실천해보세요.

–활동 안내–

- 활동 주제: 다정한 말투로 아이의 마음을 안아주세요
- 활용 그림책: 『노랑이 잠수함을 타고』(윤여림 지음, 위즈덤하우스), 『내가 듣고 싶은 말』(이정원 글, 김태은 그림, 뜨인돌어린이)
- 추천 활동 기간: ○월 ○일(월) ~ ○월 ○일(금)
- 참여 방법: 가정 내 자유롭게 그림책 읽기 + 대화 나누기(아이와 동영상 찍어서 키즈노트로 보내 주세요)

부모교육활동 아이와 더 좋은 대화를 위한 그림책 살펴보기

※ 다정한 말투를 사용할 수 있도록 돕는 그림책

『노랑이 잠수함을 타고』
윤여림 지음, 위즈덤하우스

"노랑이 잠수함을 타고 떠나는 아빠와 아들의 추억 여행"

할아버지와 아빠가 나누는 대화가 아이에게는 싸우는 것처럼 들려요. 서로 사랑을 나눴던 아빠와 아들 사이는 나이가 들면서 서먹해지고 말투도 거칠어집니다.
어떻게 하면 다정한 말투로 바뀔 수 있을까요? 아빠와 아이들이 나눈 대화를 통해 다정한 말투의 의미를 생각해 보게 됩니다.

『내가 듣고 싶은 말』
이정원 글, 김태은 그림,
뜨인돌어린이

"아이가 듣고 싶은 말? 사실은 엄마도 하고 싶었던 말!"

아이는 따뜻한 위로가 담긴 말을 듣고 싶어요. 아이가 듣고 싶었던 말은 사실은 엄마가 하려고 했던 말이지요.
엄마의 말이 감정적으로 전해질 때가 많아요. 아이를 행복하거나 슬프게 하는 엄마의 말이 모두 담겨 있어서 말투를 공부하기에 좋은 그림책입니다.

※ 엄마의 다정한 말투 만들기

1) "○○아, 사랑해!"를 높낮이 없이, 평조로 소리 내어 말해 보세요.

2) 이번에는 내 말이 포물선을 그리며 입 밖으로 나간다고 상상해 보세요.

3) 일상에서 아이와 대화하며 포물선 말투를 사용해 보세요. 평상시 아이와의 대화를 녹음해서 들어보는 것도 도움이 됩니다.

〈포물선 말투 실천 연습〉
실천 포인트:
"○○야, 사랑해."를 평조로 → 다시 포물선을 그리듯 감정 실어 말해보기
목소리 톤 조절 (낮고 부드럽게)
감정 올라올 때 멈춤–호흡–다정한 말 연결

4) 분노의 감정이 올라올 때 깊은 심호흡으로 감정을 정리한 후 포물선 말투로 말해 보세요.

활동 효과
- 아이는 더 안전하고 존중받는 느낌을 받습니다.
- 부모는 말의 힘과 감정 조절의 중요성을 깨닫습니다.
- 가족 간의 정서적 유대감과 대화의 질이 높아집니다.
- 아빠도 엄마도 아이와의 말 속에서 사랑을 전하는 기술을 익힐 수 있습니다.

출처: 장선화(2022). 그림책을 읽다. 너의 마음을 보다. 서울: 청람출판사.

부모교육활동 아이와 더 좋은 대화를 위한 그림책 살펴보기

• 엄마의 포근한 문장 카드 만들기

이 활동지는 부모님이 자녀에게 자주 해 주고 싶은 따뜻한 말을 직접 문장으로 적어 보는 활동입니다. 예쁜 말풍선 안에 문장을 적고 잘라서 냉장고, 문, 거실 벽 등에 전시해 보세요. 부드러운 말은 아이의 자존감을 키우고, 가족 간 사랑을 표현하는 좋은 방법이 됩니다.

예시

- ○○야, 오늘도 널 사랑해!
- 너는 참 특별한 아이야.
- 천천히 해도 괜찮아, 엄마가 기다릴게.
- 오늘도 수고했어, 정말 잘했어!
- 슬퍼도 괜찮아, 엄마가 안아 줄게.

활동 안내

1. 아래 말풍선 안에 자주 쓰고 싶은 말을 적어보세요.
2. 말풍선을 잘라 집안 곳곳에 붙여 두고 자녀에게 자주 읽어주세요.
3. 아이와 함께 꾸미기를 하며 가족만의 문장을 만들어도 좋아요.

✂______ 포근한 문장 카드 자르기

포근한 문장 카드

함께 생각해 보는
부모교육

그림책으로 경험하는 부모교육 활동지

『토마토는 절대 안먹어』
로렌 차일드 지음, 국민서관

주인공인 로라는 편식이 심한 아이로, 특히 토마토를 절대 먹지 않겠다고 선언합니다. 로라의 오빠 찰리는 동생에게 다양한 채소를 먹이기 위해 창의적인 방법을 사용합니다. 그는 당근을 '토끼들이 좋아하는 오렌지 나무 막대기' 등 이라고 부르며 흥미를 유발합니다. 마침내 찰리는 토마토를 재미있게 소개하고, 결국 로라는 토마토를 포함한 다양한 채소를 맛보게 됩니다. 이를 통해 편식을 줄이고 새로운 음식을 시도하는 즐거움을 깨닫게 되는 이야기입니다.

1. 감정 표현 연습

자녀가 음식을 거부할 때 부모로서 느끼는 감정은 어떤 것인가요? 이를 더 긍정적으로 바라볼 수 있는 방법이 있을까요?

인포그래픽으로 보는 부모, 자녀 관련 이슈 & 챗 GPT의 부모교육

“아이 키우는 부모, 자녀의 식습관 문제 중 가장 큰 고민은”

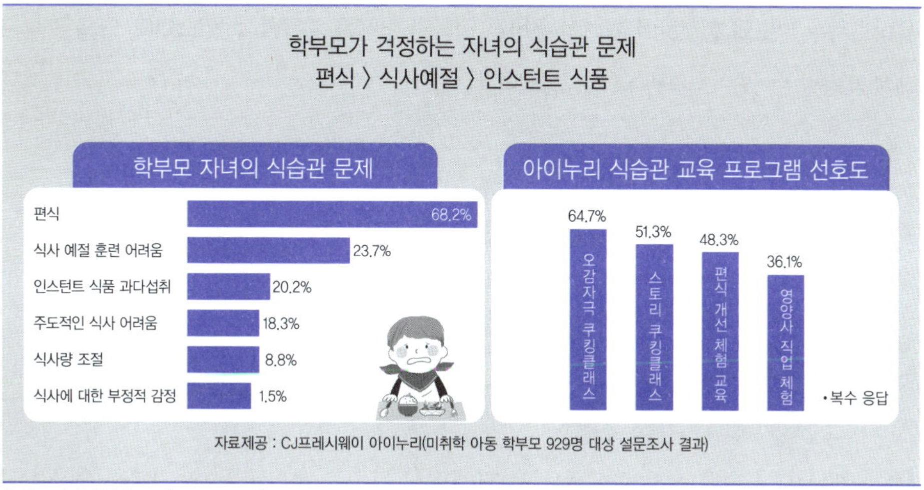

출처: 파이낸셜 뉴스 (2024.10.18.)

미취학 아동 학부모 10명 중 7명은 자녀의 식습관 문제로 고민한 적이 있으며, 주요 고민은 편식(68%), 식사 예절 훈련 어려움(24%), 인스턴트 식품 과다 섭취(20%) 순으로 나타났다. 학부모들은 자녀의 식습관 문제해결을 위해 대부분 가정 내 지도를 실시하며, 일부는 체험·참여형 외부 교육을 활용했다.

학부모들은 교육기관에서 조리 체험 프로그램(74%)을 가장 희망하며, 교육 프로그램 선택 시 직접 체험 가능 여부(73%)를 중요하게 고려했다. 〈기사 요약〉

ChatGPT

교사가 부모에게 할 수 있는 식습관 교육은 무엇이 있을까요?

유아교사는 부모와 협력하여 자녀의 올바른 식습관 형성을 지원할 수 있습니다. 다음은 부모에게 제공할 수 있는 식습관 교육 방법입니다.

1. 식사 시간의 규칙성 강조

부모에게 일정한 시간에 식사를 제공하고, 식사 중 스마트폰이나 장난감 등으로 주의를 분산시키지 않도록 안내합니다. 이는 유아가 식사에 집중하고 바른 식습관을 형성하는 데 도움이 됩니다.

2. 가정에서의 식사 환경 조성

부모에게 식사 공간을 정리하고, 식사 시 지켜야 할 규칙을 설정하여 자녀가 규칙적인 식사 습관을 갖도록 유도합니다. 이는 식사 시간 동안 주의 산만을 줄이고, 식사에 집중할 수 있는 환경을 만듭니다.

3. 식사 참여 유도

부모가 자녀를 요리 과정에 참여시키면, 자녀가 음식에 대한 관심과 흥미를 높일 수 있습니다. 이는 새로운 음식을 시도하는 데 긍정적인 영향을 미칩니다.

4. 식사 일기 작성 권장

부모에게 자녀의 식사 일기를 작성하도록 권장하여, 자녀가 섭취한 음식의 종류와 횟수를 파악하고, 편식이나 불규칙한 식습관을 개선할 수 있도록 돕습니다.

5. 식사 예절 교육

부모에게 식사 예절을 가르쳐 자녀가 바른 식사 태도를 가지도록 지도합니다. 이는 식사 중 말하지 않기, 바른 자세로 앉기, 식사 후 스스로 양치질하기 등의 습관을 포함합니다.

이러한 방법들을 통해 부모와 협력하여 자녀의 건강한 식습관 형성을 지원할 수 있습니다.

CHAPTER 11

부모를 위한 자녀 지원 정책 가이드

부모가 자녀를 양육하는 과정은 단순한 돌봄을 넘어 자녀의 건강한 성장과 발달을 돕는 중요한 역할을 포함한다. 현대사회에서 부모의 역할은 점점 더 복잡하고 다양해지고 있으며, 맞벌이가정의 증가, 가족 형태의 변화, 양육 부담의 심화 등 다양한 사회구조적 요인이 부모의 양육을 더욱 어렵게 만들고 있다. 이에 따라 국가와 지역사회는 부모의 양육 부담을 완화하고, 자녀의 복지와 교육을 동시에 지원하기 위한 다양한 제도와 정책을 마련하고 있다. 이러한 제도들은 부모가 직면하는 다양한 문제를 해결하고, 더 나은 양육 환경을 조성하는 데 중요한 역할을 한다.

이 장에서는 현명한 부모가 알아야 할 주요 자녀 지원 제도와 정책을 소개하고, 각 제도가 제공하는 혜택을 탐색하고자 한다. 이를 통해 부모가 제도를 적극적으로 활용하고, 자녀의 성장 과정에서 보다 주체적이고 지속 가능한 역할을 수행할 수 있도록 돕고자 한다. 나아가 이러한 정책이 개인의 문제가 아닌 사회 전체가 함께 짊어져야 할 공동 책임임을 인식하는 계기도 될 것이다.

학습목표

1. 자녀 지원 정책의 개념과 사회적 필요성을 설명할 수 있다.
2. 대표적인 자녀 지원 제도의 유형과 각 제도가 제공하는 지원 내용을 이해하고 활용 방안을 모색할 수 있다.

1. 자녀 지원 정책의 정의와 필요성

자녀 지원 정책은 국가가 자녀의 건강한 성장과 발달을 지원하기 위해 제정한 일련의 법률, 제도, 프로그램을 포괄하는 개념이다. 이러한 정책은 단순히 경제적 지원에 그치지 않고, 자녀의 교육, 보육, 복지, 건강, 심리적 안정을 도모하는 다양한 형태로 구성되어 있다(유해미 외, 2015). 자녀는 가정의 구성원이자 사회의 미래를 책임질 세대로서, 그들의 건강하고 행복한 성장은 개인의 삶의 질뿐만 아니라 국가의 지속 가능한 발전에도 중요한 영향을 미친다.

1) 자녀 지원 정책의 개념 정의

자녀 지원 정책은 자녀의 기본적 권리 보장과 전인적 발달 촉진을 목적으로 국가가 제공하는 다양한 공공지원 체계를 의미한다. 이는 단지 생존권이나 생계 보장에 머무는 것이 아니라, 자녀가 신체적·정서적·사회적으로 건강하게 성장할 수 있도록 포괄적인 제도적 기반을 마련하는 것이다(보건복지부, 2023).

- 경제적 지원: 출산 장려금, 아동수당, 보육료 지원 등
- 교육적 지원: 유아교육비 지원, 방과후 돌봄 서비스, 교육복지 우선지원 사업 등
- 복지 및 건강 지원: 건강검진, 예방접종, 정신건강 상담 서비스 등
- 심리적 지원: 부모-자녀 관계 개선 프로그램, 심리 상담 서비스 등

이러한 정책들은 자녀가 건강하고 안전하게 성장할 수 있는 환경을 조성하고, 부모의 양육 부담을 덜어주며, 더 나아가 미래 세대의 사회적 성공을 지원하는 데 초점을 맞추고 있다.

2) 자녀 지원 정책의 필요성

자녀 지원 정책이 중요한 이유는 다음과 같다.

• 저출생 문제의 해결

한국은 세계에서 가장 낮은 출산율을 기록하고 있으며(통계청, 2023), 이는 장기적으로 국가의 인구구조와 경제적 역동성에 심각한 영향을 미칠 수 있다. 예를 들어, 2023년 기준 한국의 합계출산율은 0.72명으로, OECD 국가 중 최저 수준을 보이고 있다(통계청, 2023). 이러한 상황에서 자녀를 양육하는 가정에 대한 경제적, 사회적 지원은 필수적이다.

• 아동의 건강하고 안전한 성장을 보장하기 위함

아동기는 신체적, 정서적, 사회적 발달이 급격히 이루어지는 시기로, 이 시기에 적절한 지원을 받지 못할 경우 성장 과정에서 다양한 문제를 겪을 가능성이 크다. 예를 들어, 보육시설이나 학교에서의 괴롭힘, 심리적 스트레스는 학업 성취도와 정서적 안정을 크게 저해할 수 있다.

• 부모의 양육 부담을 덜어주기 위함

현대사회에서 부모는 일과 가정의 균형을 맞추기 어려운 상황에 놓여 있으며, 이는 양육 스트레스와 경제적 부담을 가중시키는 주요 요인 중 하나이다. 이를 해결하기 위해서는 육아휴직, 출산휴가, 돌봄서비스와 같은 제도적 지원이 필요하다.

우리나라의 자녀 지원 정책은 자녀의 전인적 발달을 촉진하고, 부모의 양육 부담을 덜어주는 중요한 제도적 장치이다. 이를 통해 국가적 차원의 저출생 문제를 해결하고, 미래 세대의 건강하고 안정된 성장을 지원하는 것이 필수적이다. 앞으로도 이러한 정책의 범위와 질을 더욱 확대하여 보다 많은 가정이 혜택을 누릴 수 있도록 지속적인 개선이 필요하다.

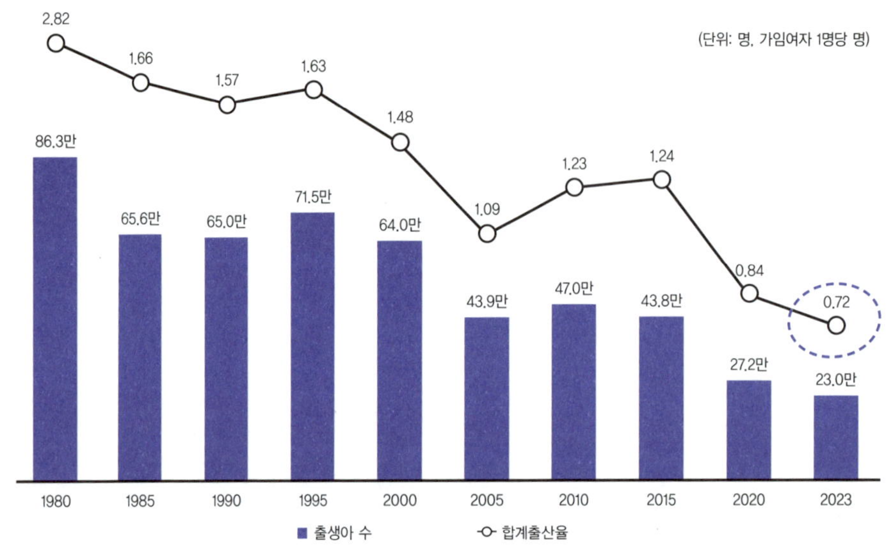

출처: 통계청(2023). 인구동향조사

그림 11-1 출산율과 합계출산율

3) 저출생 문제와 가족의 변화가 자녀 지원 정책에 미치는 영향

현대사회는 급격한 저출생 문제와 가족 형태의 변화를 맞이하고 있다. 이러한 변화는 사회적, 경제적 측면에서 다양한 영향을 미치며, 국가의 인구구조와 복지 체계에도 큰 도전을 주고 있다. 특히, 자녀 양육에 대한 경제적 부담과 일-가정 양립의 어려움은 많은 가정에서 자녀 출산을 기피하는 주요 요인으로 작용하고 있다. 이에 따라 각국은 다양한 자녀 지원 정책을 통해 출산율을 제고하고, 가족의 안정성을 높이기 위한 노력을 기울이고 있다.

(1) 저출생 문제와 가족의 변화

저출생 문제는 단순히 출생아 수의 감소를 의미하는 것이 아니라, 전반적인 인구 구조의 변화를 초래하는 심각한 사회적 문제이다. 이는 경제 성장 둔화, 노동력 부족, 고령화의 가속화를 불러일으키며, 사회 전체의 지속 가능성을 위협하는 요인으로 작용한다. 가족의 형태 또한 급격히 변화하고 있다. 전통적인 핵가족 형태에서 벗어나, 맞벌이가정, 한부모가정, 다문화가정, 조손가정 등이 점차 증가하는 추세이다. 이러한 변화는 자녀 양육의 방식과 부모의 역할에도 큰 영향을 미치며, 자녀 지원 정책의 재설계를 요구하고 있다.

(2) 저출생의 주요 원인

저출생 문제의 주요 원인은 경제적 부담, 일-가정 양립의 어려움, 주거 불안정, 자녀 양육에 대한 사회적 지원 부족 등으로 요약할 수 있다. 특히, 경제적 이유는 출산율 저하의 핵심적인 요인으로 작용하고 있으며, 주택 문제, 양육비 부담, 여성의 경력 단절 등이 중요한 영향을 미친다. 또한, 현대사회의 가치관 변화와 개인의 자아실현 욕구도 출산율 저하에 기여하고 있다(통계청, 2022).

4) 글로벌 저출생 대응 정책 사례

(1) 한국의 저출생 정책

한국은 세계에서 가장 낮은 출산율을 기록하고 있는 국가 중 하나로, 이를 해결하기 위해 다양한 자녀 지원 정책을 도입하고 있다. 대표적인 정책으로는 아동수당, 무상보육, 육아휴직 제도, 출산장려금 등이 있으며, 최근에는 부모의 일-가정 양립을 지원하기 위한 유연근무제와 재택근무 활성화도 함께 추진되고 있다(보건복지부, 2023).

(2) 일본의 저출생 정책

일본 역시 심각한 저출생 문제를 겪고 있으며, 이를 해결하기 위해 출산 및 육아 지원을 강화하고 있다. 일본 정부는 '1억 총활약 사회 실현 플랜'을 통해 맞벌이가정의 일-가정 양립을 지원하고, 고용 안정성을 높이기 위한 다양한 제도를 마련하였다. 또한, 직장 내 육아휴직 활성화와 직장 내 보육시설 확충을 통해 여성의 경력 단절을 줄이고자 노력하고 있다(전호성, 2020).

(3) 스웨덴의 저출생 정책

스웨덴은 비교적 높은 출산율을 유지하고 있는 국가 중 하나로, '성평등한 육아'와 '사회적 안전망'을 핵심으로 하는 자녀 지원 정책을 운영하고 있다(Bergstrom, M., 2021). 스웨덴은 부모 모두에게 평등한 육아휴직 기회를 제공하고, 보육의 공공성을 강화하여 부모가 자녀 양육에 적극적으로 참여할 수 있도록 지원하고 있다. 이는 스웨덴이 출산율 유지에 성공한 주요 요인 중 하나로 평가받고 있다.

2. 자녀 지원 제도의 유형과 내용

1) 자녀 양육 지원을 위한 정부 지원금

(1) 첫만남이용권

보건복지부에서 제공하는 출산·장려 정책 중 하나로, 아이를 처음 출산한 가정에 지급되는 현금성 바우처이다. 출산 초기의 경제적 부담을 줄이고, 아동 양육을 지원하기 위해 마련된 제도이다.

- 지원 내용: 출산하는 모든 아동에게 출산 시 최초 1회, 첫째는 200만 원, 둘째 이상은 300만 원을 지원, 첫째 아이일 경우 500만 원을 국민행복카드 바우처나 현금으로 직접 지급
- 사용 방식: 국민행복카드(기존 임신·출산 바우처카드)에 포인트 형식으로 지급. 아기가 태어난 날로부터 1년 이내에 사용, 해당 포인트는 육아 관련 물품, 병원 진료비, 약국 이용 등에 사용)
- 신　　청: 출생 신고와 동시에 자동으로 신청

(2) 부모 급여

부모 급여는 영아를 양육하는 부모에게 지급되는 현금성 지원제도이다. 이 제도는 부모의 육아 부담을 줄이고, 아이를 직접 돌볼 수 있도록 지원하는 것을 목적이며, 2023년부터 도입되었으며, 해마다 지원금이 단계적으로 인상되고 있다.

- 지원 내용: 만 0세에서 11개월까지의 아동에게 월 100만 원, 만 12세부터 23개월까지의 아동에게는 월 50만 원을 지급
- 중복 지원: 아동수당, 첫만남이용권과 중복지급 가능, 아이돌봄 서비스 정부 지원금과는 중복지급 불가(유의 사항: 부모 급여와 가정 양육 수당은 중복지급 되지 않음)
- 보육료 지원: 부모 급여는 보육시설을 이용해도 지원받을 수 있으며, 이 경우 보육료를 차감한 나머지 금액이 지급
- 신　　청: 출산 후 60일 이내에 복지로, 정부24, 또는 관할 주민센터 방문 신청, 60일 이후 신청 시에는 출산일이 속한 달부터 지원받을 수 없으며, 신청한 달부터 지원 시작

(3) 양육 수당

양육 수당은 부모가 가정에서 아이를 직접 돌볼 수 있도록 지원하는 정부의 재정적 지원 제도이다. 이는 어린이집, 유치원, 아이돌봄 서비스 등 공식적인 돌봄 시설을 이용하지 않는 가정에서 양육되는 영유아의 양육비 부담을 줄이고, 양육 환경을 개선하기 위해 제공된다. 양육 수당은 주로 가정 양육을 선택한 부모를 지원하는 제도로, 보육시설을 이용하지 않는 경우에만 지급된다.

- 지원 내용: 어린이집, 유치원, 종일제 아이돌봄 서비스 등을 이용하지 않고 가정에서 양육되는 아동 대상 월 10만 원(24개월 이상 ~ 86개월 미만)
- 중복 지원: 아동수당, 첫만남이용권과 중복 지급 가능, 아이돌봄 서비스 정부 지원금과는 중복 지급 불가(유의 사항: 부모 급여와 가정 양육 수당은 중복지급 되지 않음)
- 지급 방식: 매월 25일에 보호자 계좌로 현금 지급
- 지원 기간: 양육 수당 지원 결정일이 속하는 달부터 아동의 초등학교 취학년도 2월까지
- 신　　청: 양육 수당은 주민등록지 관할 읍·면·동 주민센터나 온라인 복지로 사이트를 통해 신청

(4) 아동수당

아동수당은 아동의 복지와 권익을 증진하고 가정의 경제적 부담을 경감하기 위해 정부가 제공하는 현금성 복지 제도이다. 이는 모든 아동이 건강하고 안전하게 성장할 수 있도록 지원하기 위한 목적으로 시행되며, 주요한 사회적 안전망 중 하나로 자리 잡고 있다(보건복지부, 2023). 아동수당은 소득 수준에 관계없이 일정 연령 이하의 모든 아동에게 지급되며, 이는 아동의 기본적 권리를 보호하고 전인적 발달을 촉진하기 위한 핵심 정책으로 평가받고 있다.

- 지원 대상: 대한민국 국적의 만 0세부터 만 8세 미만의 모든 아동
- 지원 금액: 월 10만 원(2025년 기준), 매월 25일 지정된 계좌로 입금
- 지급 기간: 출생일로부터 만 8세 생일이 속한 달까지
- 신　　청: 주민등록지 관할 읍·면·동 행정복지센터 방문 신청, 복지로 웹사이트(https://www.bokjiro.go.kr) 또는 모바일 앱을 통한 온라인 신청

(5) 영유아보육료

영유아보육료는 만 0세부터 만 5세까지의 영유아를 대상으로, 가정의 경제적 부담을 줄이고 영유아의 건강한 성장을 지원하기 위해 정부가 제공하는 보육비 지원 제도이다. 이는 양육자의 소득 수준이나 가정 형태와 관계없이 모든 아동에게 지원되며, 주로 어린이집, 유치원, 가정어린이집, 직장어린이집 등 다양한 보육시설을 통해 이루어진다.

- 지원 대상: 만 0세부터 만 5세까지의 영유아(입소일부터 연령 도달 후 해당 연도의 2월 말까지), 보육시설(어린이집, 가정어린이집, 직장어린이집, 공동육아나눔터 등)에 재원 중인 아동
- 지원 범위:
  - 기본 보육료: 보육시설 이용 시 발생하는 기본적인 보육 비용
  - 차액 보육료: 추가적인 교재비, 특별활동비 등 기본 보육료를 초과하는 비용
  - 특수보육료: 장애아동, 다문화가정 아동, 한부모가정 아동 등을 위한 추가 지원
  - 야간 및 24시간 보육료: 맞벌이가정, 야간 근무 등으로 일반 시간 외 보육이 필요한 경우
- 지원 금액: (2025년 기준)
  - 0세반 : (기본보육) 540,000원 / (야간) 540,000원 / (24시) 810,000원
  - 1세반 : (기본보육) 475,000원 / (야간) 475,000원 / (24시) 712,500원
  - 2세반 : (기본보육) 394,000원 / (야간) 394,000원 / (24시) 591,000원
  - 3~5세반 : (기본보육) 280,000원 / (야간) 280,000원 / (24시) 420,000원
- 신　　청: 복지로(www.bokjiro.go.kr) 또는 모바일 앱에서 가능, 주소지 관할 주민센터 방문하여 신청

(6) 자녀장려금

자녀장려금은 근로 및 사업 소득이 있는 저소득 가구의 자녀 양육을 지원하기 위해 총소득(부부 합산) 7,000만 원 미만이면서 부양 자녀(18세 미만)가 있는 경우 1인당 최대 100만 원(최소 50만 원)을 지급하는 제도로, 총소득 기준을 제외한 나머지 수급요건은 근로장려금과 동일하다. 이 제도는 특히 다자녀 가구와 저소득 가구의 경제적 안정을 돕고 자녀의 복지 향상에 기여하기 위해 설계되었다.

- 자녀 요건: 만 18세 미만의 부양 자녀가 있는 가정, 자녀의 연간 소득이 100만 원 이하
- 소득 요건: 부부 합산 연간 총소득이 7,000만 원 미만
  - 재산합계액 1.7억 원 미만: 해당 장려금의 100% 지급
  - 재산합계액 1.7억 원 이상~2.4억 원 미만: 해당 장려금의 50% 지급
  - 장려금을 받으려는 거주자에게 국세 체납액이 있는 경우 30% 한도 내에서 충당 후 지급
- 재산 요건: 가구원이 소유한 주택, 토지, 건물, 예금 등 재산의 합계액이 2.4억 원 미만
- 신　　청: 홈택스(www.hometax.go.kr) 또는 손택스 앱을 통해 온라인 신청이 가능, ARS 전화(1544-9944)를 통해 신청, 관할 세무서를 방문하여 신청

이러한 적극적인 재정적 지원은 부모와 자녀의 삶의 질을 향상시키고, 경제적 안정성을 확보하는 데 중요한 역할을 한다. 특히, 이러한 지원은 단순히 경제적 부담

을 덜어주는 것에 그치지 않고, 부모가 자녀의 발달 단계에 맞는 다양한 교육 프로그램에 참여할 수 있는 기회를 제공하여 자녀의 전인적 발달을 촉진하는 데 기여하고 있다. 향후 이러한 지원금 제도가 더욱 체계적으로 발전하여 다양한 가족 형태와 사회적 배경을 반영한 맞춤형 지원이 강화될 필요가 있다.

2) 자녀 양육지원을 위한 정부 지원 정책

(1) 임신, 출산 서비스와 출산-육아 근로 지원 제도

① 맘 편한 임신 원스톱 서비스와 행복 출산 원스톱 서비스

맘 편한 임신 원스톱 서비스는 임산부에게 제공되는 각종 임신 지원 서비스를 온라인 또는 오프라인을 통해 한 번에 통합 신청하는 서비스이다. 이 서비스는 임신 초기부터 출산 이후까지의 모든 과정을 지원하여 부모의 심리적, 신체적, 경제적 부담을 덜어주고, 건강한 임신과 출산을 돕는다. 그리고 행복 출산 원스톱 서비스는 임신, 출산, 육아 초기 단계에서 필요한 다양한 정부 지원 서비스를 통합하여 제공하는 종합 지원 시스템이다. 이 서비스는 산모와 신생아의 건강과 복지를 증진하고, 출산 가정의 경제적 부담을 줄이기 위해 설계되었다.

표 11-1 임신-출산 원스톱 서비스 비교

구분	맘 편한 임신 원스톱 서비스	행복 출산 원스톱 서비스
목적	임신 초기부터 출산 전까지의 전 과정에서 임산부와 가족의 신체적, 심리적, 경제적 부담을 덜어주기 위한 지원	출산 이후 신생아와 부모의 안정적 정착을 돕고, 초기 양육 부담을 줄이기 위한 통합 지원
대상	임신 중이거나 임신을 계획 중인 모든 여성과 그 가족	출산 후 신생아와 그 부모 (생후 0~1세 아동 및 부모)
주요 지원 내용	- 임신 초기 검사비 지원 - 엽산 및 철분제 지원 - 산전 건강 관리 (정신건강 상담 포함) - 임신부 건강검진 - 출산 준비 교육 (분만 교육, 신생아 돌보기) - 심리 상담 서비스	- 첫만남이용권 (200만 원) - 아동수당 (매월 10만 원, 만 8세 미만) - 부모 급여 (0세 월 100만 원, 1세 월 50만 원) - 육아기 근로 시간 단축 - 영유아 건강검진 - 산후 도우미 서비스
신청 방법	- 정부24, 복지로 등 온라인 신청, 모바일 앱 연동 - 지역 보건소 방문	- 정부24, 복지로, 주민센터 방문 - 온라인 통합 신청 가능
기대 효과	- 건강한 임신과 출산 환경 조성 - 임산부의 심리적 안정 지원 - 출산율 제고	- 건강한 신생아 성장 지원 - 부모의 양육 부담 감소 - 출산 후 빠른 직장 복귀 지원

출처: 정부24(2024).

② 출산-육아 근로 지원 제도

○ 출산전후 휴가 제도

출산전후 휴가는 근로 여성이 임신, 출산, 육아와 관련하여 신체적, 정신적 건강을 유지할 수 있도록 보장된 출산 전후를 기해 부여하는 휴가이다. 출산휴가라고도 한다. 주로 출산 직전의 준비와 출산 후의 회복을 목적으로 제공되며, 산모와 신생아의 초기 애착 형성에도 중요한 역할을 한다. 이러한 제도는 여성의 경력 단절을 방지하고, 가족의 경제적 안정을 도모하는 데 기여한다(조숙인 외, 2020).

표 11-2 출산 전후휴가 제도 내용

구분	단태아 출산	다태아 출산
휴가기간	90일 (출산 후 최소 45일)	120일 (출산 후 60일 이상)
급여지원	- 출산 전후 휴가 급여는 근로자의 평균임금의 100%에 해당하는 급여를 지급 - 통상임금 100% (다만, 일정 상한액 존재) - 중소기업: 60일까지는 사업주 지급 후 고용보험에서 환급 - 대기업: 60일은 사업주가 부담, 이후 30일(또는 45일)은 고용보험이 직접 지급	
신청방법	고용보험 홈페이지 또는 사업장 담당자에게 신청	
신청절차	- 출산 예정일 전 휴가 신청: 출산 예정일 30일 전부터 신청 가능(신청서, 산모 수첩, 출생 예정일 증빙 서류 제출) - 출산 후 급여 신청: 출산전후 휴가 급여는 휴가 시작일 1개월 이후부터 매월 신청하거나 휴직 종료 후 12개월 이내에 한꺼번에 신청 (출산 증명서, 고용보험 가입 증명서 등 제출)	

출처: 고용노동부(2025). 출산휴가 제도 안내.

○ 육아휴직 제도

표 11-3 육아휴직 제도 급여 지원 내용

구분	내용
대상	만 8세 이하 자녀를 둔 모든 근로자
휴직기간	최대 1년 (부모 각각 1년 가능)
급여	1~3개월: 통상임금의 100% (월 최대 250만 원) 4~6개월: 통상임금의 100% (월 최대 200만 원) 7개월 이후: 통상임금의 80% (월 최대 160만 원)
상한/하한선	상한: 월 150만 원(초기), 120만 원(후기) / 하한: 월 70만 원
분할 사용	최대 3회까지 분할 사용 가능 각 분할 기간은 최소 2주(14일) 이상
고용보험지원	고용노동부 산하 고용보험 통해 지원
신청절차	- 사업장 또는 고용보험에 신청: 고용보험 홈페이지 또는 근무지 인사부서 - 필요 서류 제출: 육아휴직 신청서, 자녀의 주민등록등본 또는 가족관계증명서, 고용보험 피보험자격 이력 내역서 - 육아휴직 급여 전액을 매월 지급 - 단기 육아휴직 도입: 최소 14일(2주) 단위로 육아휴직 사용 가능

출처: 고용노동부(2025). 2025 육아휴직 제도 안내

육아휴직 제도는 만 8세 이하 또는 초등학교 2학년 이하의 자녀를 양육하는 근

로자에게 일정기간 동안 직장을 떠나 자녀를 돌볼 수 있도록 보장하는 제도로, 일·가정 양립을 지원하는 핵심적인 가족 친화 정책이다. 이 제도는 부모가 자녀의 생애 초기 발달 단계에 집중할 수 있도록 법적으로 보장되며, 특히 여성의 경력 단절을 방지하고 아버지의 양육 참여를 촉진하는 기능을 한다.

○ 육아기 근로 시간 단축 제도

육아기 근로 시간 단축제도는 만 12세 이하 또는 초등학교 6학년 이하 자녀를 둔 근로자가 일정기간 동안 주당 근로시간을 단축하여 자녀 양육과 일을 병행할 수 있도록 지원하는 제도이다. 이는 전일제 근로가 어려운 양육기의 부모를 대상으로 한 대표적인 일·가정 양립 제도이다.

표 11-4 육아기 근로시간 단축 제도 내용

구분	내용
대상	만 12세 이하 또는 초등학교 6학년 이하 자녀 둔 근로자
사용 가능 기간	– 기본 기간: 최대 1년 – 육아휴직을 사용하지 않은 기간의 2배를 가산하여 최대 3년까지 사용 가능
근로 시간 단축 범위	주 15~35시간
급여 지원	– 주당 최초 10시간 단축분: 통상임금의 100% (월 상한액 220만 원) – 나머지 단축분: 통상임금의 80% (월 상한액 150만 원)
사용 방식	– 1일 1~5시간 시간 단축 – 주 단위 조정 가능(단축 후 근로시간은 주 5일 근무뿐만 아니라 주 3일, 주 4일 근무 등 다양한 형태로 선택)
신청 절차	– 단축 개시 예정일 30일 전까지 사업주에게 신청 – 사업장 또는 고용보험센터에 신청 – 필요 서류: 육아기 근로 시간 단축 신청서, 가족관계증명서 (자녀 연령 확인용), 재직증명서 – 승인 후 근무시간 조정 및 급여 신청

출처: 고용노동부(2025). 2025 육아기 근로 시간 단축 제도 안내

그 외에도 아빠 육아휴직 보너스제와 가족 돌봄 휴가 제도 등이 있다. 이 제도들 또한 근로자의 일·가정 양립을 촉진하고 가족 내 양육 및 돌봄 책임을 분담하기 위해 도입된 핵심적인 가족 친화 제도이다.

○ 아빠 육아휴직 보너스제

동일 자녀에 대해 부모가 모두 육아휴직을 사용하는 경우, 두 번째로 육아휴직을 사용하는 부모(주로 아버지)에게 초기 3개월 동안 보다 높은 수준의 육아휴직 급여를 추가로 지원하는 제도이다. 이 제도는 남성의 육아 참여를 장려하고 가정 내 양육 책임을 균등하게 분담하기 위해 설계되었으며, 남성 근로자가 자녀 양육 과정에서 실질적인 역할을 수행할 수 있도록 돕는 데 중점을 두고 있다. 이를 통해 전통적인 성 역할에 대한 고정관념을 완화하고, 양육 참여를 둘러싼 문화적 변화를 촉진하려는 목적이 있다(고용노동부, 2025).

○ 가족 돌봄 휴가 제도

근로자가 가족의 질병, 사고, 노령 또는 자녀의 양육과 같은 긴급한 돌봄 필요 상황에서 일시적으로 휴가를 사용할 수 있도록 보장하는 제도이다. 근로자는 연간 최대 10일 동안 가족 돌봄 휴가를 사용할 수 있으며, 이는 근로자의 심리적 안정성을 높이고 직장 내 일·가정의 균형을 유지하는 데 중요한 역할을 한다. 이 제도는 근로자가 가족의 긴급한 상황에 신속하게 대응할 수 있도록 지원하며, 가족 구성원의 복지와 전반적인 삶의 질을 향상시키는 데 기여하고 있다(고용노동부, 2025).

(2) 아이돌봄 사업

① 아이돌봄 사업의 정의

아이돌봄 사업은 맞벌이가정, 한부모가정, 장애인 부모 가정 등 다양한 형태의 가정을 지원하여 자녀 양육의 부담을 줄이는 것을 목적으로 한다. 주로 만 12세 이하 아동을 대상으로 하며, 일시적인 돌봄에서부터 정기적인 장기 돌봄까지 다양한 형태의 서비스가 포함된다. 이 사업은 가정의 아이돌봄을 지원하여 아이의 복지증진 및 보호자의 일·가정 양립을 통한 가족구성원의 삶의 질 향상과 양육친화적인 사회환경 조성을 목적으로 하고 있다(아이돌봄지원법 제1조).

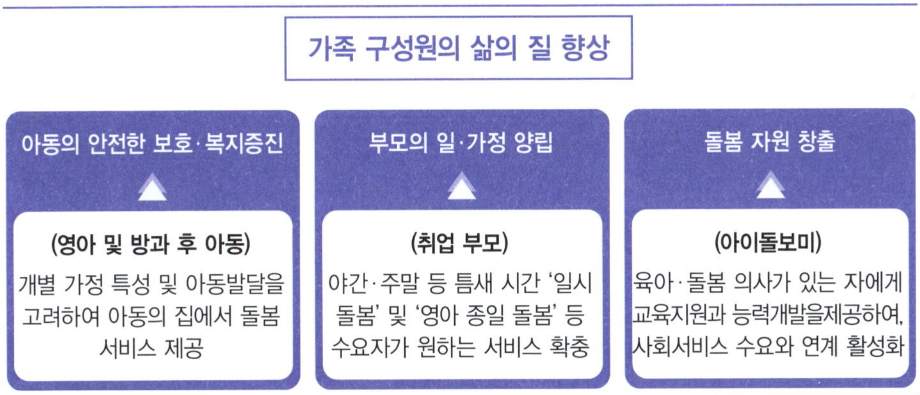

출처: 여성가족부(2025). 아이돌보미지원사업.

그림 11-2 아이돌보미 지원사업의 목적

② 주요 서비스 유형

영아 종일제 서비스는 부모의 맞벌이 등의 사유로 양육 공백이 발생한 가정의 만 36개월 이하 영아를 대상으로 아이돌보미가 직접 찾아가 돌봄을 제공하는 서비스이다.

시간제 서비스는 다양한 연령대 아동의 일시적 돌봄 공백을 보완하고, 양육자의 일·가정 양립을 지원한다.

질병 감염 아동 지원 서비스는 감염성 질병으로 학교나 보육시설 이용이 어려운 아동의 가정 돌봄을 지원하여 양육자의 돌봄 부담을 경감시키는 데 목적이 있다.

마지막으로 기관 연계 서비스는 보육시설, 학교, 복지시설 등에서의 돌봄 공백 해소 및 양육자의 경제활동 지원을 한다.

자세한 이용 절차와 신청은 **그림 11-3**과 같이 온라인 홈페이지를 통하여 시간과 장소의 제약 없이 서비스를 신청하고 이용할 수 있다. 온라인 플랫폼을 통하여 비대면 서비스를 충족시키고 간편한 신청과 투명한 정보를 제공하고 있다.

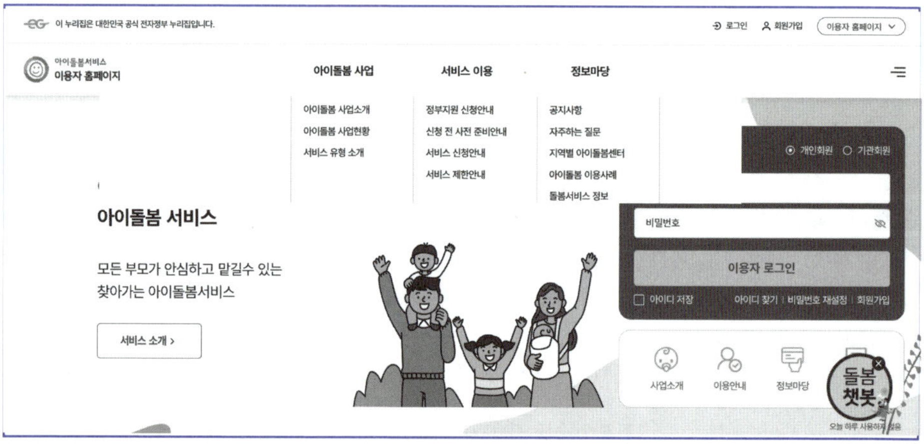

출처: 아이돌보미 홈페이지(2025).

그림 11-3 아이돌보미 온라인 플랫폼

표 11-5 아이돌봄 서비스 유형과 내용

구분		내용
영아 종일제 서비스	이용 대상	생후 3개월 이상 ~ 만 36개월 이하 영아
	정부 지원 시간	월 80~200시간 이내
	이용 요금	시간당 12,180원
	정부 지원 비율	가구소득 유형에 따라 최대 90% 지원
	활동 내용	이유식 먹이기, 젖병 소독, 기저귀 갈기, 목욕 등 영아 돌봄 전반 병원 동행 가능 (병원 내 돌봄은 불가) 가사 활동은 제외
	이용 조건	1회 최소 3시간 이상, 이후 30분 단위로 신청 가능 야간(22시~익일 6시), 일요일, 공휴일, 근로자의 날 이용 시 50% 할증 요금 부과 동시 돌봄 아동 수에 따라 요금 감액 적용
시간제 서비스	이용 대상	생후 3개월 이상 ~ 만 12세 이하 아동
	정부 지원 시간	연 960시간
	이용 요금	기본형: 시간당 12,180원 종합형: 시간당 15,830원
	정부 지원 비율	가구소득 유형 및 아동 연령(A형/B형)에 따라 차등 지원
	활동 내용	기본형: 일반적인 돌봄 활동 (가사 활동 제외) 종합형: 아동 관련 가사서비스 포함 (세탁, 청소, 식사 준비 등)
	이용 조건	1회 최소 2시간 이상, 이후 30분 단위로 신청 가능 야간, 일요일, 공휴일, 근로자의 날 이용 시 50% 할증 요금 부과 동시 돌봄 아동 수에 따라 요금 감액 적용
질병감염아동지원 서비스	이용 대상	법정 감염병 및 유행성 질병에 감염된 만 12세 이하 아동
	정부 지원 시간	정부 지원 시간 차감 적용 시: 일반 시간제 서비스와 동일한 지원율 적용 정부지원 시간 미차감 적용 시: 기본요금의 50% 정부지원
	이용 요금	시간당 14,610원
	활동 내용	전염성 질병 아동의 병원 이용 동행 및 재가 돌봄 서비스 제공 병원 내 돌봄은 제공되지 않음 가사 활동은 제외
	이용조건	1회 최소 3시간 이상, 이후 30분 단위로 신청 가능 야간(22시~익일 6시), 일요일, 공휴일, 근로자의 날 이용 시 50% 할증 요금 부과 동시 돌봄 아동 수에 따라 요금 감액 적용

출처: 보건복지부(2025). 아이돌봄서비스 운영 지침서.

③ 아이돌봄제도의 장 · 단점

장점은 첫째, 양육자의 경제활동 지원이다. 맞벌이가정, 한부모가정, 다자녀가정의 양육 부담을 줄여주어 부모가 안심하고 경제활동을 지속할 수 있도록 돕는다. 이는 가정의 경제적 안정성을 높이고, 부모의 경력 단절을 예방하는 데 기여한다.

둘째, 아동의 안정적인 성장 환경 제공이다. 아이돌보미는 전문 교육을 통해 아동의 발달단계에 맞춘 돌봄을 제공하여, 아동의 정서적 안정과 건강한 발달을 촉진한다. 특히, 영아 종일제 서비스는 초기 발달에 중요한 애착 형성에 긍정적인 영향을 미친다.

셋째, 서비스 접근성 향상이다. 최근 온라인 플랫폼 도입으로 시간과 장소의 제약 없이 돌봄 서비스를 이용할 수 있으며, 다양한 유형의 돌봄 서비스를 선택할 수 있다.

넷째, 정부의 재정 지원 확대이다. 중위소득 200% 이하 가구까지 지원 대상이 확대되어, 더 많은 가정이 경제적 부담 없이 서비스를 이용할 수 있다.

반면, 몇 가지 단점도 존재한다.

첫째, 돌보미 인력 부족이다. 서비스 수요에 비해 아이돌보미 인력이 부족한 지역에서는 적시에 돌봄 서비스를 제공받기 어려운 경우가 발생할 수 있다.

둘째, 서비스 질의 편차이다. 아이돌보미의 경험과 역량에 따라 돌봄의 질이 달라질 수 있으며, 이에 대한 체계적인 관리와 평가가 필요하다.

셋째, 정보 접근성의 격차이다. 디지털 기기에 익숙하지 않은 양육자는 온라인 플랫폼 이용에 어려움을 겪을 수 있어, 정보 접근성 문제로 작용할 수 있다 .

넷째, 제한된 서비스 시간이다. 정부 지원 시간이 한정되어 있어, 장시간 돌봄이 필요한 가정에서는 추가 비용 부담이 발생할 수 있다(보건복지부, 2025).

(3) 공동육아 나눔터 사업

① 공동육아 나눔터의 정의

공동육아 나눔터 사업은 부모들이 서로 협력하여 자녀를 함께 돌보고 양육하는 공간을 제공하여 지역사회의 육아 부담을 경감하고, 양육 친화적인 환경을 조성하기 위해 도입된 정책이다(여성가족부, 2025). 이는 핵가족화와 맞벌이 가구의 증가로 인해 전통적인 가족 내 돌봄 체계가 약화 되면서 돌봄의 공백이 발생한 가정들을 지원하기 위해 시작된 프로그램이다. 공동육아 나눔터는 국가와 지자체가 함께 설치하고 운영하며, 부모와 자녀가 자유롭게 교류하고, 다양한 놀이와 학습 기회를 제공받을 수 있는 지역 기반의 돌봄 공동체 역할을 한다(조미라 외, 2022).

② 공동육아 나눔터 주요 내용

공동육아 나눔터는 다음과 같은 주요 요소로 구성된다.

가. 운영 주체

공동육아 나눔터는 국가와 지방자치단체가 설치하고, 주로 가족센터(구 건강가정지원센터)나 주민자치센터에서 운영한다. 민간 기업도 일부 참여하여 후원과 운영을 지원하고 있으며, 예를 들어 신한금융그룹은 '신한 꿈도담터'를 통해 공동육아 나눔터 설치를 지원하고 있다(여성가족부, 2023a). 또한, 일부 지역에서는 부모들이 직접 공동육아 협동조합 형태로 운영에 참여하기도 한다(이승미 & 김선미, 2022).

나. 주요 서비스

- **돌봄 및 놀이 공간 제공:** 아이들이 자유롭게 놀 수 있는 안전한 놀이 공간을 상시 개방하여 또래와의 상호작용을 지원한다.
- **부모 참여 프로그램:** 부모와 자녀가 함께 참여할 수 있는 미술, 음악, 독서, 신

체활동 등의 프로그램을 정기적으로 제공한다.

- **자녀 돌봄 품앗이:** 부모들이 서로 돌아가며 자녀를 돌보는 품앗이 활동을 지원하여 돌봄 부담을 분담한다.
- **부모 교육 및 상담:** 부모의 양육 역량을 강화하기 위한 교육과 상담 서비스를 제공한다.
- **장난감 및 도서 대여:** 육아 비용을 절감할 수 있도록 장난감과 육아서적을 대여하는 서비스를 제공한다.

③ 공동육아 나눔터의 장·단점

가. 장점

- **부모의 양육 부담 경감:** 품앗이와 같은 상호 돌봄을 통해 양육 스트레스를 줄이고, 육아 부담을 경감할 수 있다(이주연 & 황미진, 2021).
- **아이의 사회성 발달:** 또래와의 자유로운 상호작용을 통해 사회성과 정서 발달을 촉진한다(조미라 외, 2022).
- **가족 공동체 강화:** 지역 내 부모 간의 네트워크 형성을 통해 고립된 양육 환경을 개선하고 가족의 사회적 지지망을 강화한다(이승미 & 김선미, 2022).
- **비용 절감:** 장난감 대여 등을 통해 육아 비용을 절감할 수 있다(여성가족부, 2023a).

나. 단점

- **운영 인력 부족:** 많은 나눔터가 소수의 인력으로 운영되며, 인력 교체가 빈번하여 서비스의 연속성이 부족할 수 있다(이승미 & 김선미, 2022).
- **지역 편중 문제:** 도시 지역에 비해 농어촌 지역의 접근성이 낮아 지역 간 격차가 존재한다(조미라 외, 2022).
- **이용자 참여 저조:** 일부 지역은 홍보 부족으로 이용률이 낮아 운영의 지속 가

능성이 위협받고 있다(이주연 & 황미진, 2021).

- **서비스 중복 문제:** 다른 돌봄 서비스와의 역할 중복이 발생할 수 있어 명확한 차별화 전략이 필요하다(이승미 & 김선미, 2022).

3) 정부 관련 자녀 지원센터

(1) 육아종합지원센터

육아종합지원센터는 부모와 아동에게 양육에 필요한 다양한 서비스를 제공하는 전문 기관으로, 아이의 발달단계에 맞는 양육 환경을 조성하고 부모의 양육 부담을 줄이는 데 중요한 역할을 한다. 이 센터는 다양한 연령대의 부모와 아동을 대상으로 심리적, 정서적, 교육적 지원을 제공하며, 가족의 전반적인 삶의 질 향상을 목표로 하고 있다. 또한, 지역사회의 양육 환경 개선을 위해 다양한 프로그램을 운영하며, 부모의 양육 역량 강화를 위한 맞춤형 서비스를 제공한다(보건복지부, 2025).

○ 주요 역할

부모 교육 및 상담 서비스 제공: 부모의 양육 기술 향상과 심리적 지원을 위한 교육 프로그램 운영.

- **아동의 발달단계별 놀이 체험 프로그램 운영:** 놀이를 통한 아동의 신체적, 인지적, 사회적 발달 촉진.
- **양육 정보 제공 및 자료 개발:** 부모가 쉽게 접근할 수 있는 다양한 양육 정보를 제공하고 자료를 개발하여 배포.
- **부모 자조 모임 지원:** 유사한 양육 경험을 공유하는 부모 간의 소통과 지지를 위한 모임 운영.
- **양육 스트레스 해소 프로그램 운영:** 부모의 양육 스트레스 감소와 심리적 안정을 돕기 위한 상담 및 힐링 프로그램 제공.

(2) 다 함께 돌봄센터

다 함께 돌봄센터는 맞벌이가정, 한부모가정 등 돌봄 공백이 발생하는 가정을 지원하기 위해 설립된 돌봄 전문 기관이다. 이 센터는 주로 방과 후 돌봄, 방학 중 돌봄, 긴급 돌봄 등 다양한 형태의 돌봄 서비스를 제공하여 부모의 일·가정 양립을 돕는다. 또한, 아동의 사회성 발달을 위한 다양한 체험 프로그램을 제공하여 안정적인 돌봄 환경을 조성하는 데 중점을 두고 있으며, 지역사회와의 협력을 통해 보다 통합적인 돌봄 서비스를 제공한다(여성가족부, 2025).

○ 주요 역할

- **방과후 및 방학 중 돌봄 서비스 제공:** 학교 수업 이후의 돌봄 공백을 메우는 다양한 프로그램 운영.
- **긴급 돌봄 서비스 운영:** 예기치 않은 상황에서의 긴급 돌봄 지원.
- **아동의 사회성 발달 지원:** 또래와의 긍정적 상호작용을 촉진하는 체험형 프로그램 제공.
- **지역사회 연계 활동 강화:** 지역 자원과의 협력을 통해 아동의 전인적 성장을 지원.
- **맞춤형 돌봄 서비스 개발:** 가정의 필요에 따라 맞춤형 돌봄 프로그램 제공.

(3) 건강가정지원센터

건강가정지원센터는 다양한 가족 형태의 안정을 도모하고, 가족 기능 강화와 복지 증진을 목표로 하는 기관이다. 이 센터는 가족 상담, 교육, 문화 프로그램을 통해 가족 내 소통을 촉진하고 가족 문제 예방 및 해결을 지원한다. 특히, 가족의 심리적 안정과 건강한 관계 형성을 돕는 맞춤형 프로그램을 운영하여 다양한 가족의 요구에 부응하고 있다(보건복지부, 2025).

○ 주요 역할

- **가족 상담 및 심리 지원:** 가족 내 갈등 해결과 심리적 안정 지원을 위한 상담

서비스 제공.

- **가족 간 소통 및 관계 증진 프로그램 운영:** 긍정적인 가족 관계 형성을 위한 커뮤니케이션 프로그램 운영.
- **가족 기능 강화 및 갈등 해결 지원:** 다양한 가족 형태의 특성에 맞춘 갈등 해결 및 기능 강화 프로그램 제공.
- **다양한 가족을 위한 맞춤형 서비스 제공:** 한부모, 다문화, 조손가정 등 다양한 가족의 필요에 부합하는 맞춤형 서비스 개발.

(4) 학부모지원센터

학부모지원센터는 학부모의 자녀 교육 역량을 강화하고, 자녀의 건강한 성장과 발달을 지원하는 데 중점을 둔 기관이다. 이 센터는 부모 교육, 학습지도, 진로 상담, 학부모 모임 등을 통해 자녀의 학습과 성장을 돕고 있으며, 학부모가 적극적인 교육 참여자가 될 수 있도록 다양한 지원을 제공한다(교육부, 2025).

○ 주요 역할

- **자녀 교육 역량 강화 프로그램 운영:** 학습 방법, 학습 습관 형성 및 학업 성취도를 높이기 위한 프로그램 제공.
- **학습지도 및 진로 상담 제공:** 자녀의 진로 선택과 학업 고민 해결을 위한 상담 서비스 제공.
- **학부모 모임 및 네트워킹 지원:** 학부모 간 정보 교류와 상호 지지를 위한 네트워크 구축.
- **교육 정보 및 자료 제공:** 자녀 교육에 필요한 다양한 정보와 자료 제공.
- **부모의 역할 강화 지원:** 자녀의 성장 단계에 맞는 부모의 역할을 이해하고 실천할 수 있도록 교육.

(5) 다문화가족지원센터

다문화가족지원센터는 다문화가정의 안정적 정착과 사회 통합을 지원하기 위해 설립된 기관으로, 다양한 문화적 배경을 가진 가족의 적응과 복지 증진을 목표로 한다. 이 센터는 언어 교육, 문화 체험, 가족 상담, 자녀 교육 지원 등 다양한 프로그램을 통해 다문화가족의 삶의 질 향상에 기여하고 있다(여성가족부, 2025).

○ 주요 역할

- **다문화가정의 언어 교육 및 적응 지원:** 한국어 교육과 문화 적응을 돕기 위한 다양한 프로그램 제공.
- **문화적 이해 증진 프로그램 운영:** 다문화 이해와 상호 존중을 촉진하는 프로그램 제공.
- **가족 상담 및 정서적 지원:** 다문화가족의 심리적 안정과 정서적 지지 제공.
- **사회적 통합을 위한 지역사회 연계:** 지역사회와의 연계를 통한 다문화가족의 안정적 정착 지원.
- **자녀의 교육 및 사회적 적응 지원:** 다문화 아동의 학습 지원과 사회적 적응을 위한 프로그램 운영.

4) 정부주관 온라인 부모교육 플랫폼

정부는 다양한 온라인 부모교육 플랫폼을 운영하여 부모가 자녀의 발달과 양육에 필요한 정보를 쉽게 접근할 수 있도록 지원하고 있다. 이러한 플랫폼은 자녀의 연령, 발달단계, 그리고 가족의 다양한 요구에 맞춘 맞춤형 교육을 제공하여 부모의 양육 역량을 강화하고 가정 내 양육 환경을 개선하는 데 중요한 역할을 하고 있다. 주요 온라인 부모교육 플랫폼은 다음과 같다.

(1) 아이사랑(i-Sarang)

아이사랑은 중앙육아종합지원센터에서 운영하는 대표적인 부모교육 플랫폼으로, 영유아 자녀를 둔 부모를 위한 다양한 양육 정보를 제공한다. 이 플랫폼은 부모의 양육 역량을 강화하기 위해 발달단계별 맞춤형 교육자료와 다양한 양육지원 서비스를 포함하고 있으며, 특히 육아 상담, 부모 교육, 자녀 발달 체크리스트, 놀이자료 등의 실용적인 콘텐츠를 제공한다(중앙육아종합지원센터, 2025).

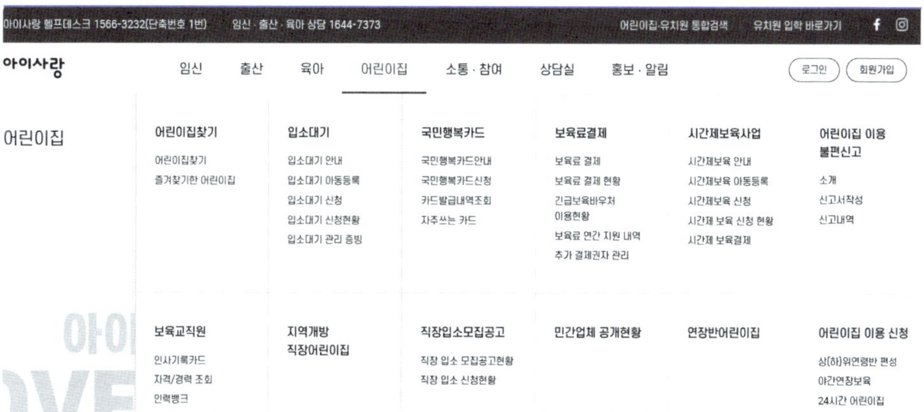

출처: 아이사랑 홈페이지(2025).

그림 11-4 아이사랑 온라인 플랫폼(www.childcare.go.kr)

(2) I-누리(i-Nuri)

I-누리는 육아정책연구소에서 운영하는 온라인 부모교육 플랫폼으로, 영유아기 자녀를 둔 부모를 위한 전문적인 교육 자료와 놀이 지원 자료를 제공한다. 주요 서비스로는 부모 배움터, 자녀 발달단계에 따른 교육 자료, 부모 상담, 놀이 콘텐츠 등이 포함되어 있으며, 부모의 양육 역량 강화와 자녀의 건강한 발달을 돕는 데 중점을 두고 있다(육아정책연구소, 2025).

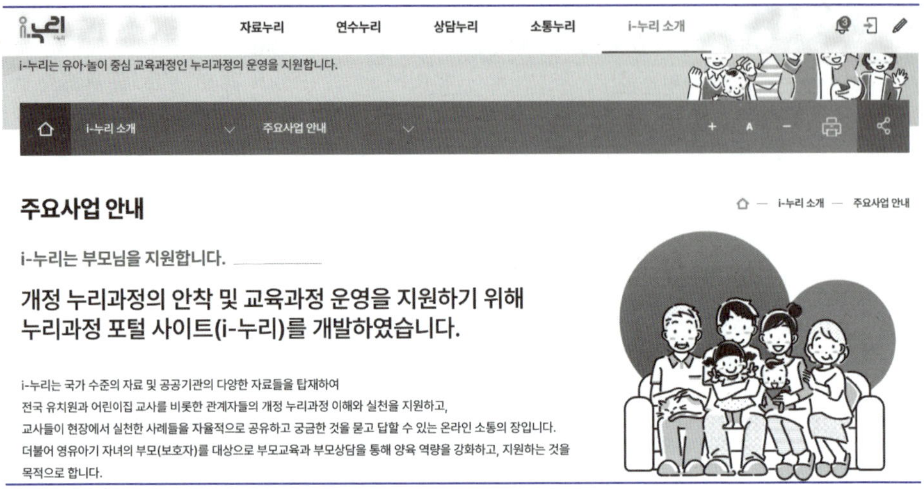

출처: i-누리 홈페이지(2025).

그림 11-5 i-누리 온라인 플랫폼(www.i-nuri.go.kr)

(3) 학부모 On누리

학부모 On누리는 교육부와 국가평생교육진흥원이 공동으로 운영하는 플랫폼으로, 초·중·고 자녀를 둔 학부모를 위한 다양한 교육 콘텐츠를 제공한다. 이 플랫폼은 학부모 5대 역량(자기돌봄, 부모 역할, 자녀 교육, 학교 협력, 자녀 자립 지원)을 중심으로 다양한 온라인 강의와 학습 자료를 제공하여 부모의 교육적 역량을 강화하는 것을 목표로 한다. 이수증 발급 및 학습 기록 관리 기능이 포함되어 있어 학부모의 적극적인 참여를 유도하고 있다(교육부 & 국가평생교육진흥원, 2025).

출처: 학부모 on-누리 홈페이지(2025).

그림 11-6 학부모 on-누리 온라인 플랫폼(www.parents.go.kr)

(4) 다누리(Danuri)

다누리는 여성가족부와 한국건강가정진흥원이 공동으로 운영하는 다문화가족 지원 플랫폼이다. 이 플랫폼은 다문화가족의 자녀 교육과 문화적 적응을 돕기 위한 이중언어 교육, 다문화 이해 교육, 심리적 지원 프로그램 등을 제공하며, 다문화가족의 건강한 정착을 지원하는 것을 목적으로 한다. 또한, 문화적 다양성을 존중하는 맞춤형 교육자료와 온라인 상담 서비스를 통해 다문화 가정의 특수한 요구를 반영하고 있다(여성가족부 & 한국건강가정진흥원, 2025).

출처: 다누리 홈페이지(2025).

그림 11-7 다누리 온라인 플랫폼(www.liveinkorea.go.kr)

> **함께 생각해 보는 부모교육**
>
> **부모에게 필요한 정부 정책 제안해 보기**
>
> 내가 나라에서 받을 정책과 서비스 중 가장 도움이 되고 있는 것을 생각해 보고 실질적으로 어떤 도움이 되었는지 더 보완될 부분이 있다면 어떤 것이 있을지 생각해 보세요.

깨알정보
부모교육

자녀를 둔 부모들이 알아두면 유용한 정부 서비스

분야	주요 정책	비고/ 제공기관
보육·교육	• 유치원·어린이집 무상교육, 만 3~5세 누리과정 무상제공 • 초·중·고 무상교육(등록금, 교과서, 학교운영지원비 면제 포함) • 방과후학교, 초등돌봄교실, 지역아동센터, 청소년 방과후 아카데미 운영 • 시간제·연장형 보육 서비스 • 유아교육 정보서비스, 어린이집·유치원평가 및 운영 정보 제공	교육부 보건복지부 시도교육청 지방자치단체
건강·의료	• 영유아건강검진(만 6세까지 정기검진 및 발달 검사 무료) • 국가필수예방접종(NIP)무료(B형간염, DTP, MMR 등) • 초·중·고 정기건강검진 및 구강검진 • 청소년 정신건강 지원(정신건강복지센터, 상담 및 치료 연계) • 일부 지자체 치과 주치의 사업	보건복지부 질병관리청 교육부 지방자치단체
안전·보호	• 아동학대 예방 및 신고 의무제(신고 의무자 지정 포함) • 112 아동학대신고센터 운영 • 실종 아동 예방(지문·사진 사전등록제) • 학교폭력예방및대응시스템(117 신고센터, 전담기구운영)	여성가족부 경찰청 교육부
진로·교육 정보	• 진로 정보망 '커리어넷', '꿈길'통한 진로 체험·상담 제공 • 학부모 대상 교육 프로그램(오프라인 및 온라인 제공) • 자녀 학교생활기록부 확인 시스템(NEIS 연계)	교육부 한국직업능력연구원 시도교육청 학부모ON누리
가정·양육	• 가정 폭력 예방 정책 및 보호시설 운영 • 아이돌봄서비스(시간제/종일제 아이 돌보미 파견, 요금 차등 지원 있음) • 공공형 어린이집 및 국공립보육시설 확충	여성가족부 보건복지부
문화·여가	• 국립중앙도서관, 어린이 청소년 도서관 무료 개방 및 프로그램 제공 • 청소년활동진흥센터, 수련관 등에서 상담·진로 체험·방학 프로그램 운영	문화체육관광부 여성가족부 지방자치단체

자료출처: 교육부, 보건복지부, 여성가족부, 경찰청, 질병관리청, 학부모ON누리(https://www.parents.go.kr/)

인포그래픽으로 보는 부모, 자녀 관련 이슈 & 챗 GPT의 부모교육

"청소년 부모 현황"

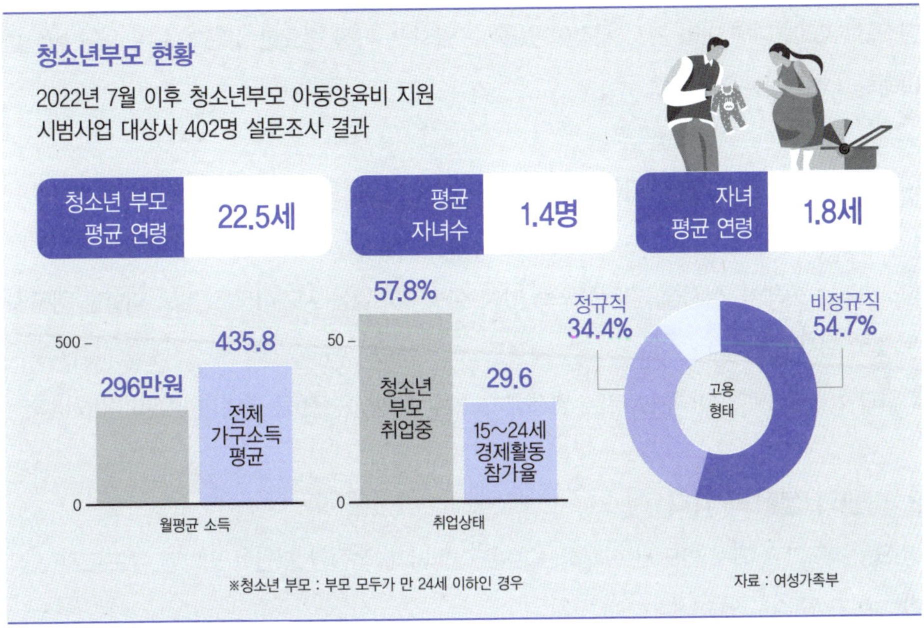

출처: 연합뉴스 (2023.04.03.)

여성가족부는 '청소년 부모 현황 및 아동 양육비 지원 실증연구' 결과를 발표했다.

아이를 키우고 있는 만 24세 이하 '청소년 부모'의 80%는 양육비 부담이 크다고 느끼는 것으로 조사됐다. 이들의 월 평균 소득은 296만 원으로 전체 가구소득 평균의 약 68% 수준에 그쳤으며, 취업자 절반 이상이 비정규직이었다.〈기사 요약〉

ChatGPT

청소년 부모에 대해 어떻게 생각하나요?

청소년 부모에 대해 여러 가지 시각이 있을 수 있지만, 가장 중요한 것은 그들이 처한 현실을 이해하고 지원하는 것입니다.

⊙ 청소년 부모에 대한 시각

1. 책임과 어려움

청소년기는 신체적, 정서적, 경제적으로 아직 성숙하지 않은 시기이므로 부모 역할을 감당하는 것이 쉽지 않습니다.

학업과 육아를 병행해야 하는 부담, 경제적 어려움, 사회적 편견 등 다양한 난관이 있습니다.

2. 지원과 성장의 기회

청소년 부모라고 해서 반드시 실패하는 것은 아닙니다. 적절한 지원이 있다면 부모로서 성장할 기회가 될 수도 있습니다.

육아를 통해 책임감을 배우고, 새로운 목표를 설정하며 인생을 긍정적으로 변화시킬 수도 있습니다.

3. 사회적 지원의 필요성

청소년 부모가 아이를 건강하게 키울 수 있도록 교육, 경제적 지원, 멘토링, 정신적 지지 등이 필요합니다.

사회적 낙인보다는 실질적인 도움과 정책적 지원이 중요합니다.

결론

청소년 부모에 대해 무조건 부정적으로 볼 것이 아니라, 현실적인 어려움을 인정하고 이들이 건강한 부모로 성장할 수 있도록 도와주는 것이 중요합니다. 사회가 열린 마음으로 청소년 부모를 지지하고 지원할 때, 그들도 자신과 아이의 미래를 더 나은 방향으로 만들어갈 수 있을 것입니다.

CHAPTER 12

부모교육의 문제점과 활성화 방안

현대사회에서 부모교육은 자녀의 건강한 성장과 발달을 지원하는 데 중요한 역할을 하고 있다. 특히, 급변하는 사회적 환경과 가족 구조의 변화는 부모가 자녀 양육에서 직면하는 다양한 도전과 복잡한 문제를 심화시키고 있다. 이러한 상황에서 부모교육은 단순한 양육 기술의 전달을 넘어, 부모와 자녀의 심리적 안정과 상호 이해를 촉진하는 데 필수적인 요소로 자리 잡고 있다. 그러나 현실에서 부모교육은 낮은 참여율, 일회성 프로그램, 부모 요구 미반영 등 다양한 문제점을 안고 있으며, 사회 변화에 따른 새로운 접근이 요구되고 있다(박혜진, 김용영, 2019). 특히 맞벌이가정의 증가, 가족 구조의 다양화, 디지털 미디어 환경의 급변은 전통적인 부모교육 방식의 한계를 드러내고 있다.

이 장은 부모교육이 단순한 정보 전달을 넘어, 부모의 자아 성찰과 관계 회복, 자녀와의 소통 역량 강화를 도모하는 통합적 교육으로 자리매김할 수 있도록 방향성을 제안하고자 한다.

학습목표

1. 우리나라 부모교육의 문제점을 이해한다.
2. 부모교육을 활성화하기 위한 방안을 모색한다.

1. 부모교육의 문제점

인간은 성장하면서 부모의 태도, 신념, 가치관 등을 내면화하게 되고, 이러한 측면에서 볼 때 부모의 역할은 매우 중요하므로 부모는 올바른 교육관을 바탕으로 자녀를 양육해야 한다. 현대사회는 빠르게 변화하고 있고, 가족 구조는 다양해졌으며, 부모교육 역시 목적과 대상에 따라 다양한 방법으로 실시되어야 한다. 하지만 현재 우리나라에서 실시되고 있는 부모교육은 여러 가지 문제점을 안고 있으며 그 내용을 살펴보면 다음과 같다.

1) 자녀 양육의 가치관과 부모교육의 필요성에 대한 인식이 부족하다.

전통사회에서는 가족을 중요시 여기며, 자녀의 유교적 도덕성을 기르는 것이 양육의 목표였다. 그러나 현대사회에서는 산업화, 도시화, 개인화되면서 가족이라는 공동의 가치보다는 개인의 즐거움이나 자아실현이 더 중요한 가치가 되었다. 자녀도 '반드시 낳아야 한다'는 생각보다는 '낳지 않아도 된다'는 생각이 더 증가하고 있어 자녀를 출산하지 않거나 부모의 역할이 무엇인지에 대한 생각 없이 부모가 되는 경우가 많다. 또한 외국 양육방식의 무분별한 도입으로 인해 유교적 전통에 의한 부모 역할이나 가치관에 혼돈이 생겨 혼란스러운 상황이 되었다(정옥분, 정순화, 2010).

뿐만 아니라, 부모교육의 필요성에 대한 인식도 부족하다. '자식은 낳으면 알아서 큰다.'라는 인식은 부모 역할이 자녀의 성장 발달에 미치는 영향을 간과하게 하여 자녀의 성장 과정을 의미 없이 보내게 한다. 반대로 자녀를 양육하기 위해 많은 정보를 접하고 정보 속에서 방향을 잡지 못한 채 방황하는 부모들도 많으며, 자녀를 특별하게 키우고자 마구잡이로 여러 방법을 적용하여 자녀에게 혼란감을 주기도 한다.

2) 부모교육의 대상이 어머니에게만 편중되어 있다.

부모교육의 대상이 주로 어머니에게 편중되어 있으며, 그 중에서도 기관의 활동에 관심이 많은 어머니들에게 부모교육이 한정되어 있다. 자녀 양육의 중요성에 대한 인식 부족으로 부모교육 대상에서 제외되거나, 참여 의사가 있더라도 맞벌이 혹은 한부모 가족의 취업모와 같이 시간적 제약을 받는 경우에는 참여가 어려울 수 있다.

어머니가 부모교육에 참여하지 못할 경우 조부모 혹은 아버지를 대상으로 부모교육을 확대하여 결손을 보완하는 방법도 있으나 여전히 제한적이다(강은정, 이현경, 2019). 특히 우리나라는 자녀 양육은 어머니의 몫이라는 인식이 강하고 아버지는 경제적 활동에 주로 참여해 왔기 때문에 부모로서의 아버지 역할에 대해 생각해보거나 교육을 받은 적이 거의 없어 어려움을 겪는다. 따라서 부모교육의 대상은 성별, 연령, 가족 형태 등을 고려하여 보다 다양하게 확대될 필요가 있다. 특히 아버지를 대상으로 한 역할 교육이나 조부모의 양육 역량 강화를 위한 프로그램 개발이 요구된다.

3) 서구에서 개발된 부모교육 프로그램이 국내에 그대로 도입 · 적용되고 있다.

국내에 도입·적용되고 있는 서구의 부모교육 프로그램은 대부분 중산층 백인에게 초점을 두고 개발되어 부모·자녀의 평등하고 민주적인 관계에 초점을 맞추어져 있다. 사회문화적 배경이 다른 서구적인 가치나 사상을 근거로 한 부모교육 프로그램은 전통적 양육이나 효에 대해 중요하게 생각하는 우리의 정서나 자녀 양육 문화와 조화를 이루는 데에는 어려움이 있다(정옥분, 정순화, 2010). 또한 이러한 프로그램은 태도, 가치관, 빈곤과 같은 문제들은 고려하지 않고 중산층 백인에게 초점을 두고 개발이 되어, 저소득층의 경제적 스트레스나 환경적 요인은 고려하지 못한다.

남아와 여아, 연령에 따라 행동에는 차이가 있을 수 있으나 대부분의 부모교육 프로그램은 자녀의 연령 및 성별과 같은 특성별로 세분화되지 못했다는 문제점을 가진다. 또한 대부분의 부모교육 프로그램들은 부모·자녀의 갈등은 대화로 해결할 수 있다는 생각에서 접근하고 있으나 대화 방법 못지않게 부모의 뚜렷한 가치관이 전제되어야 한다.

4) 유아교육기관에서 진행되는 부모교육이 부모의 요구를 반영하지 못한다.

현대사회에는 맞벌이가족, 조손가족, 한부모가족, 재혼가족 등 다양한 형태의 가족이 존재한다. 하지만 유아교육기관에서 실시하는 교육은 주로 일반적인 가정의 부모를 대상으로 하기 때문에 이에 해당되지 않는 가정의 부모는 전문적인 부모교육을 받을 기회가 거의 없다. 특히 맞벌이가정, 조부모양육가정, 한부모가정 등은 시간적·심리적 제약으로 인해 참여율이 저조하다.

또한 부모교육에 대한 기대를 갖고 부모교육에 참석했으나 특별한 내용이 없거나 도움을 받지 못했을 때 다음 차시의 부모교육에 참여하기를 꺼리는 경우도 있다. 유아교육기관의 부모교육의 내용이나 방법이 부모들의 기대에 못 미칠 때 부모교육의 참여율은 낮아질 수밖에 없으므로 부모들의 요구를 반영하여 체계적인 부모교육을 계획할 필요가 있다.

5) 디지털 격차와 기술 활용 미흡

코로나19 이후 온라인 플랫폼을 활용한 비대면 부모교육이 확대되었지만, 디지털 기기 사용에 익숙하지 않은 세대나 정보 접근성이 낮은 계층은 소외되는 경향이 있다. 반면, 온라인 수업의 강점을 살린 창의적인 콘텐츠 개발은 아직 초기 단계에 머물러 있다.

2. 부모교육의 활성화 방안

앞에서 살펴본 부모교육의 문제점을 보완하여 부모교육을 활성화 시키기 위한 방안을 살펴보면 다음과 같다.

1) 자녀 양육에 대한 올바른 가치관을 정립한다.

부모교육의 목표가 부모로서의 교육 기능 강화와 자녀와의 관계 향상에 치중하여 부모 개개인의 양육 방식이나 자녀 양육에 대한 가치관 확립 문제는 경시되고 있다. 부모로서 자녀에게 하고 있는 교육은 어떤 교육이며, 그것이 어떤 결과를 초래하고 자녀의 삶이나 가족, 나아가 사회에 궁극적으로 어떤 의미가 있는지를 생각해야 한다(정옥분, 정순화, 2012).

우리나라의 부모는 교육열이 매우 높은 편이며, 높은 교육열의 방향 설정이 잘못될 경우에는 상식에서 벗어난 여러 가지 부작용을 가져올 수 있으므로 양육에 대한 올바른 가치관 정립이 중요하다.

2) 부모교육의 대상을 확대한다.

부모교육의 대상이 주로 전업주부인 어머니였다면 앞으로의 부모교육 대상은 취업모, 아버지, 자녀, 조부모, 교사 등으로 확대되어야 한다. 부모·자녀관계에서 더 많은 문제를 가지고 있는 저소득층 어머니를 위한 부모교육이 이루어져야 하며, 직업을 가진 어머니의 참여를 유도하기 위해 퇴근 후나 휴일에도 부모교육을 실시할 필요가 있다. 전화나 메모를 통해 수시로 자녀에 대한 정보를 공유하고, 유아교육기관을 방문하지 않고도 가정에서 교육을 받을 수 있도록 교육 콘텐츠를 제공하는 것도 좋다.

아버지의 직장생활을 고려하여 직장연수 시 아버지 교육을 포함하는 것도 좋은 방법이 될 수 있다. 국가적 차원에서 아버지 양육의 중요성에 대한 홍보자료를 발송하고, 인터넷을 활용한 아버지 모임이나 부모교육을 활용한다.

여성의 취업률 증가 및 부모의 이혼, 실직 등으로 인해 조손가족이 급격히 증가하고 있어 부모교육의 대상이 조부모까지 확대되어야 한다. 그러나 조부모에 대한 교육의 기회는 제한되어 있고 세대차로 인한 양육에 대한 갈등이 발생할 수 있으며, 손자녀에 대한 과잉보호의 문제가 나타날 수 있다. 조부모 교육을 통해 손자녀를 잘 양육할 수 있는 능력과 자질을 길러주어야 한다.

결혼한 예비 부모, 대학생, 중고등학생을 예비 부모의 범위로 확대하여 그 시기에 맞는 부모교육을 실시한다. 정기적인 부모교육 및 교양과목의 필수 개설 등 보다 효과적인 방법으로 프로그램을 개발하고 실행하는 노력이 필요하다(김미경, 나유미, 2013). 이는 부모가 되었을 때 부모 역할에 대한 이해를 돕고, 부모 역할에 대한 어려움에 대해 생각해 보는 계기가 되어 부모·자녀 관계 개선에도 도움이 될 수 있다.

3) 우리나라 실정에 맞는 부모교육을 개발한다.

서구에서 개발된 부모교육 프로그램을 우리 문화에 맞게 변형시켜 접목할 수 있어야 한다. 권위주의적 태도가 익숙한 우리나라 부모들에게 민주적인 양육 방식은 혼란을 줄 수 있기 때문에 부모의 권리 주장에 대한 훈련이 병행되어야 한다.

또한 실제 일상에서 직면하는 부모·자녀 관계에 적용하기 위한 구체적 지침이나 활용 방법이 보완될 필요가 있으며 부모에게 발달에 대한 기본적인 지식과 이해를 돕기 위한 교육이 이루어져야 한다.

태아기, 영아기, 유아기, 청년기의 자녀를 가진 부모들을 위한 각 발달단계에 따라 세분화된 프로그램의 개발이 필요하며, 한부모가족, 맞벌이가족, 장애아가족, 미혼모나 10대 부모, 다문화가족 등과 같이 스트레스 상황에 높여 있는 부모들을 위한 교육도 필요하다.

4) 유아교육기관의 부모교육을 활성화한다.

우리나라 유아교육기관에서는 대부분 강연회나 가정통신문과 같은 소극적인 방법들이 주를 이루고 있으나 부모와 자녀가 함께 하는 수업참여나 워크숍과 같이 실제적이고 구체적인 부모교육이나 부모가 교육 현장에 보조교사로 참여하는 등 적극적인 방법의 부모교육이 필요하다. 맞벌이 부부의 참여를 위해 부모교육을 평일 저녁이나 주말 등 여러 시간대로 나누어서 부모가 원하는 시간대를 선택할 수 있도록 계획하여 실시한다.

또한 다양한 가족의 요구에 맞춘 개별화 방법의 부모교육은 교육에 참여하는 부모들의 기대나 욕구를 정확하게 파악함으로써 이루어질 수 있으며 부모들이 부모교육을 통해 알고 싶어 하는 것이 무엇인지를 사전에 파악함으로써 부모가 관심을 갖는 주제를 선택할 수 있고 참여율을 높일 수 있다. 자녀를 맡길 곳이 없어서 부모교육에 참석하지 못하는 부모들을 위하여 부모교육이 실시되는 동안 교실을 개방하고 담당 교사를 배정하여 영유아가 놀이 활동을 할 수 있도록 한다면 학부모들이 편한 마음으로 부모교육에 몰입할 수 있을 것이다.

부모교육은 일회성이 아닌 장기적이고 지속적인 교육이 되어야 하며, 체계적이고 일관성 있는 교육이 이루어져야 한다. 또한 부모교육을 분리된 행사로 계획하기보다는 교육 프로그램과 통합하여 계획하는 것이 필요하다. 보여주기식의 행사보다는 교육활동 과정에 부모들이 자연스럽게 참여하고 같이 구성할 수 있는 기회를 제공해야 한다.

부모교육은 전문가에 의해 일방적인 방식으로 전달하는 것이 아닌 서로 상호 보완적 관계 속에서 이루어지는 것이 필요하다. 부모교육은 부모를 가르치는 것뿐만 아니라 끊임없이 의견을 교환하고 부모가 갖고 있는 고민과 어려움을 함께 나누고 의미 있는 부모 역할을 찾을 수 있도록 도움을 주는 것이 필요하다.

함께 생각해 보는
부모교육

부모교육의 목적에 대해 생각해 보기

1. 여러분이 생각하는 우리나라 부모교육의 가장 큰 문제점은 무엇인가요?
2. 여러분이 생각하는 부모교육 활성화 방안 및 부모교육의 방향에 대해 생각해 봅시다.

인포그래픽으로 보는 부모, 자녀 관련 이슈 & 챗 GPT의 부모교육

15세 아동 4명 중 1명 만 '삶 만족도' 높아…

출처: 연합뉴스 (2024.07.04.)

아동권리보장원은 국내·외 주요 아동 통계를 모은 '2024 아동 분야 주요 통계'를 발간했다고 밝혔다. 이중 OECD의 '아동 삶의 만족도 국제 통계'에는 2022년 주요 국가의 15세 아동들을 대상으로 삶의 만족도를 조사한 결과가 실렸다. 그 결과 우리나라의 15세 아동 중 26.1%가 '높은 삶의 만족도를 느끼고 있다'고 대답했다. 이는 OECD 평균인 33.8%보다 7.7%포인트 낮은 수치다. '청소년이 가장 고민하는 문제'는 '공부'였다. 통계청이 2022년 국내 13~18세 청소년들을 대상으로 설문 조사한 결과(복수 응답 허용) 청소년들의 76.2%는 공부(성적·적성) 문제로 고민하고 있는 것으로 나타났다.

외모 문제(42.8%), 직업 선택 문제(36.2%), 친구 문제(35.8%)가 뒤를 이었고, '신체적·정신적 건강 문제가 고민된다.'고 답한 경우는 27.2%였다. 청소년 4명 중 1명은 가정·학교생활에서 스트레스를 느끼고 있었다. 〈기사 요약〉

ChatGPT

아동의 삶의 만족도가 OECD 평균보다 낮은 결과에서 부모교육이 나아가야 하는 실질적 실천 방향은 무엇인가요?

1. 아동의 심리적 안정과 자기 존중감을 높이는 부모교육

- 긍정적 자아 형성을 지원하는 대화법 교육

  : 부모가 아동과의 대화에서 긍정적인 언어를 사용하고, 비난이나 비교 대신 격려와 지지를 제공하는 대화 방식을 교육해야 합니다. 이는 아동이 자신을 긍정적으로 인식하고 자존감을 형성하는 데 중요한 역할을 합니다.

– 예시: 매일 아동의 성취나 노력을 인정하는 "칭찬 일기" 작성하기

– 구체적 활동: "나의 특별한 점" 찾아보기, 가족이 함께 칭찬 나무 만들기

- 정서적 공감과 감정 조절 능력 향상

  : 부모가 자녀의 감정을 이해하고 공감하는 방법을 교육하여 아동이 자신의 감정을 건강하게 표현하고 조절할 수 있도록 돕는 것이 중요합니다.

– 실습: 감정 카드나 감정 일기를 활용하여 매일의 감정을 표현하고 공유하기

– 사례: 아이가 화가 났을 때, "왜 화가 났니?" 대신 "무엇이 너를 속상하게 만들었을까?"라고 질문하기

2. 자율성과 문제 해결 능력을 기르는 부모교육

- 자율성을 존중하는 양육법

  : 지나친 통제 대신 자율성을 인정하고 스스로 선택할 수 있는 기회를 제공하는 교육이 필요합니다. 이는 아동의 자기효능감을 높이고 삶의 만족도를 향상시킵니다.

– 예시: 주말 가족 활동을 아이가 직접 계획하고 실행하기

– 실천 방안: 가정 내 작은 결정(식사 메뉴, 놀이 선택 등)을 아이에게 맡기기

- 문제해결 중심의 대화 기법

  : 갈등 상황에서 문제를 회피하기보다 함께 해결책을 찾는 연습을 하는 것이 중요합니다.

– 실습: "문제해결 스텝" 만들기 – 문제 인식, 아이디어 제시, 선택, 평가

– 사례: 친구와 다툰 상황에서 감정을 나누고 해결 방법을 함께 찾기

3. 사회적 관계와 소통 능력 강화

- 공동체 의식을 기르는 교육

  : 가족과의 유대감뿐 아니라 또래와의 관계를 중요시하는 교육이 필요합니다. 이는 아동이 외로움이나 소외감을 느끼지 않고 건강한 사회적 관계를 형성하는 데 도움이 됩니다.

– 예시: 이웃이나 친구들과 함께하는 공동체 프로젝트 참여

– 구체적 활동: 가족 봉사활동, 친구 초대하기, 생일 파티 준비하기

- 디지털 소통 능력 강화

  : 디지털 환경에서의 소통이 일상이 된 만큼, 온라인에서도 건전하고 긍정적인 관계를 형성하는 방법을 교육해야 합니다.

– 실습: 긍정적인 온라인 소통의 규칙 만들기, SNS에서의 안전한 표현 교육

– 사례: 디지털 매너와 사이버 윤리에 대한 가족 토론

4. 부모와 자녀의 스트레스 관리와 회복 탄력성 강화

- 스트레스 관리 교육

  : 아동뿐 아니라 부모도 스트레스를 건강하게 관리하는 방법을 배우는 것이 중요합니다. 이는 전반적인 가정 분위기에 큰 영향을 미칩니다.

– 예시: 명상, 요가, 심호흡 연습을 통한 스트레스 완화

– 구체적 활동: 가족과 함께하는 자연 산책, 음악 감상하기

- 회복 탄력성 키우기

  : 실패를 두려워하지 않고 어려움을 극복할 수 있는 회복 탄력성을 기르는 부모교육이 필요합니다.

– 실습: 가족 내 '실패 이야기 나누기' 시간 만들기

– 사례: 가족 내 서로의 실수를 격려하는 문화 형성

5. 부모의 자기 성장과 역할 모델로서의 교육

- 부모의 자기 성장과 학습

  : 부모 스스로가 자녀에게 긍정적인 역할 모델이 되기 위해 지속적으로 성장하고 배울 수 있는 기회를 제공해야 합니다.

– 예시: 부모 학습 모임 참여, 심리적 웰빙을 위한 독서 모임

– 실천 방안: 부모의 자아성찰 일기 작성, 가족회의 주도하기

참고문헌

강나라, 정기섭, 홍성호, 강혜원(2024). 그림책 읽기를 통한 유아의 언어발달 변화연구. 학습자중심교과교육연구, 24(16), 627 - 643.

강문희(1997). 아동문제 및 행동수정. 서울: 양서원.

강문희, 이연섭(2000). 부모교육. 서울: 정민사.

강민정(2020). 현대 가정의 양육 문제와 대안. 서울: 미래북스.

강은정, 이현경(2019). 맞벌이 부모의 부모교육 참여 제약 요인 분석. 육아정책연구, 13(2), 55-73.

경희대학교아동연구센터 편(1999). 과정이 살아있는 창의성 프로그램. 서울: 다음세대.

고선주 외(1994). 사랑의 심리학. 서울: 하우.

고용노동부. (2025). 가족친화 정책 및 제도 안내. 고용노동부.

공인숙 외(2000). 부모교육. 서울: 창지사.

교육부(1997). 유아의 문제행동지도를 위한 부모교육자료. 교육부.

교육부, 국가평생교육진흥원(2025). 학부모 On누리 플랫폼 소개. 교육부.

교육부(2025). 학부모지원센터 운영 매뉴얼. 서울: 교육부.

교육부, 제주특별자치도교육청(2008). 인지, 언어, 사회, 정서발달을 돕는 영역별 활동 프로그램. 교육부 · 제주특별자치도교육청.

권봉은 외(2006). 가정과 부모를 지원하기 위한 한국보육정보센터의 역할. 한국육아지원학회 춘계학술대회, 81-114.

권석만(1997). 젊은이를 위한 인간관계 심리학. 서울: 학지사.

김광수 외(2003). 대학생과 리더십. 서울: 학지사.

김광웅(1999). 유아행동지도. 경기: 교육과학사.

김명희(1996). 현대사회와 부모교육. 서울: 학문사.

______(1998). 사랑으로 키워주세요. 서울: 동서문화원.

______(1998). 자녀와 함께하는 부모교육. 서울: 학문사.

김명희, 이현경(2011). 행동수정과 치료. 서울: 교문사.

김미경(1999). 성공으로 이끄는 신세대 엄마의 자녀교육. 서울: 교육아카데미.

김민정(2023). 그림책을 활용한 부모-자녀 상호작용 프로그램의 효과. 서울: 한국유아교육학회.
김수정, 정미라(2021). 문학치료 기반 ADHD 아동 어머니 대상 온라인 부모교육 프로그램의 효과. 한국통합교육학회, 15(4), 45 - 67.
김애란(2010). 취업모를 위한 온 · 오프라인 통합형 부모교육 프로그램 구성 및 적용. 중앙대학교 대학원 박사학위 청구논문.
김애란, 김은영, 이윤경(2015). 부모역할 지원을 위한 부모교육 방안 연구. 세종: 여성가족부.
김애순, 윤진(1997). 청년기 갈등과 자기이해. 서울: 중앙적성출판사.
김언주 외(1998). 우리아이 EQ 높이기. 서울: 학지사.
김영옥(2022). 부모교육의 이론과 실제. 서울: 정민사.
김은설, 장혜진, 김문정, Susan Walker(2011). 영유아기 자녀 부모 특성별 부모교육 강화방안 육아정책연구소.
김의철, 박영신(2005). 사회심리학적인 면에서 본 육아지원정책의 과제와 방향. 한국육아지원학회 연차학술대회. 103-164.
김인자(1989). 효과적인 부모역할훈련(PET). 서울: 한국심리상담연구소.
김정택, 심혜숙(1991). MBTI 안내서. 서울: 한국심리검사연구소.
김정택, 심혜숙(1991). MBTI. 서울: 한국심리검사연구소.
김지현 (2024). 여성의 일 · 가정 양립을 위한 출산휴가 제도. 서울: 미래출판.
김진숙(1988). 발달지체아동을 위한 응용행동분석프로그램개발과 부모교육을 통한 적용효과. 중앙대학교 박사학위 청구논문.
김진숙, 김지은(1997). 자녀와의 사랑 만들기. 서울: 양서원.
김진숙, 김지은, 연미희, 이인수(2014). 인간관계와 의사소통. 서울: 창지사.
김진숙, 연미희, 이인수(1990). 바람직한 자녀와의 대화방법. 서울: 학문사.
김진숙, 조문숙(1993). 참부모역할. 서울: 학문사.
김진영, 김정원, 전선옥(2009). 영유아를 위한 부모교육 (개정판). 서울: 창지사.
김지윤, 조은애, 장보영, 제경숙, 김정희(2022). 코로나19 상황에서의 부모교육 실태 및 활성화 방안에 관한 보육교직원의 인식. 인문사회21, 13(6), 3147 - 3162.
김지혜, 박소연(2019). 그림책 선정과 그림책 읽기 활동에 관한 유아교사와 부모의 인식 비교연구. 학습자중심교과교육연구, 19(3), 37 - 57.
김향자 외(2014). 명지전문대학 부속 명지유치원 교육과정.
김현주, 손은경, 신혜영(2000). 현장중심 부모교육:이론과 실제. 서울: 양서원.
김혜숙 외(1993). 바람직한 자녀지도를 위한 부모교육 프로그램 I : 자녀의 힘을 북돋우는 대화. 서울: 청소년대화의 광장.

김희진(2006). 유아교육기관에서의 부모교육과 지원. 서울: 파란마음.

남상인 외(1994). 바람직한 자녀지도를 위한 부모교육 프로그램 II : 자녀의 힘을 북돋우는 대화. 서울: 청소년대화의 광장.

________(1995). 바람직한 자녀지도를 위한 부모교육 III : 바른 행동의 길 다지기. 서울: 청소년대화의 광장.

________(1995). 바람직한 자녀지도를 위한 부모교육 IV : 생활의 기틀 세우기. 서울: 청소년대화의 광장.

________(1995). 바람직한 자녀지도를 위한 부모교육 V : 어울려 사는 지혜 기르기. 서울: 청소년대화의 광장.

린든 D. 오우(2000). 잔소리하지 않고 마음을 열어주는 방법 15단계. 서울: 학문사.

명지전문대학 부속 명지유치원 편(2004). 종일제 프로그램. 서울: 양서원.

문미옥, 이혜상(1995). 바른 부모교육 프로그램. 서울: 양서원.

문소라, 황혜정. (2017). 그림책을 활용한 놀이중심 부모교육 프로그램이 어머니의 놀이신념, 놀이참여 및 의사소통능력에 미치는 영향. 한국유아교육학회지, 26(3), 149-168.

문용린(1993). 나는 어떤 부모인가. 서울 : 열린.

문용린(1997). EQ가 높으면 성공이 보인다. 서울 : 글이랑.

박명순, 김현경, 이수현(2015). 부모교육. 서울: 학지사.

박성연, 김상희, 김지신, 박음임, 진춘애, 임희수(2003). 자녀와의 진정한 만남을 위한 부모교육. 경기: 교육과학사.

박성연, 도현심(1999). 아동발달. 서울 : 동문사.

박영희(2022). 그림책을 통한 부모-자녀 대화 교육의 실제. 부산: 부모교육연구소.

박응임, 김지신, 김상희(2002). 좋은 부모 행복한 아이. 서울: 교문사.

박정수, 이혜진(2023). 남성 육아휴직 참여 확대 방안 연구. 서울: 한국고용복지연구원.

박지은(2022). 비대면 부모교육 콘텐츠 활용 실태와 개선방안. 디지털교육콘텐츠연구, 18(2), 33-49.

박찬옥 역(1999). 부모가 꼭 심어야 할 아름다운 가치. 서울 : 한울림.

박현수, 최성희(2023). 맞벌이 부모의 일-가정 양립을 위한 정책 연구. 서울: 한국보육교육연구소.

박혜진, 김용영(2019). 부모교육 프로그램 활성화를 위한 학부모 인식 및 요구. 한국융합학회논문지, 10(5), 173-180.

보건복지부(2021). 아이 키우기 좋은 나라 정책백서 2021. 세종: 보건복지부.

보건복지부(2023). 제4차 저출산 · 고령사회 기본계획 (2021~2025).

보건복지부(2023). 어린이 미래전략 정책안. 보건복지부 정책자료. https://www.mohw.go.kr

보건복지부(2025). 육아종합지원센터 운영지침. 서울: 보건복지부.

부산광역시 여성가족국(2024). 부산형 가족친화 근로환경 조성 연구보고서. 부산시정책연구소.

서울특별시아동복지센터(2022). 감정 이해 부모교육 프로그램: 마음이 아플 때는 어떻게 할까요? 서울특별시아동복지센터 보고서.

세이브더칠드런(2021). 조손가족 실태조사 연구보고서.

송규운, 윤호열, 이순종(2001). 창의성과 부모교육. 서울: 창지사.

송진숙, 권희경, 김순기(2006). 결혼과 가족, 그리고 부모됨. 서울: 창지사.

심수아, 이유미(2021). 어린이집 부모참여활동이 부모의 기관신뢰 및 교사신뢰에 미치는 영향. 열린부모교육연구, 13(1), 83-102.

아이코리아 편집부(2006). 주제별 부모교육자료. 서울: 아이코리아.

양서원 편집부(2021). 부모교육 (제2판). 서울: 양서원.

양진희(2012). 유아기 자녀를 둔 재혼가정 어머니의 재혼가족생활 경험에 대한 연구. 유아교육연구, 32(4), 5-34

여성가족부(2022). 전국다문화가족실태조사.

여성가족부(2023). 2023 통계로 보는 남녀의 삶.

여성가족부(2025). 2024년 한부모가족 실태조사.

여성가족부, 한국건강가정진흥원(2025). 다누리 온라인 교육 플랫폼 개요. 여성가족부.

여성가족부(2022). 가족정책서비스 개선을 위한 부모교육 실태조사. 서울: 여성가족부.

여성가족부(2023a). 공동육아나눔터 '신한 꿈도담터' 35곳 추가… 내년 183곳으로 늘어. 대한민국 정책브리핑 보도자료.

여성가족부(2025). 2025년 여성가족부 주요 업무 추진계획. 여성가족부 보도자료.

여성가족부(2025). 다함께돌봄센터 및 다문화가족지원센터 운영 지침. 서울: 여성가족부.

연미희(1994). 한국부모에 대한 PET 부모교육 프로그램의 적용성 평가. 경희대학교 박사 학위 청구논문.

연미희, 김진숙(2006). 배우는 부모 행복한 아이. 서울: 태영출판사.

오연주 편역(1997). 유아의 창의성 향상을 위한 활동. 서울: 양서원.

오영희, 송영란, 강영식(2003). 부모교육의 이론과 실제. 서울: 동문사.

오영희, 송영란, 김종선(2002). 현대사회의 부모와 자녀 관계. 서울: 동문사.

오영희, 이성희(2007). 현장관찰 및 참여. 서울: 양서원.

옥선화, 정민자(1994). 결혼과 가족. 서울: 하우.

우재현(2005). 교류분석(TA) 프로그램. 대구: 정암미디어.

육아정책연구소(2016). 부모교육 프로그램 내용분석 및 활용방안. 서울: 육아정책연구소.

육아정책연구소(2023.12.31.). 2023 KICCE 육아지원정책 현안과 과제 (이슈페이퍼 모음집). 서울: 육아정책연구소.

육아종합지원센터(2020). 맞벌이 가구의 일 · 가정 양립을 위한 육아지원 방안 연구.

유가효 외(2004). 보육학개론. 서울: 동문사.

유안진 외(1995). 결혼과 가족. 서울: 경희대학교 출판부.

유안진, 김연진(2003). 부모교육의 이론과 실제. 서울: 동문사.

유인숙, 김민화(2016). 그림책을 활용한 부모교육의 효과와 가능성. 유아교육연구, 36(3), 45-67.

유해미, 이영환, 이진숙, 이영순(2015). 국내 육아지원정책 동향 및 향후 과제 (육아정책 Brief No.2015-03). 육아정책연구소.

육아정책연구소(2025). I-누리 플랫폼 운영 현황. 육아정책연구소.

윤운성(2001). 에니어그램의 이해. 서울: 한국에니어그램교육연구소.

이경우 역(1992). 당신도 유능한 부모가 될 수 있다(STEP). 서울: 창지사.

이경화, 김연진, 고진영(2008). 부모교육. 서울: 학지사.

이명수(2007). 공부하는 부모, 성공하는 자녀. 서울: 지성의 별.

이민정(1995). 이 시대를 사는 따뜻한 부모들의 이야기 1, 2. 서울: 김영사.

이상금(1987). 한국근대유치원 교육사. 서울: 이화여자대학교 출판부.

이성진(2003). 행동수정. 경기: 교육과학사.

이성진, 홍준표(1984). 행동수정의 원리. 경기: 교육과학사.

이수정, 송현아(2020). 디지털 시대의 효과적인 부모 소통. 서울: 한국부모연구소.

이수현, 송현지(2023). 한국의 가족 형태 변화. 서울: 한국부모연구소.

이수현(2020). 저출산의 경제적 영향. 서울: 미래출판사.

이숙 외(2002). 훈련중심 부모교육. 서울: 학지사.

이순형 외(2012). 부모교육. 서울: 학지사.

이승미, 김선미(2022). 현장 사례로 본 공동육아나눔터의 주요 기능과 운영상 문제 및 활성화 조건. 가족자원경영과 정책, 26(1), 59-73.

이연섭, 강문희(2000). 부모교육. 서울: 정민사.

이연승(2022). 부모교육. 경기: 공동체.

이영, 조연순(1991). 아동의 세계 : 태내기에서 청년기 발달까지. 서울: 양서원.

이영석 외(1999). 현대부모교육론. 서울: 형설출판사.

이영자 외(2000). 유아의 정서지능향상을 위한 프로그램. 서울: 창지사.

이원영(1986). 부모교육론. 서울: 교문사.

이원영, 이태영, 강정원(2008). 영유아 교사를 위한 부모교육. 서울: 북카페.

이윤정, 김수현, 박예진(2022). 그림책 기반 가정연계 부모-자녀 정서 활동의 효과: 감정 일지와 온라인 공유를 중심으로. 유아교육연구, 42(1), 85-104.

이은화 외(1999). 유아기 자녀를 위한 총체적 부모교육 프로그램. 서울: 창지사.

이은화, 김영옥(2000). 부모교육의 이론과 실제. 서울: 창지사.

이은화, 김영옥(1999). 유아를 위한 부모교육. 서울: 동문사.

이재연, 김경희(1993). 부모교육. 서울: 양서원.

이주연, 황미진(2021). 아동돌봄공동체 운영의 저해요인과 활성화 방안. 육아정책연구, 15(3), 45-67.

이형득 외(1988). 부모교육. 서울: 형설출판사.

이혜선, 배지희(2021). 사랑어린이집의 비대면 부모참여 및 가정연계 실시간 온라인 수업에 대한 실행연구. 육아지원연구, 16(2), 5-35.

임미혜(2003). 영유아 보육프로그램. 서울: 동문사.

장혜순(2008). 부모교육 및 상담의 이론과 실제. 서울: 파란마음.

전경숙(1994). 좋은 정서경험이 올바른 인생을 만든다. 서울: 민지사.

전경원(1995). 창의성을 잡아요 확!. 서울: 창지사.

전호성(2020). 한일 저출산고령사회 대응에 관한 연구고찰: 일본 1억 총활약 플랜 개요를 중심으로. 한국과 국제사회, 4(3), 163-186.

정갑순(2006). 부모교육론. 서울: 창지사.

정보인(1992). 행동수정을 통한 어린이 문제행동지도. 서울: 중앙적성출판사.

정옥분, 이순형, 조복희, 김연진, 이승현(2006). 가족복지학. 서울: 학지사.

정옥분, 정순화(2008). 부모교육. 서울: 학지사.

정옥분, 정순화(2010). 부모교육의 이론과 실제 (2판). 서울: 학지사.

정현숙 외(1998). 결혼학개론. 서울: 상명대학교 출판부.

조미라, 유해미, 김문정(2022). 지역사회 육아공동체 운영실태 및 활성화 방안 연구. 육아정책연구소 연구보고 2022-15.

조복희 외(1997). 인간발달. 서울: 교문사.

조복희 편(1995). 아동발달의 이해. 경기: 교육과학사.

조복희(2011). 아동발달. 경기: 교육과학사.

조복희(2014). 유아발달. 경기: 교육과학사.

조숙인, 김나영, 장미나, 박은영(2020). 맞벌이 가구의 일 · 가정 양립을 위한 육아지원 방안 연구 (연구보고 2020-10). 서울: 육아정책연구소.

조천제(2003). 칭찬은 고래도 춤추게 한다. 서울: 21세기북스.

조현진, 박은정(2023). 메타버스 기반 유아교육기관 부모교육 프로그램의 설계와 반응 분석. 유아교육과 미래, 45(1), 67 – 85.

존 가트맨, 최성애, 조벽(2011). 내 아이를 위한 감정코칭. 서울: 한국경제신문.

주정일, 백경임(1995). 성, 아기 때부터 사춘기까지. 서울: 샘터.

중앙육아종합지원센터(2025). 아이사랑(i-Sarang) 온라인 부모교육 플랫폼 개요. 중앙육아종합지원센터.

최외선 외(2006). 부모교육. 서울: 양서원.

최지수, 최나야(2022). 다문화가정을 위한 그림책 기반 부모교육의 효과. 복지와 양육 연구, 15(2), 89-103.

최지수, 최나야(2022). 그림책을 활용한 부모교육 프로그램의 연구 동향 분석. 어린이문학교육연구, 23(3), 49 – 83.

최혜순(2011). 부모교육. 서울: 동문사.

통계청(2021). 「지역별고용조사」

통계청(2023). 인구동향조사.

통계청(2024). 2023 혼인이혼통계.

통계청(2024). 2023. 신혼부부통계.

통계청(2024). 2023년 출생통계.

한국방송통신대학교(2021). 부모교육. 서울: 한국방송통신대학교출판문화원.

한국부모교육학회 편(1997). 부모교육학. 경기: 교육과학사.

한국아동학회 편(1989). 부모교육이론과 적용. 서울: 국민서관.

한국유아교육센터(2000). PEP 교육 전문가 지침서. (2000). PEP 부모효율성 프로그램.

한국지역사회교육중앙협의회(1996). 부모에게 약이 되는 이야기: 자율성, 독립심을 가진 아이로 키우기. 22호.

한국지역사회교육중앙협의회(1996). 부모에게 약이 되는 이야기(통권 27호). IQ와 EQ 무엇이 다르고 무엇이 중요한가. 27호.

한국행동과학연구소 편(1983). 부모교육. 서울: 문교부.

홍경자 역(1995). 현대의 적극적 부모역할훈련(APT). 광주: 한국심리교육센터출판부.

홍경자 편역(2000). 적극적 부모의 하이웨이. 서울: 중앙적성출판사.

홍길회, 황정애(2012). 결혼과 가족관계. 서울: 동문사.

홍연애, 김지영, 성연승, 김리진(2014). 부모교육. 서울: 파워북.

홍용희 외(1996). 유아 도덕성 향상을 위한 토의자료. 교육부.

황보선, 최연실. (2020). 유아교육기관의 부모교육 온라인 콘텐츠 구성방향 탐색. 유아교육연구, 40(3), 115-137.

황옥자, 이지연 역(2012). 영유아의 부모 STEP. 서울: 창지사.

황의명, 박찬옥(1997). 유아를 위한 감성교육프로그램. 서울: 양서원.

Babcock, D., & Keepers, T.(1977). Raising kids OK. New York : Avon Books.

Baker, B. L., Brightman, A. S., Halfetz, L. J., & Murphy, M. D.(1973). The TEAD Project Series. Cambridge, Mass. : Behavioral Education Projects.

Bandura, A. (1977). Self-efficacy: Toward a unifying theory of behavioral change. Psychological Review, 84(2), 191-215.

Barnes, M. (2019). Children's emotional development through storytelling: Strategies for early years educators. Routledge.

Barnes, S. (2019). Second Step: An emotional literacy curriculum for elementary schools. Committee for Children. Retrieved from https://www.secondstep.org

Baumrind, D. (1966). Effects of authoritative parental control on child behavior. Child Development, 37(4), 887-907.

Baumrind, D. (1967). Child care practices anteceding three patterns of preschool behavior. Genetic Psychology Monographs, 75(1), 43-88.

Baumrind, D.(1978). Parental disciplinary patterns and social competence in children. Youth and Society, 9(3), 239-276.

Berne, E.(1961). Transactional analysis in psychotherapy. New York : Grove Press.

________(1964). Games people play. New York : Grove Press.

Bergstrom, M. (2021). Family policies in Sweden: Lessons for other nations. Nordic Social Policy Review.

Bigner, J. J.(1989). Parent-child relations : An introduction to parenting. New York : Macmillan Publishing Co.

ChatGPT. (2025). 부모와 자녀 사이의 대화인식 차이 [만화]. OpenAI. https://chat.openai.com

Cho, Hyun-Joo, & Kim, Ji-Yeon. (2024). Understanding Parental Roles in Education. Boston, MA: Pearson Education.

Conant, M. M.(1971). Teachers and parents changing roles and goals. Childhood Education, 48(3).

Coopersmith, S.(1967). The antecedents of self-esteem. San Francisco : W. H. Freeman.

Cormier, S., & Hackney, H. (2012). Counseling strategies and interventions (8th ed.). Boston, MA: Pearson.

Deci, E. L., & Ryan, R. M. (2012). Self-determination theory. In P. A. M. Van Lange, A. W. Kruglanski, & E. T.

Duvall, E. M.(1977). Marriage and family development(5th ed). Philadelphia: J. B. Lippincott.

Dweck, C. S. (2006). Mindset: The new psychology of success. Random House.

Eisenberg, N., Spinrad, T. L., & Morris, A. S. (2006). Empathy-related responding in children. In M. Killen & J. G. Smetana (Eds.), Handbook of moral development (pp. 517 – 549). Lawrence Erlbaum Associates.

Erikson, E.(1963). Childhood and society. New York : Norton Press.

Faber, A., & Mazlish, E. (2012). How to Talk So Kids Will Listen & Listen So Kids Will Talk. Scribner.

Fine, M. J.(1980). Handbook on Parent Education. New York : Academic Press.

Flora, R(1978). The effect of self concept upon adolescent's communication with parents. Journal of School Health, February, 100-102.

Galinsky, E.(1987). Six stages of parenthood. Redwood City, Cal. : Addison Wesley. Goldenberg, I., & Goldenberg, H.(1983). Family therapy : An overview. Brooks/Cole Pub. Co.

Gleason, J. B. (1975). Fathers and other strangers: Men's speech to young children. In D. P. Dato (Ed.), Developmental psycholinguistics: Theory and applications. Georgetown University Press.

Gordon, et al.(1977). Parent education and parent involvement : Retrospect and prospect. Childhood Education, 48(3).

Gordon, T. (1970). Parent effectiveness training: The proven program for raising responsible children. Wyden Books.

Gordon, T. (2000). Parent Effectiveness Training: The Proven Program for Raising Responsible Children. Crown Publishing Group.

Gordon, T.(1975). Parent effectiveness training. New York : New American Library. Gordon, T.(1975). Parent effectiveness training : The tested way to raise responsible children(rev ed.). New York : Peter Wyden.

Gottman, J. M. (1997). The Heart of Parenting: How to Raise an Emotionally Intelligent Child. Simon & Schuster.

Gottman, J. M., Katz, L. F., & Hooven, C. (1996). Parental meta-emotion philosophy and the emotional life of families: Theoretical models and preliminary data. Journal of Family Psychology, 10(4), 467-488.

Gottman, J. M., Katz, L. F., & Hooven, C. (1997). Meta-emotion: How families communicate emotionally. Lawrence Erlbaum Associates.

Gottman, J., & DeClaire, J. (1997). Raising an Emotionally Intelligent Child. New York: Simon & Schuster.

Grusec, J. E., & Goodnow, J. J. (1994). Impact of parental discipline methods on the child's internalization of values: A reconceptualization of current points of view. Developmental Psychology, 30(1), 4-19.

Grusec, J. E., & Hastings, P. D. (2015). Handbook of socialization: Theory and research. The Guilford Press.

Hall, R. V.(1976). Parent Training : A preventive mental health program. National Instittite of Mental Health Grant, University of Kansas.

Hamner, T. J., & Turner, P. H.(1985). Parenting in contemporary society. Englewood Cliffs, N.J.: Prentice-Hall.(1985). Parenting in contemporary society. New York: Prentice-Hall.

Harris, T.(1969). I'm OK–You're OK. New York : Harper & Row.

________(1973). I'm OK–You're OK. New York : Avon Books.

Hetherington, E. M., & Parke, R. D. (1993). Child psychology: A contemporary viewpoint. McGraw–Hill.

Higgins (Eds.), Handbook of theories of social psychology (Vol. 1, pp. 416–436). SAGE Publications.

James, M.(1974). Transactional Analysis for moms and dads. Mass. : Addison–Wesley.

James, M., & Jongeward, D.(1971). Born to win. Mass. : Addison–Wesley.

Johnston, K., & Brinamen, C. (2006). Mental health consultation in child care: Transforming relationships among directors, staff, and families. Zero to Three Press.

Kim, S. Y. (2020). What is "tiger" parenting? How does it affect children?. In Asian American Journal of Psychology.

Lamb, M.(1976). Effects of stress and cohort on mother and father infant interaction. Developmental Psychology, 12(5), 435–443.

Landry, S. H., Smith, K. E., Swank, P. R., Assel, M. A., & Vellet, S. (2006). Responsive parenting: Establishing early foundations for social communication and independent problem–solving skills. Developmental Psychology, 42(4), 627 – 642.

Lee, Jung–Min. (2024). Modern Parenting Strategies. New York, NY: Academic Press.

Lemasters, E. E.(1977). Parents in Modem America(3rd ed.). Homewood, III. : Dorsey Press.

Lemasters, E. E., & Defrain, J.(1983). Parents in Comtemporary America(4th ed). Homewood : The Dorsey Press.

Levenstein, P.(1970). Cognitive growth in Preschoolers through verbal interaction with mothers. American Journal of Orthopsychiatry, 40.

M. Lerner (Eds.), Handbook of child psychology (6th ed., Vol. 3, pp. 646–718). John Wiley & Sons.

Maccoby, E. E., & Martin, J. A. (1983). Socialization in the context of the family:

Parent–child interaction. In P. H. Mussen (Ed.), Handbook of Child Psychology (Vol. 4, pp. 1–101).

Miller, B.(1976). Student drug use : Attitudinal, parental relations, and sex differences–A pilot study. International Journal of Addictions, 11(6), 1077–1084.

Mueller, C. M., & Dweck, C. S. (1998). Praise for intelligence can undermine children's motivation and performance. Journal of Personality and Social Psychology, 75(1), 33–52.

Olson, D. H., & Defrain, J.(1994). Marriage and the Family : Diversity and strengths. Mayfield Pub. Co. p. 371.

Park, Soo–Jin, & Choi, Min–Soo. (2023). Family Dynamics and Parenting Roles. London, UK: Sage Publications.

Patterson, G. R, & Gullion, M. E.(1971). Living with children. Champaign, III. : Research Press.

Rogers, C. R. (1951). Client–Centered Therapy: Its Current Practice, Implications, and Theory. Houghton Mifflin.

Ryan, R. M., & Deci, E. L. (2000). Intrinsic and extrinsic motivations: Classic definitions and new directions. Contemporary Educational Psychology, 25(1), 54–67.

Schumm, W. R., Paff–Bergen, L. A., Hatch, R. C., Obiorah, F. C., Copeland, J. M., Meens, L. D., & Bugaighis,. M; A.(1986). Concurrent and discriminant validity of the Kansas Marital Satisfaction Scale. Journal of Marriage and the Family, 48, 381–387.

Sears, R.(1970). Relation of early socialization experiences to self concepts and gender role in middle childhood. Child Development, 41, 267–289.

Segrin, C., & Flora, J. (2019). Family communication (3rd ed.). New York, NY: Routledge.

Siegel, D. J., & Bryson, T. P. (2011). The Whole–Brain Child: 12 Revolutionary Strategies to Nurture Your Child's Developing Mind. Delacorte Press.

Sternberg, R, & Barnes. M.(1988). The Psychology of Love. CT : Yale University Press.

Veevers, J.(1973). Voluntarily childless wives : An exploratory study. Sociology and Social Research, 57, 356-366.

Vygotsky, L. S. (1978). Mind in society: The development of higher psychological processes. Harvard University Press.

Wiley.Lim, C. S., & Devine, R. T. (2015). Parenting in the digital age: The role of parental mediation. Cyber Psychology, 9(4), Article 2.

〈웹사이트〉

고용노동부(2025). 2025 육아기 근로시간 단축 제도 안내. https://www.moel.go.kr/news/cardinfo/view.do?bbs_seq=20250100321에서 2025년 05월 05일 인출.

고용노동부(2025). 2025 육아휴직 제도 안내. https://www.moel.go.kr/news/cardinfo/view.do?bbs_seq=20250100231에서 2025년 05월 05일 인출.

고용노동부(2025). 출산휴가 제도 안내. https://www.moel.go.kr/news/cardinfo/view.do?bbs_seq=20250100172에서 2025년 05월 05일 인출.

김경화(2014.3.27.). '헬리콥터맘'… 성인 돼도 부모 못 떠나. 매일경제. https://www.mk.co.kr/news/society/view/2014/03/489402/에서 2024.12월 20일 인출.

뉴시스(2022.07.11.). '스크린 육아' 벗어나고파… 현실은? 부모 절반이 의존. https://www.newsis.com/view/NISX20220711_0001938841에서 2024.12월 20일 인출.

데이터솜(2023.08.02.). 교사 10명 중 9명 "학부모와 학생에 스트레스 크다." https://www.datasom.co.kr/news/articleView.html?idxno=127551에서 2025년 01월 10일 인출

매일경제(2020.02.11.). 영유아 부모 최대 고민은 '자녀 양육 · 훈육법' https://www.mk.co.kr/news/society/9199711에서 2024.12월 09일 인출

머니투데이(2023.03.30.). 아이 운다고 '이것' 주지 마세요… 발달 지연 아동 96%의 공통점. https://news.mt.co.kr/mtview.php?no=2023033013360172131에서 2025년 2월 2일 인출.

머니투데이(2024.06.30.). 다문화 지원 강화하는 정부. 교육활동비 지원 · 이중언어 강화. https://news.mt.co.kr/mtview.php?no=2024062711110929975에서 2025년 5월 5일 인출.

보건복지부(2023). 자녀복지 및 가족지원. https://www.mohw.go.kr/에서 2025년 5월 6일 인출.

보건복지부(2023). 출산 정책과 부모 지원 프로그램. https://www.mohw.go.kr/에서 2025년 5월 6일 인출.

보건복지부(2025). 아이돌봄서비스 운영 지침서. 보건복지부. Retrieved from https://www.idolbom.go.kr에서 2025년 5월 6일 인출.

보건복지부(2025). 2025년도 아이돌봄서비스 개편 안내. 보건복지부. Retrieved from https://sj.pass.or.kr에서 2025년 5월 6일 인출.

서울신문(2023.07.12.). 아동 ADHD, 성인까지 영향… 치료 시작 빠를수록 좋아요. https://www.seoul.co.kr/news/life/health-news/2023/07/12/20230712019002에서 2025년 1월 30일 인출.

시장경제(2024.11.21.) 키즈노트, 서울시교육청과 맞손… '영유아 정책' 서비스. https://www.meconomynews.com/news/articleView.html?idxno=104939에서 2025년 5월 5일 인출.

연합뉴스(2021.12.17.). [문해력 리포트] ① "고지식이 높은 지식인가요?" 읽어도 이해 못 하는 아이들. https://www.yna.co.kr/view/AKR20211207157600501에서 2025년 5월 9일 인출

연합뉴스(2023.04.03.). 청소년부모 현황. https://www.yna.co.kr/view/GYH20230403000900044에서 2025년 1월 29일 인출.

연합뉴스(2024.07.04.). 15세 아동 4명 중 1명 만 '삶 만족도' 높아… OECD 평균보다 7.7%p↓. https://www.yna.co.kr/view/AKR20240704150100530에서 20225년 5월 9일 인출

육아정책연구소(2019.06.03.). 흥부와 놀부의 양육 이야기. https://kicce.re.kr/main/board/index.do?menu_idx=283&manage_idx=78에서 2025년 1월 29일 인출.

정부24(2024). 출산 및 육아 서비스 통합 안내. Retrieved from https://www.gov.kr에서 2025년 5월 10일 인출.

중도일보(2019.05.05.). 아동 가정 내 스트레스 원인과 극복 방법. https://m.joongdo.co.kr/view.php?key=20190505001943238. 2025년 2월 1일 인출.

지디넷코리아(2024.03.15.). "키즈노트는 아이의 가장 특별한 순간 담는 보석". https://zdnet.co.kr/view/?no=20240314211019에서 2025년 5월 5일 인출.

파이낸셜 뉴스(2024.10.18.). 아이 키우는 부모, 가장 큰 고민은 이것. https://www.fnnews.com/news/202410180840293373에서 2025년 2월 4일 인출.

한국강사신문(2021.06.03.). [이정기 칼럼] 자녀에게 줄 수 있는 자존감을 높이는 방법.

https://www.lecturernews.com/news/articleView.html?idxno=68670에서 2025년 1월 23일 인출.

MBC 뉴스(2024.12.26.). '사각지대' 조손가족 양육 · 성장 돕는다··조기 발굴해 맞춤지원. https://imnews.imbc.com/news/2024/society/article/6670924_36438.html에서 2025년 5월 5일 인출.

저자 소개

최지현

현) 대구과학대학교 유아교육과 교수

대표 저서: 아동안전관리, 영유아교사인성론, 영유아교사와 현대문화,
현장중심 가베놀이 교수법의 실제 등

박진희

현) 놀이유 교육연구소 대표

대표 저서: 영유아교사 인성교육의 이론과 실제, 보육교사 인성론,
유아 교과·교재 연구 및 지도법, 유아 창의성 교육 등

"함께 성장하는" 부모됨:
현대 부모교육의 이해와 실제

초판 1쇄 인쇄 / 2025년 8월 25일
초판 1쇄 발행 / 2025년 8월 30일

•

저 자 / 최지현·박진희
발행인 / 이 중 수
발행처 / **동 문 사**

•

서울특별시 서대문구 홍제원 1길 12
(홍제동 137-8)
Tel : 02)736-3718(대), 736-3710, 3720
Fax : 02)736-3719
등록번호 : 제9-17호
등록일자 : 1974년 4월 27일
가격 : 24,000원

•

ISBN : 979-11-6328-699-8 (93370)
E-mail : dong736@naver.com
Homepage : www.dongmunsa.com